国家出版基金项目
NATIONAL PUBLICATION FOUNDATION

『十三五』国家重点出版物出版规划项目

抗日复台档案选编

第三册

福建省档案馆 编著

北京师范大学出版集团
BEIJING NORMAL UNIVERSITY PUBLISHING GROUP
安徽大学出版社

李友邦著《日本在台湾之殖民政策》《台湾革命运动》

一九四一年一月——一九四三年四月

《日本在台湾之殖民政策》 一九四一年一月

一、殖民地政策之軍國主義的性質

日本帝國主義由封建之滿清政府強奪台灣以後，其中心企圖，是將台灣殖民地化，藉以支持．發展其先天不足的資本主義的經濟，其在台灣之資本主義之基礎，則是組織強有力之國家權力，強盜似地由一切生產機關，驅逐其生產者，又從而佔有之。

然則日本帝國主義，是不是將以武裝直接完成此一強盜企圖呢？不，以模仿出名的日本帝國主義，其於殖民地之榨取統治，亦毫不例外地想一學歐洲的帝國主義，企圖以「政治手段」來代替一種不大好看的武裝行動，只可借暴發戶之先天的殘酷性，終於成為此種企圖之敵人而公開地在大眾面前毫無餘留地暴露了軍國主義的本相。

為欲遂行這種國家權力，其最方便之理論，莫若於民族差異。以民族之差別作為標準，刀尖劍口，對準異族。所謂「六三問題」（註一），即以最樸素之形式，表現此種精神，所以，其對台灣之剝削統治之沿革，不外乎是一本用劍與槍記錄下來的隸從與征服之歷史。

註一：關於「六三問題」，《台灣先鋒》第四期張一之〈台灣雜記〉一文，有較詳之敘述，錄之如後，以資參考：

「六三問題」，曾為數十年來台灣革命者所引以為工作中心，日人既領台灣，即於次年（一八九六）三月三十日帝國會議，發佈第六十三號法律，其第一條為：

「台灣總督，於其管轄區內，得發布與法律同效力之命令！」

其第三條為：

「台灣總督，於臨時緊急必要之時，無須經前條第一項之手續，得即時發布第一條之命令。」

以此之故，台灣總督，不啻一台灣專制皇帝，可以為所欲為，故後來之《匪徒懲罰令》即係根據《六三法律》而由總督府發佈者，其第一條曰：

「不論具何等之目的，為達其目的，以暴行或以威脅而結會結眾者，與匪徒同罪，依左列區別處決之：

一、首領及教唆者，處以死刑；

二、參與謀議或指揮者，處以死刑；

三、附和隨從，或為雜役者，處以有期徒刑，或重懲役。」

台灣革命同志，在此匪徒名義下死亡者，不知凡幾，故革命者均以取消《六三法律》為口號而倡導革命，然數十年來之努力，無若何成就，其實，台灣革命問題中心，固不在此，日本帝國主義之壓迫台人，實不必依靠此寥寥數字也。林獻堂等之議會設置運動，歷數十年而無結果，其始也，台灣總督府伴與周旋，最後，因不欲多事，總督乃毅然告請願者曰：「日本帝國存在一日，台灣請勿談自立議會！」詞意堅決，簡單而明瞭，發人深省，台灣前途究何在乎？

據政治家們說，其所以如此者，蓋因台灣人與日本人，在風俗習慣等等方面，均有差異之故，此種野蠻法，專用之於台灣，而不得用之於日本人云。「……若以之統治日本人，則生出大大的錯誤，……所以，關於統治這種尚未開化之人（筆者注：即指台灣人。）須要特設適用於未開化地方之制度以統治之。」（註二）

但是，一究其真意，則實別有用心在焉，一定要創出種種理論以形成此種差別政治，其意圖何在？要而言之，經濟之掠奪而已矣。

怎麼知道的呢？台灣兒玉總督很清楚地告訴我們的：

「……加之，台灣之於我國（筆者注：指日本），在軍事上爲我帝國勢力延及南方之立腳地，乃一日一時不可忘卻者。……要之，開發此一地域（筆者注：指台灣。）之一切利源，使之不獨不爲帝國之擔負，且併合母國使益爲富裕。」（註三）

兒玉在這短小的一節演說之中，已經把國家權力之經濟的本質，暴露無遺了。

註二：見一九一五年十月印行之內閣紀錄課中，《關於在台灣施行法令之法律其沿革及現行律令》九十三頁，代議士新井章吾之演說辭。

註三：見同上第一三五頁，第十六次眾議院委員會會議紀錄，台灣總督兒玉源太郎之演說辭。

因國家權力之經濟的本質如此，其反映於政治上者，實與一時盛傳之所謂「同化政策」——內地延長主義，大異其趣，反之，是與之互相矛盾著的東西。此實無論何人也不便加以否認的歷史事實。

除此而外，還有一個秘密，大可注意，即「土匪問題」是也。日本佔領台灣之開始的十數年間，作為政治上的大工作的，是「土匪剿滅」。「土匪剿滅」，由漠然於台灣內部情形之人們看來，或竟視之為一單純之「土匪問題」，至多亦不過解釋為革命之原始的暴動而已，其實另有文章。蓋「土匪」之剿滅，亦是由生產者奪取其生產機關之開始。「土匪」之發生，其由來，都可以由政治的觀點加以說明，且其基本的因素，亦實來自經濟。關於這，可把當時台灣民政長官後藤新平在第十三次貴族院委員會上之演說，略一閱讀，即可了然，他是直率地坦白地承認了這一無恥的事實：

「這（指稱「土匪」為國事犯，為強盜——筆者），在本會已大體說過，不能一律均作如是看法，種種人們中，原以類似國事犯之目的而崛起，但結果貧困一來，乃成為盜賊者，有之；或因「礦業條例」出現，因而失去礦山，乃鋌而走險者，有之；或因《樟腦規則》出現，失去山林之利，因而崛起者，有之；或因憤慨於偵察密探之錯誤的密告，親戚朋友之無辜被罰，均認不若入山為要，乃加入同盟為盜者，亦有之；凡此種種，由余觀之，似不必以強盜目之也。」（註四）

註四：見同書五三頁，後藤新平之講演詞。

由此觀之，日本帝國主義之於台灣，征服、奴役、盜劫、殺戮，無所不為，要而言之，「暴力」，在現實之歷史上，曾演出了「英勇」的節目，已爲人所共知。台灣也真不能自外於卡爾所指出的這種規律。

國家權力，業已如此雄大，於台灣人之生殺予奪，都可自由爲之，但，隨著經濟之不斷的發展。又發生了更大的任務，即爲了要使日本資產階級所投下的資本，不受影響，日本資本家投資而後，能高枕安臥，並且，能保障此種資本之順利的發展，必須加強此種政治制度，使之鞏固，使之久而不墮，資本主義乃得免除後顧之憂。

因此，這種擁有生殺予奪之權的專制政治，日本政府竭全力以鞏固，不得不更設法利用民族之溝渠，即操縱民族間之互相的反感，甚至於爲達此目的而揑造事實以成就此種溝渠，因爲這種辦法後面，即隱藏著實現最大剩餘價值之符咒。

爲要說明這種總督獨裁政治之必需，台灣民政長官內田嘉吉曾在第二十七次衆議院委員會上說：

「……此粵族、閩族（台灣人多係由中國廣東、福建東移，故有此語——筆者。）自古以來，即互相攻訐，實乃慓悍而極難於施教的人民……。時至今日，仍敢於公然作盜，表現那殺人的殘虐，必須認爲係自古有之的土人的脾氣。」（註五）

內田嘉吉之如此信口胡說，對於已經由經濟的觀點出發詳明地分析了「土匪」之來源的我們及我們的讀者，均已了然於此種反宣傳之無恥，更可進一步地知悉日本政客們所每日玩弄著的花樣。

註五：見同上二七四頁，第廿七次衆議院委員會會議紀錄，台灣民政長官內田嘉吉之演說辭。

總而言之，順應於新的生產關係之要求的國家權力，爲了使新興起來之產業資本之能永久地確保台灣之隸屬，乃不得不採用帶有軍國主義性質的帝國主義政策，實爲不言而喻之事。因此之故，在台灣之政治形態，實與西班牙、荷蘭、英吉利、法蘭西等國所施於其殖民地或委任統治地者，略爲不同。惟當時竟有欲將日本帝國主義之此種血腥政策，比之

於歐洲帝國主義，藉此欲使之合理化的大資產階級的無聊且愚笨的「學者」及「政治家」，亦頗不乏人。（註六）

註六：竹越與三郎《台灣統治志》八頁

「……雖方今歐洲列強之間，聞有所謂『帝國主義』者，其實亦即對殖民地之政策，而被之以新奇名字而已。」（一九〇五年九月五日出版）

二、資本主義前夜的台灣

十九世紀後半世紀以來，英法資本之大量輸出，在遠東發生了很大的反應，其於台灣，亦不啻使此一固定地存在於封建制度之殼內的台灣，開始其初步的破殼之工作。

此種破殼工作之開始，表現在對殖產之獎勵，以求其繁殖。茶、砂糖、樟腦等，即開始取得重要產物之位置，但，當時此種殖產有一特點，即幾乎完全被英、美及中國本國之資本支配其貿易是也。

當時，台灣與其他國家在經濟方面的比較，是有著很大的差數。外國之商業資本，個個受其本國的銀行資本之掩護支持，大量向台灣進攻，此種資本，對於因之刺激而起來的台灣的幼弱的土著資本，貸以利息極其低下的金融，使其再轉貸於生產者，以成就其有系統的關聯的支配。或竟由此而達到獨占之地位。其借貸利息，比較台灣借貸利息的一般平均數，不足二分之一，因此，就造成了這種支配之可能性。

當時，因係在資本尚未發達之際，產業既未發達，則其現象是都市之中尚無有利的投資目標，但是，資本之奔流，是不因這種進步之不夠而停止，於是，這種種投資，乃轉而自最大多數的農村生產者的身上，不斷地殘酷地吸取血汗——那充滿血腥氣味的剩餘價值。

此種外國資本，對農民之剝削榨取，無論在性質上在形式上，是和土著資本之剝削榨取，毫無二致，其苛酷，是不可想像的。這一現象，在一般的殖民地、半殖民地的國家，是一致的，如中國之買辦資本和外國資本結合的時候，其利益亦殊與在台灣之此種情形相同。土著資本，離不了外國資本，外國資本，亦大大樂於與土著資本苟合而生產其理想之嬰兒。

下述一例，可資說明此種情形的全貌：

如當時茶葉，即一項爲典型之例證。販賣茶葉之仲介人，給茶作生產者的前貸資本的利息，大概是二成左右。但是，外國銀行貸與洋行，其利息不及五分。而由此種銀行，再貸與仲介機關之茶販，其利息是五分之加倍，爲一成；再由茶館而貸與茶販，則利息便一躍而爲一成又半；最後，由茶販而達於生產者之手時，即高昇而爲二成左右矣。

不特此也，除以生產物之代收，以及賣出追付等等之苛刻條件，使生產者受損失外，百斤之製就茶葉，必須加重二斤，換言之，即如沒有一百零二斤之重，即不可作一百斤計算，爲什麼呢？理由再簡單沒有，即茶販和茶館之額外報酬，亦不可免之物。這一來，這二斤就算是茶販等之「酒錢」，所以，農民血汗所生產之剩餘價值，是一滴也不留地給層層的榨取者榨取殆盡了。

故居首位之重要產物製茶葉，對於放下資本，約有四十成之純利，由此大可想見其一斑。（註一）

一切生產物之轉收，賣出與追付之前貸資本，除其利息而外，同時，還可以收到獨占利得與因市場價格之變動所生的投機利得。至於仲介機關，除此類利得以外，還又可以獲致匯水、存庫費用錢，等等額外收入，這些，均可以認爲副次的利得。

註一：見前段所引《台灣統治志》一書三九一頁。

至於生產者之農民和其地主間之關係，亦極可以表示此種榨取的情形，若以一般的甘蔗生產而論，對於此項生產的前貸資金，要支付一成四分乃至二成四分之利息以外，實物租，又要支付一成五乃至二成，製糖費又不得不支付五成之現物，約而言之，現物之七成，皆供之於不勞地主，作爲無條件的供物，其殘酷至於如此！

除此而外，可再以包含全人口三分之二以上的最大多數的農作物來看，亦十分令人驚奇，全收穫量之百分之十，作爲大租；百分之五十乃至六十，作爲小租。（註二）以大租加上小租，一併計算，則約有百分之七十，作爲土地物租，均爲不勞地主輕輕地拿去。不獨如是，水租負擔，亦經由地主轉嫁之於生產者，此項數目，又必須追加上去，這一來，所留下者，其數之區區，大可想見。

當初，台灣還沒有存在土地私有權的時候，凡向政府稟請自往開墾者，便馬上攫到大租權，但是，這些獲到大租權之大租戶，實際上，並不勞作生產，只將此種權利分之於小租戶，其結果，土地之實權，即業主權，遂自然而然地不得不歸入小租戶掌握之中。然而，這些小租戶，自己當然也不耕種，又將田地租與佃農，使其耕作之；同時，小租戶之一切負擔，自然也就完全轉嫁於佃農之身上了。

註二：關於土地之大小租情形，《台灣先鋒》第四期張一之〈雜記台灣〉一文中，其十二，「台灣之土地情形」一段，亦有述及，全錄於此，以資參考：

日本攫取台灣後，即有所謂「四大事業」，即土地之調查，縱貫鐵道之建築，基隆建港與官署新建是也；此四者，因多與總督府之財政有關，故能先後一一實現，其有裨益於日人者，實不在少，即以土地一項之收入言之，亦可見其大略。

台灣之土地，最初，均為當地豪族所佔，役民墾殖，自稱墾主，農民則曰墾民。其後以情勢變遷，地土之權利，轉移頻繁，因而地權亦多有入於墾戶手中者，而墾戶復可將土地轉租與他人耕種（即「現耕佃人」）。於是，乃有大租小租之現象發生。（我國亦有此現象，惟不甚多耳！）墾戶向墾主繳納大租，現耕佃人則又向墾戶繳納小租（其實均出於耕種者），大租戶與小租戶，總稱曰「頭家」。

因有此種情形，故實際耕種土地者，所受之剝削，極為殘酷。明治三十一年，日本政府，設土地調查局，從事台灣土地之整理，以完成其「四大事業」之一。三十七年，公佈大租權整理之律令，由政府發行四百餘萬元之公債，向大租戶購買大租權，是後，乃向小租戶徵收極重之地租，故使從來不過九十餘萬元之田賦收入，經此一舉，總督府即有三百餘萬元之田賦收入，增加三倍之多。益以近年以來之加意剝削，數目日益膨大，至昭和八年，田賦竟達五百七十餘萬元矣，此項收入，目前已佔關稅之首位。

故台灣今日之土地問題，亦極嚴重，即應如何以打破土地集中於日本人因使彼等能藉此種生產手段之佔有而剝削台灣人之現象是也。

於是，並得以知悉大租權，在當時，是勝於國家之徵稅權數等，決不受收成之豐歉以及時勢之變遷的任何影響；因此之故，乃有「鐵租」之名發生（亦稱「硬租」），其所由來，即因係無論在任何條件下絕對不可變換的租賦的原故。

但是，大租戶對於政府，仍須負繳納稅賦之責任，而對於其土地之耕作佃人之行動，亦向政府負責，這種責任，即是所謂「連坐責任」。於是對上有責，對下亦因而有權，結果，大租戶擁有勢力，宛如一國之君主，此情形略與中世紀封建時代之小諸侯制相同。

關於此種情形，《台灣舊慣制度調查一斑》也曾有如次之敘述：

「……當時之墾首，皆是有數之紳民，擁有萬頃之田，招募有數百佃人，外為防蓄之備，內為開拓之事，握警察之權力，果納稅之義務，儼然一小諸侯。雖名為一區區之地主，收納佃稅，實則與小邦國之君，徵收租稅者無異。」（註三）

註三：見台灣總督府臨時土地調查局一九○一年刊行之《台灣舊慣制度調查一斑》六三頁。

由上述各情觀之，日本帝國主義佔領台灣之前，台灣猶在資本主義之前夜。商業資本、借貸資本（以高利貸之形態）與外來之商業資本互相地並肩而行，共同地，由一般的生產者，尤其是最大多數的農村生產者的身上，不留一滴地盡量吸取剩餘勞動所生產的價值。換言之，農民之勞動力，成為他們共同追逐的目標。

三、資本角逐與土地收奪

日本帝國主義佔領台灣以前，台灣既然受著外國商業資本的支配，則日本帝國主義領台之後，很顯明的，其第一個目標，即是如何驅逐別國的資本。

因此，領台之後，在尙未能實行企業獨佔之時，即先以國家權力，斷行重稅之征收，除此而外，乃從事於「間接稅」之國家獨佔的專賣制度。

如此，便開始了征服台灣之序幕，藉國家權力努力於資本之統一，驅逐外國資本於孤島之外。

可是，即使有了資本，而缺少勞動力之不斷的供給，則資本便不能繁殖，這是很簡單的理論，故日本帝國主義者之在此時，必須從同時大量準備勞動力一點著手，始克收效。

重要產物之重稅的課取，以及專賣制度之實施，其結果，必然地引導到大批勞動力之過剩，蓋此種制度，不啻剝奪了舊的生產者的生活上的安全，驅使他們以勞動力之出賣而糊口。而且，此種制度，在另一方面，又有效地將對於資本主義之經濟上的反抗，防之於未然。爲達此目的之最後一戰，即造成「土匪問題」之因素，由前述後藤台灣民政長官的演說辭中，已可充分地明瞭此點。

接踵而來的，是保有紙幣發行權的特殊金融機關之成立，即是台灣銀行，這個台灣銀行，在性質上講，當然是單純之仲介機構，可是，其使命卻是二方面的。

「……做台灣之金融機關，通融資本於工商業以及公共事業，開發台灣之富源，策圖台灣經濟上之發達……對於漸漸在台灣從事企業的我國人（即指在台之日本人——筆者。）給與方便，向他們開掖誘之門。」（註一）除這而外，還有的，就是同時爲：「總督府之金庫」。（註二）換言之，即是最初以國家資本，對於一切放貸資本，給予保障，使之毫無危險地榨取利潤，促進企業之集中化的過程，而成就資本之蓄積，在政治上，則保障了台灣總督府的收支。於是，日本人的資本，在此政策之下，奠定了發展的基礎，而且，規定了統治台灣資本的前途。

註一：見台灣銀行一九一九年六月一日刊行之《台灣銀行二十週年誌》中〈台灣銀行設立之旨趣〉一文，一四頁至一五頁。

註二：見同書二五頁，松方大藏大臣代表田尻大藏次官之演說辭。

台灣銀行之股東的構成，除皇室而外，政府不獨要承認其資本金的五分之一，即一百萬日元，而且，必須在五年之內，不分紅利。此外，還須貸下毫無利息的二百萬日元，以作紙幣發行的基金，使台灣銀行得以開始營業。

但是，台灣銀行，卻須依照《台灣事業公債法》，貸付三百二十萬日元與台灣總督府，此公債之利息，在五分以下；次年，又以五分之利息，再貸給台灣總督府以二百二十一萬日元之事業公債。這些事實的影響，是急劇地將大眾永遠淪為債務者，而因此開拓了在台灣之資本主義向帝國主義躍進的基礎。

在這中間，一切有利可圖之富源，都一律受國家權力之支配，為了這筆台灣銀行所經手統治的商業資本，尤其為了產業資本之活動起見，便開始了土地之調查。隨著調查之結果而來的，便是一九〇四年所發行收買大租權之補償公債，其數為四百另八萬又四百八十五日元。經由大租權之收買，使土地私有權具體地確定下來。其實，此項補償公債，因以九十日元作百元計算之故，其實額乃三百六十七萬二千四百三十六元五角。

土地大租權之收買，可以意味為對農民更深一層之剝削，此對於租佃關係，並未發生影響，受其利的，決非農民，卻是當時業主已獲得土地私有權之小租戶的業主。當此之時，由業主所轉嫁於農民身上之一切沉重的經濟負擔，依然毫不減少地繼續下去，自是無可置疑；而更有甚者，即緊隨著私有權之確定而到來的，便是土地之騰貴，其結果，很明顯地給予農民以最大的不利。

在大租權收買之當年，其地租額爲八十六萬零七百零六元六角二分二釐。但是，由於調查土地後之膨脹，以及加算補償公債之結果，次年之地租，即一躍而爲二百九十八萬零二百八十七元一角之多，即已達原額三倍以上。

然而，這筆補償公債，似乎是不能充分地滿足當時之活動，所以，五年後之一九一〇年，實際上，由地方廳照時價（註三）經由台灣銀行買還之總數，已達三百零二萬六千零二十五日元之多，業已在總額七八成之上。所餘之區區數目，曾依靠權力以及台灣銀行之人的關係，以一定地域爲範圍，在嘉義，用二十五萬日元作爲基本金，設立了嘉義銀行；又在彰化，用二十二萬日元，設立了彰化銀行；此外在基隆及宜蘭，亦設立了金融組合，以匡其不逮。

註三：當時表額為一百日元而只以實金四十日元之賤價賣給台灣銀行者，為數極眾，此亦所謂「時價」也。

從此，封建制度的經濟的榨取，便轉化而成爲資本家新式的榨取，多歷年所之祖傳特權，已被總督府以租稅之名而代替了。

此不過產業資本大走鴻運之開始的一幕，其走向統治之途，乃經過後來不少之立法，如台灣糖業獎勵規則等，始具體地確立了資本主義之生產方法。產業資本，因此之故，可以享受企業獎勵金、始業補助金之類的特權，而官有土地之不付代價的供用之特權，則更將產業資本推前一步，對於封建生產者，獲得了永久地成爲勝利者之地位。

大企業之獨佔，是以一切原料產地歸之於同一資本的統治時，最爲鞏固。《製糖場取締規則》，（註四）乃係限定各既成會社專屬之原料採取區域，而且，在同一區域內，不獨要禁止「舊式製糖場」——即以古舊方法生產之糖廠，（註五）對於糖原料甘蔗，亦禁止其移出區域之外，可謂雷厲風行，如此，乃消滅原料之爭奪競爭，而藉之急速地成就其企業之獨佔。

除此之外，更制定採用的新式機械之製糖廠的企業，必須請得許可，始能成立，蓋用此種規定，則可有效而輕易地強制農民隸從於為利潤而經營之產業資本，同時——也是日本資本家所津津樂道之一事——成功於壓抑土著資本之抬頭。

註四：「……如目下台灣之製糖業，竟尚保存有舊式糖廠之殘餘，而又加之復有改良糖廠之勃興，以與新式大規模之製糖工廠鼎立，殊屬有害事業全部之健康發展。而此間製糖業者與甘蔗種植者之間的關於原料買賣的糾紛，又復所在皆是。當糖價騰貴之時，種植者拒不出售原料甘蔗，其結果，乃有自設糖廠以收製糖利益之風，故舊式糖廠與改良糖廠之陸續設立，可使新式之基礎，有不安之虞。政府以明治三十八年府令第三十八號，公佈《製糖廠取締規則》，防止此等之糾紛。」見《台灣銀行二十週年誌》二一七頁。

註五：關於台灣製糖工廠之種類及其生產情形，茲引《台灣雜誌》之〈台灣糖廠〉一段如後，以資參考：

「台灣之製糖廠，原有三種，一曰舊式糖廠，二曰改良糖廠，三曰新式機器糖廠。舊式糖廠，今已零落殆盡，改良糖廠，亦奄奄一息，目下馳騁白糖生產界者，乃為在日本政府支助下之資本家的新式糖廠。

所謂舊式糖廠者，係以牲畜之力，拖轉一種二輪成三輪之石車，以壓榨甘蔗，其在昔日，約有一千餘家之眾，現只剩七八十戶，在深山長谷之中，幾逃出台灣社會矣；改良糖廠者，亦不過將壓榨機，略事改良，不用牲畜之力，而改用原動力而已，每日約可榨甘蔗數百十噸，生產力亦不大，原有近百家，現在只寥寥一二家，匿居山中，與舊式糖廠，同一命運，且絕跡矣！蓋新式糖廠，挾其雄厚資本以來，又復有政治力量作其後盾，舊式或改良糖廠，均無法抵抗，因而逃走。新式機器糖廠，始於光緒二十六年之台灣製糖公司，現有四十餘家，掌握全島產糖事業，每日平均可壓榨甘蔗數千噸之多，因可掃蕩一切糖廠而獨自專利焉。

此四十餘製糖工廠，實只屬於十一家製糖公司，每年全島產額，在民國二十二年，為一千零五十六萬餘擔。（在光緒三十一年時，產額為八十二萬六千餘擔，其增加之速如此！）

台灣製糖公司，其作用與其效果，可說與東印度公司同一，台灣人在此剝削之下，直無生活可言，一視各種糖廠盛衰歷史，大可概見日本人依靠其政治勢力，究如何以驅台人於生活圈之外又如何靠此種立於生活圈外之台人而建立其光華燦爛之生活。」

新式製糖工廠，皆屬於日本之產業資本的企業，舊式製糖工廠與改良工廠則屬於台灣土著資本之企業，由是知各種法令之所由來，實屬無恥之尤。而成功於征服封建的生產之產業資本，其所依靠者，乃經濟以外之壓力，實毫不足疑之事。自是而後，產業資本乃更進一步，設法拋置農民於奴隸狀態，使他們自己，不得不爲單純之工銀而勞動了。

然而，作爲原始蓄積之過程的基礎，是在於收奪農民之土地，這是客觀的歷史給我們的鐵的指示，台灣之原始資本之蓄積，也難於自外於此。伴著土地之被收奪而來的，就是大批勞動力，這是資本家的有著充分的實現可能性的美夢。

日本資本在台灣之作風，必然地引導到產業資本之收奪農民土地，乃顯而易見之事。緊隨著「竹林事件」而發生的一九〇九年的所謂林本源製糖株式會社之土地強制收買事件，實在是用盡威嚇、拘禁、凌虐以及各種不堪言說之暴行，藉權力強行地收買了——不，簡直是搶劫了——指定之土地，這些同生產手段分離了的農民群眾，因而迫不得已，搖身一變而爲工銀勞動力，浮飄於勞動市場上。

但，在此之前，尙有一個劃時代的政策，曾大規模地放棄了土地之封建關係，一舉而將廣泛的山林原野（除二成外），查定而歸之於官有；其實，當時之「查定」，即爲土地收奪之第一步，而且，馬上就證明了這種「查定」即是「收奪」。其結果是，一方面大量地供給了資本活動之地場；一方面，作爲副產物，又生產了工銀勞動力，而成爲工銀勞動者之源泉。（註六）

註六：一八九五年十月府令第二十六號，《官有林野取締規則》：

第一條：無證明所有權之地券或其他確實證據之山林原野，皆收為官有。

第二條：除在台灣授渡以前領有清國政府許可證的區域之外，不得採伐官有之樹木，或開墾官有之林野。

從來之山林原野，均一律被認爲耕地之從屬物，本來沒有經過丈量，也從未課以賦稅，實與田園大大不同，所以，一律沒有所謂「證明所有權之地券或其他確實之證據」，因此，馬上遭受了這個被沒收的命運。這樣一來，農民們的境遇，換了一換，從前是從服於封建制度；現在，則又須經代替此種封建制度的日本資本主義的柱石台灣總督府的許可，才可遂行讓渡與購買之事。不特此也，在隨後即行頒布之所謂「林野調查」，亦即所謂「林野整理」後十數年之間，總督府對於農民之稟請，一律以「尚未加以整理」爲口實，一一加以拒絕。

但是，另一方面，對於從來爲農民所佔有或開墾著的山林原野，似無良好藉口，則繞了一個圈子，課以與田園同等之賦稅，或則編之爲保管林，其課稅等於課保管料，凡此種種，其最後目的，莫不在於由農民拂下其土地。故此種沒有正式許可之開墾地，在「林野整理」以後，即由當局名之爲「無斷開墾」——即並未稟報之開墾之謂，——而隨時拂下。這中間，如一九〇八年發生之所謂應「防止輸入，增進國益」（註七）的要求，而將橫亙於竹山、斗六、嘉義三郡之一萬五千甲的竹林，拂下於三菱製紙會社。又如一九二六年，把約五千餘甲之土地拂下於退隱官吏。又如一九二七年之將嘉義郡下之竹林三千餘甲，編入於地方莊之基本財產；以及擁有八千餘甲之大寶農林株式會社之擅自砍伐農民之芭蕉等等，無一不可以認作典型的收奪。此種結果，有的是有組織地掃蕩了萬人以上之農民於一旦；有的是一枚屁錢也沒有付予而收奪其物產或土地。至於將礦山無條件認爲「國有」一事，不消說，是赤裸裸地表示土地收奪之精神。

註七：見一九二五年六月，竹山、斗六、嘉義三郡中農民向台灣總督伊澤多喜男之請願書五頁。

一切農民無疑地是貧困化了，而其貧困化的秘密，亦無疑地是在於破壞農村之傳統的政策，誠如《資本論》中所謂：「表面上，是增進國家之富，或國家之資源的政策；其實際，則是增大資本家之利源，及其富之蓄積而已。」不錯，台灣正毫不二致地證實了這些言論。

因此之故，一九二七年前後那使資產階級震驚的農民運動之如暴風雨般的勃起，實在均係以「土地拂下」問題作中心，而爆發於「區域限定」制度之上，又復迴旋於這一「土地」中心問題之左右的。農民運動發生之歷史的端緒，實源於此。

四、殘酷立法種種

台灣的農民群眾，是怎樣被日本資本主義殘酷地拋擲於一種重壓之下，由前面所說，我們已可略知其大概。這種重壓，這種無限止的剝削，遂使一部份脫離了生產的農民，毅然地走上一條自生之路。

《礦山條例》、《樟腦規則》等等以及土地之收奪，其直接的結果，是將農民立即驅逐到另一新的環境。因爲《礦山條例》等所創造的局面，暫時未能吸收這些農民的勞動力（台灣當時勞動力之多之賤，是不堪設想的）。這些游離的農民，一方面爲飢寒所迫，一方面，最最原始的一種革命思想，很自然地走進了他們的腦子之中，這是以「反抗清朝割讓，願意歸回大清」的一種最樸素的形式表示出來，而形成了各地的無原則無組織的暴動，這就是日本帝國主義者的統治諸公們口中的「土匪問題」。

因爲沒有正確的革命理論，亦缺少必需的組織性，此種「土匪」，未能儘可能地包容了所有的游離農人，而讓一部份成爲所謂「浮浪者」。

乃木總督所採取之統治政略，適在這種經濟環境之下，故事實上是加速了、深化了這種由農民到「土匪」或「浮浪者」的轉化過程。

日本之資本，當然是無論如何也不會把這些可成爲上好商品的勞動力放鬆，他在這種情形之下，爲了要達到其商品化這些游離勞動力之目的，爲了使他們成爲工銀勞動者，馴服地參加其資本之活動，乃先以直接的最殘酷的種種威脅加之，其具體的實踐，便是一些大大小小的立法，這些法，皆服從其經濟的目的。

於是，所謂《保甲條例》來了。

「因欲維持治安，而當此勢力財用，有難於應付無限之要求」之時（註一），無論事之大小，也不管所發生之事體的性質爲如何，都一律實行連坐，這是《保甲條例》的骨髓。既然是「維持治安」，當然是「爲老百姓作想」，也當然是出於「自由意志」罷。然而，一究其實，仍脫不了作爲基礎的經濟的特質，這些，只不過以種種似是而非的假裝，企業合理化一切政治上、經濟上（註二）之苛刻的負擔，一舉而將推行資本主義生產所需要之各項負擔，一律加之於大眾身上。所以，《保甲條例》之「連坐法」之秘密，實在於此，而其現象則是「維持治安」的「政治上」的一種設施。

註一：見前《台灣統治志》一書第二五一頁。

註二：見同書二五二頁，並可參閱《關於在台灣施行法令之沿革及現行律令》八八頁；又台灣自由言論社《台灣統治關係議會獅子吼錄》一三六頁。（一九二八年十一月十日刊）

接著，《匪徒懲罰令》也來了。

主要目的，其實還是給投下資本以保障，一掃既投資本的不安的憂懼，這所謂《匪徒懲罰令》，是以最空泛的條文，保證最殘酷的屠殺行動之「合理性」，其第一條有曰：「不論具何等之目的，爲達其目的，以暴行或以威脅而結會集眾者，與匪徒同罪，……。」（註三）

這樣一來，實與中國歷史上所傳說的封建帝王的辦法如秦始皇之「偶語棄市」，完全一樣，或者有過之而無不及，在二十世紀的今日，日本帝國主義者，對於大如彈丸之小島的台灣之所謂「島人」，何竟一怕至此！此或亦爲其同行諸國政府所驚奇。

作爲這種犯罪的裁判的根據的，是所謂《台灣總督府臨時法院條例》之設立，（一八九六年，律令第二號。）其最典型的代表精神，是以一審爲終審，因此之故，舉凡「該當騷擾罪之罪犯」（註四）均一律一「審」之後，毫無例外地處以死刑。劊子手的政治家們，猶很謙虛地說，以騷擾之名定罪者，甚屬寥寥云。

註三：參看本書第一頁註一。

註四：見一九一六年十二月二十八日刊行之台北地方法院檢察官上內恆三郎《台灣刑事司法政策論》第二篇〈在台灣之犯罪及刑罰狀況〉二九三頁，其言有曰：「……在台灣所施行者，為特別法，……舉凡該當騷擾罪之罪犯，其情略重者，皆引用《匪徒懲罰令》處理之，故從來以騷擾之名定罪處罰者，實絕無僅有，唯大正三年（一九一四年）曾以騷擾犯懲罰五人而已……。」云云。由「以騷擾之名定罪處罰者，絕無僅有」一言，即可證明當時實在是事無大小均以「匪徒」論罪。

情形是絕對地禁止集會結社，如有犯者，即定死罪，此風一開，則小而至於私人之與官吏敵對者，與駐軍不睦者，或偶然破壞公物，或偶然妨害交通，以及掠取財物、殺人、強姦等，不論巨細，亦不問其事件之嚴重與否，且不問其既遂未遂，均一律視為同等，依《匪徒懲法令》處決之，結論都是「死刑」。如因由「生蕃討伐費」（註五）之過重負擔所引起之「苗栗事件」，以及因「竹林拂下事件」而引起之「林圮埔事件」等，不消說，都完完全全地適合於《匪徒懲罰令》之引用，而且，是最大限度地引用了。由是以觀，日本帝國主義是如何地以此一法令完成其經濟上之目的，實是顯而易見之事。

註五：台灣人民構成中，有所謂「生番」者，乃原在台灣生活之土人，關於台灣目下人口及生番在人口總數上之比例，可引張一之《台灣雜記》之五，〈台灣人口〉一段如後，以資參考：「台灣人口，通常號稱五百萬，據昭和七年（即民國二十一年）之統計，數為四百九十餘萬。但，去年（一九三八）七月日人廣播，則稱已達五百六十餘萬，……在此總數中，有百分之五上下，為日本人，係日本本部，稱曰：「內地人」。蕃人則佔百分之四，有生蕃與熟蕃之分，亦與我國西南部苗人之有生苗熟苗者相同，其生活與台灣人較接近，且已部分同化者，曰熟蕃；反之，曰生番。由中國往台僑居者，亦與僑居他國者相同，均稱華僑，連其他少數外國人，約佔總數百分之一。此外，均為台灣人。……」

至於對「土匪」外之「浮浪者」，亦有特殊立法，則所謂《浮浪者取締規則》（註六）是也。

「浮浪者」是這一批游離勞動力中最消極者，即不以「土匪」之「搶奪」方法，對付其壓迫者，只消極地東找西尋以維持其日常生活，而成爲不抵抗主義之「浮浪者」，對於這種消極的不抵抗主義者，其駕馭是輕而易舉的，不必以對「土匪」之重刑威脅，故《浮浪者取締規則》甚爲平平凡凡，其目的則在於「強制其勞動」，「使其自動找求職業」。換言之，即將彼等由生產機關驅逐後，沒收其生產機關，使之成爲資本主義之生產，又再強制他們，使之參加此種生產而成爲工銀勞動者，故令發之後，即於交通素稱隔絕之台東廳（註七）設立「浮浪者收容所」，此收容所，得無限止地收容政府所指爲「浮浪者」之人民，且得無限止地限制此種「浮浪者」之自由，以此爲「取締」辦法，如此這般地加以「取締」以後，他們都變成了工銀勞動者，以十八個鐘頭之勞動換取三五個鐘頭之勞動即可生產之最低度生活資料去了。

註六：一九一二年十月台灣總督府刊行之《台灣統計要覽》，一三八頁至一三九頁：

「……蓋有鑒於本島之現狀，無論其為徒食之或已為社會害群之馬，政府對之，雖有處罰浮浪者之規則，而以刑罰過輕，未得大要，以致未克奏反省之效，故不可不強制其勞動，培養其勞動之習慣，蓋如此，始可建立根本之統治政策。」

「然而，強制勞動之制度，其施行，則在於嚴格之監督。勞動之習慣養成，則將來或亦可獨立而自營其企業，如此，則可使毫無職業的無賴之徒，有自動求找職業之自覺……。要之，強制勞動，一方面得以達到治安維持之目的，一方面可圖拓殖之便利，實為一舉兩得之良好制度也……。」

關於這一問題，還可以再參考一九一六年二月八日所刊行之《台灣統計要覽》八十頁，（第八，警察之部）。

註七：目下台灣之行政區域，分五州三廳。五州者，台北州、台中州、台南州、新竹州、高雄州是也；三廳者，台東廳、花蓮港廳、澎湖廳是也。可參考張一之《台灣雜記》之六，（台灣目下行政系統〉一段。

在這種立法之下，於數年之間，綿延五年之「生番討伐」所需之人伕及食糧，跨亙南北長三百哩之縱貫鐵道的軍用道路之人伕、食糧以及必要土地之沒收，以至於一九二九年前後，把社會運動家看作浮浪者而強制其勞動，使其就職的戒告等等，無一不是在於合理化其以經濟目的作爲中心之國家權力，同時亦無一不暴露了這種立法之殘酷性。

五、土地之集中與農民生活

於是，依靠於國家權力之土地收奪的成功，地租之課賦與改正之完成，保護關稅法之斷然實施以及交通之發達，其結果，日本資本主義，有如洪水之橫流，急速地，將那作爲農村的自足自給之根本的自然經濟，一掃而光，連根連蒂也拔掉，絲毫未留。而另外一方面，順應於日本資本主義之向前發展之必然的要求，在台灣建立了基礎鞏固的一個大市場。隨著這現象而來的，即實施度量衡之統一及貨幣改革制度，由銀本位改爲金本位，發展至此，台灣之一切產業，實已脫離其獨立的地位，加入日本之「國民經濟」，而成爲「日本國民經濟」之一部份了。

這樣一來，對於一向以農業爲專業之農民，土地問題，便以壓倒之勢成爲絕對的重要問題了。農民生活沒有其他的方面，可以再獲得保證，因爲一向算是農村家庭工業的根本的製糖業，製茶業乃至於製腦業等，均一一被大工業，或專賣制度所收奪，其最後之結果，是一切產業，都毫無例外地爲日本產業資本所支配了。

土地既成了這樣重要的東西，那末，台灣土地情形，究竟如何呢？

一九三五年之台灣的耕地面積，是八十五萬六千七百七十四甲，若以之和一八九五年之三十六萬另二百九十甲相比，其差數幾是原面積二倍以上之多，雖說全面積在總數上增加了這許多，可是，一觀前數節所述情形，便知道這些土地都在日本那傳統的剝削政策之下，被有權力之資本，急速地完成了他們的土地集中過程而佔有去了，尤其以地租之課賦及其改正後之情形，尤使農民——零細土地之所有者越發喪失其土地。如製糖會社除其他日本資本家所有之田佃，約二萬甲以外，彼已獲得全耕地面積十分之一以上。（即八萬六千八百九十七甲以上。）——若以此和一九三五年之甘蔗總的種植面積十二萬一千六百四坪相比較，是約佔八成以上，由此可見一般。另外，由政府認爲係「國家事業」之林野，指歸國家經營者，約佔二成五分以上，即是二十五萬甲以上；歸屬於台東開拓株式會社之林野，約三萬甲；三井物產合名會社，一萬七千餘甲；三菱製紙株式會社，一萬五千餘甲。由此種種觀之，則廣泛之林野，亦正與田園相同，皆被少數的日本資本家集中到他們手中去了。

所以，在這兒，當我們討論及農業之土地分配狀況之前，似有先由民族陣營內，將土地分配情形，加以一瞥的必要，換言之，即究竟自領台以後，迄於今日，台灣之耕田及林野，其被日本資本家集中於其手中者，果有若干？——當然，如果企圖覓找完全的數目字，而確切地指出其詳情，固是極爲困難之事，可是，大體的推算——接近於確數的大概的推算，卻非不可能之事。一九二九年六月廿九日台灣總督府殖產局所刊行之《在台灣之母國人農業殖民》一書，即可提供吾人很好的參考材料。

一九〇四年起，至一九二九年之二十五年之間，因政府之鼓勵，欲使之久住於台灣之「官營」移民，數爲六百六十七人，個人之自由移居者，爲三十八人，營資本之拓植企業者，爲二十五人。「官營」移民之官許地及其所有之經營地，總面積爲二千五百二十三甲九釐一系，平均每人佔三甲七分八釐三毛強。個人之自由移民的官許地及其所有之經營地，總面積爲四百二十四甲七分二釐八毛二系，平均每人是十三甲八分八毛六系。然而，營資本之拓植企業者，其一切所有經營地之總面積，爲四萬四千二百五十一甲，平均每人是一千七百三十甲四分。彼此之間之差，有如此大數目，亦可以概見擁有雄厚資本的資本家們的跋扈情形了。

這些經營面積，包括著各種土地，如統計其種類數目，有如左表；表中數字單位爲甲，表中直線係表示無確數可資引證。再則，表中個人自由移民經營地總面積一項中，有很少之佃用地包括在內。

日本殖民之經營地面積表

種別	官營移民經營地總面積	自由移民經營地總面積	營資本之拓殖企業者之經營面積	小計
田	2523.2901	113.6065	9158.0000	11794.8966
畑	————	202.3291	7091.0000	7293.3291
田畑	————	————	1628.0000	1628.0000
山林	————	106.6901	24744.0000	24850.6901
其他	————	102.1026	630.0000	732.1026
共計	2523.2901	524.7283	43251.0000	46299.0184

但是，上表數目並不完全，不足以依此而窺全貌。這，我也承認，除此之外，尚未加以調查列表者，當然不在少數，譬如營資本之拓殖企業者之中，有十人以上，尚未加以調查。個人自由移民之中，亦有二十人左右，未及調查。並且，即使是日本人，有時在官民

利害不一致的情況下，其土地之被拂下者，亦並非絕對一人沒有。假定由百甲以內之所有者五百三四十人之中，除去已經轉賣於台灣人的日本人一百名，又除去日本人之間之轉賣或賣於製糖會社以及其他之企業者，約六十人，那末，剩下的當是三百七八十名。再假定這些日本人之所有土地各為一百甲，這總數即有三萬八千甲。而一九二二到一九二四年退官者拂下之土地，究為多少，今日亦未有的確數目，可資引用，所以，不能不暫時除外。再則，這樣的數字，並非表示耕地面積，只不過表示經營地之面積而已，此均為讀者宜加以注意者。於是，讓我們來仔細地打一打算盤。

總括官營移民，個人自由移民，營資本之拓殖企業者三種人所有之田畑經營耕地之總面積，照前列表格算來，應為二萬零七百十六甲二分二釐六毛七系。再加製糖會社所有田畑之總面積八萬六千八百九十七甲，就增為十萬七千六百十三甲二分二釐五毛六系之多；再加上其他別的日本人所拂下之地三萬八千甲和製糖會社取得佃權的田畑面積二萬六千甲；那末，日本人所佔有之田畑總數，即為十七萬一千六百十三甲二分二釐五毛六系。如把這和台灣之耕地總面積八十五萬六千七百七十四甲，互相比較，則日本人所佔之田畑，約佔總面積五分之一，數目可謂大矣。

再推算山林及其他面積看看如何：

照前表，山林與其他面積數，共為二萬五千五百八十二甲七分九釐二毛七系，若加上所謂「國家事業」由「國家」所經營之二十五萬甲，又加上三井物產合名會社之一萬七千甲，則共為三十萬甲之譜；拿來和一九三五年之山林總面積一百九十萬三千二百四十甲，互相比較，亦與田畑相距不遠，佔總數六分之一。數目亦不可謂不大矣。——不消說，這種傾向之造成，是有賴於經濟恐慌之及於農村，而這種結果之造成，則又即是農民及其他小地主之沒落。到現在為止，土地山林之拂下為各街莊基本財產者，約八千甲到一萬甲光景，此數目，並未加算；如果加在山林總數內，則近四十萬甲，集中程度之可驚，於斯見之。

以上，我們是由民族陣線上來觀察台灣土地之分配情形，結論是數百人之日本人，佔有土地之六分之一至五分之一；四百九十九萬九千人之台灣人，共分其餘之六分之五或五分之四，這說來是令人搖首的怪現象，然而，在日本資本主義勢力下存在著的台灣，正是如此！

那末，處在這樣的狀態下之農民的土地分配狀態如何呢？我們可以檢查檢查看。

農家每戶之耕地面積，約有二甲，耕作人口每人耕作面積，約有三分四釐。

三分四釐？這是令人驚奇的數字，爲要維持現在的經營程度之耕件作人口每人之最低度的生活，究竟要多少耕地呢？總括米作、蔗作、茶作、雜作平均而言，最小限度的經營耕地面積，無論如何，四分五釐，是絕對必需。這個令人驚駭之事實，是一九一八至一九二一年之《農業根本調查》向我們報告的，因此，其可靠性，大概是不成問題的。

如把這每人最少之耕地面積，和貧窮之農家經濟——耕地每年平均所得數及人口每人平均之生活費——比較起來，其情形之可驚，可於次表得之：

台灣農家耕地每甲平均所得耕作人口每人之平均生活費及最少限度必需經營耕地面積表（註一）

種別	耕地每甲農作平均所得	耕作人口每人平均之生活費	耕作人口每人最少限必需之耕地面積
米作	433.00 元強	147.00 元弱	0.39 甲
蔗作	323.00 元強	117.00　弱	0.41
茶作	164.00 元強	87.00　弱	0.49
雜作	158.00 元強	80.00	0.52 弱
平均	269.00 元強	108.00	0.45 弱

由上表視之，耕作人口每人最必需之耕地面積，蔗作爲四分一釐、茶作爲四分九釐、雜作爲五分二釐；獨米作只需三分九釐者，因爲一般說來，米作之生產所得，冠絕於其他

一切的關係，即使就三分九釐而論，仍高出前述之三分四釐之數五釐。

再呢，這些數字，不過表示耕地面積而已，不是經營地面積，對於這點，也必須加以區別。

註一：表中數字，係根據一九二二年七月台灣總督府殖產局刊行之《台灣農家經濟調查》。

據第一次的農業基本調查所得到的結果，農民耕地所有不及五分或五分以上不及一甲者，佔全農民數目之百分之六十四點八。其中所有不滿五分之貧農，爲百分之四二點六八，五分以上，而又不及一甲之貧農，佔百分之二一點四。而二者所有之耕地，和而計之，不過佔全耕地之百分之十四點三五而已。到第二次調查時（一九三二年），比率較低，由百分之六十四點八，降至百分之五十九：其中所有不滿五分者，佔百分之三十七點二七，而五分以上不及一甲，佔百分之二十一點七三。

佃農耕種地，對於自耕農耕種地之百分四十一，完全地表示出漂亮的過半數，即爲百分五十八點一六。與此比相差不遠的，是佃農與自耕農、半自耕農之比。自耕農，佔百分之三十六點四；半自耕農佔百分之二十一點四二；而佃農則只佔百分之四十二點一七。（註二）

由此觀之，以中等自耕農爲基礎而調查所得的結果，大概是可靠的。然則耕作人口，每人平均必要之經營耕地面積，至低度爲四分五釐，少於此，則必不能維持生活，實是非常明白的事。

註二：依據台灣總督府殖產局一九二二年七月刊行之《耕地分配及經營調查》。

土地如此不平均分配，農民生活情形如何呢？

如果需要舉一樁事體證明台灣貧苦農民之經濟的特質，則莫如蕃藷之成爲主要食物一事。在台灣，農民之家，蕃藷取米之地位而代之，成爲主要食糧者，實佔農家之多數。普通情形是一升米，平均要混雜蕃藷一貫六百三十五刃，即十斤又三兩半，而成爲主要食料。如果將此種副食物與主要食物互相比較，無論哪一種農家，均不會超出二成七分以上。如果進一步，再以這主要食物之米與蕃藷混合率折算成爲米食時，一年之中，每人的消費量，是二石二斗一升，平均每日約需六合；數之區區，大可想見。

這兒還有一個有趣的比較，照現行之《台灣監獄令施行規則》（註三）的規定，則在監之罪犯，每日每人之糧食，其分量，爲下白米七合，蕃藷三百刃，即一斤十四兩，以之與台灣農家之每日消費量一比，便覺得是在監獄裡成爲罪犯，倒實勝在鄕村爲農民好一籌，而農家每日消費，未達必要之最小之限度一事，亦可不言而諭了。

註三：見《台灣監獄令施行規則》第九十條條文。

然則，目下台灣人平均每人之消費米量，究竟爲數幾何呢？一九三三年度之全島米穀消費額爲四百七十五萬五千七百四十二石，其中，在來米四百十九萬六千二百二十二石，佔全消費量之九成；其次爲蓬萊米，爲四十五萬三百五十石，佔全消費量約一成；此外，還有糯米六萬一千九百十六石，日本米六千七百四十五石，朝鮮米百五十五石，外國米四萬三百五十四石。若以全島人口四百八十五萬人除之，則其商數爲九斗八升，即台灣人每人平均消費量爲此數目。至於日本內地每人平均之米糧消費量，則爲一石一斗，那末，台灣人，每人平均之米糧消費量，比起日本人的來，是少一斗二升，由此，可見台灣人——尤其是農民——之消費米量，是多麼少啊！

那末，一年之間，平均每人之消費金額，究爲多少呢？這可由下列表數字得知：

台灣農家之消費金額表

種別	照時價換算平均每人一年消費食糧的金額	平均每人一日消費金額	對於全糧食之米及蕃藷的百分比率
米作農家	七九，八九八日元	二一，九〇九分	五六·五二%
畑作農家	七五，三八五	二〇，八五九	五〇·九四
茶作農家	六二，五四二	一七，一三五	七四·九一
平　均	七二，六〇八	一九，九七八	六〇·七九

註：本表數字，係根據台灣總督府殖產局一九二二年刊行之《台灣農家食糧消費調查》

細讀上表，以米作農家之七十九元八角九分八釐爲最高額，而以茶作之六十二元五角四分二釐爲最低額。若一舉總合米作、畑作、茶作之每人每日的平均消費金額，也不過一角九分九釐而已。

然則，日本如何呢？讓我們把這數目和北海道的農家比一比看。北海道之農民，平均每人之食糧消費金額爲一百元七角三分五釐，而香菸與酒之七元六角六分五釐，還不計在內。那末，北海道農民與台灣農民之比，與米作農家比，其差爲二十元八角三分七釐；與畑作農家比，其差爲二十五元三角五分；與茶作農家比，其差爲三十八元一角九分三釐，平均差爲二十八元另九分。如果把香煙與酒之七元六角六分五釐加上去，則表示了三十五元七角五分八釐之相差。不特此也，這個調查是以「中等佃農家」作爲基礎而調查的，因之，實際上，情形之惡劣，當不止於此。

處在這種經濟情況之下，生產物之銷賣，自然也是剝削得淋漓盡致，是很可以想像得到的。

對作蔗作，有一般製糖會社之甘蔗收買價格的規定。對於茶作，有三井物產合名會社之茶葉收買價格之規定。對於米作，則有台灣拓殖株式會社之租種費（註四）。這些，都可以認爲是典型的苛刻的榨取。就中，尤其是三井之茶葉收買價格，是和「二林事件」以前之甘蔗收買價格相同，取收貨憑單時，不但沒有發表收買價格，連秤量也不馬上告訴。必須等待製茶之輸出一經確定後，才來決定數個月前收下之物品的價格。

註四：宮川次郎，在其《台灣之社會運動》一文中（一九二九年十月二十五日發表）指摘著：

「一九二七年——至十二月末日——之全島租佃爭議，數達四百三十件之多，其中三百三十餘件，是皆與日拓有關。」

一點也不錯，日拓之租佃人，總數為三百六十一人，而其中參加農民組合的，約有二百人。租種費，每甲是二一三八四斤（粟六斗，日本斗為百斤）。在農民運動中，劃時代之中壢第一事件及第二事件，均是對日拓之爭議，非怪宮川次郎作此言論。

六、「國家」獨佔之專賣制度

以日本本國業已達到之資本主義發展之階段爲開拓台灣之出發點，因而支配一切殖民地產業的日本帝國主義及其保護政策，不獨在商業上，即使在生產上，也都藉權力之干涉，成就其國家之獨占地位。一九〇〇年的專賣制度的統一，即爲完成此種獨占目的之大前提。

專賣制度，不消說，是國家獨佔經濟之柱石；同時，又可以意味爲支配階級經濟負擔之大規模的減輕，而使一切重擔，在被支配階級不知不覺中，轉嫁於其兩肩之上。因此，專賣制度，實在是一種很可以鞏固擴大之最有效的剝削制度。以故，專賣制度之成功，亦即反映了日本資本主義在台灣支配之成功。

專賣制度之實施，係由稅金額內，支出一定之「補償金」，用之以收納被指定之商品，一經指定收納的商品，即馬上失掉其活動之自由，不特不能直接地販賣，亦不能直接地輸出，而由負責專賣者，以特定之價格，再指定販賣人，使其一手販賣，獨家經理。這種指定販賣之結果，不言而喻，是成功於日本產業資本之獨佔販路，急速而有效地驅逐了外國資本；同時，亦成功於壓抑土著資本之抬頭。

至於補償金之決定，則是「期與一般的苦力之生活，無大差異。」（註一）當然，其數目之多寡，只是以能夠艱苦地支持最低限度之生活爲標準而決定，當爲毫不足異之事。而這種事實，卻在極爲漂亮的口實之下進行著，據云，係在於「因其所得利益，悉用於公益」之漂亮的「理想」，是一件很甜蜜的糖衣，其所包被之物，是毒藥，是致人於死的武器，於是，專賣制度，便亮無忌憚地實現著「富之無盡的礦山」之一理論了。

註一：見台灣總督府專賣局一九〇一年八月十五日所刊行之《食鹽專賣事業》，第九頁。

註二：見一九二二年十月五日台灣總督府，《台灣時報》第三十九號二十一頁上，財務局局長阿部滂之的《台灣財政現狀》一文。

製造食鹽之補償金，是採用了舊清政府之規定，一百清石——即一萬四千斤——爲七元，一百斤是一角二分一釐多，可是，因一般的工銀逐日騰貴之故，雖然曾經改訂爲「俾使一日平均所得，爲二角五分左右」。（註三）然而，無論如何，到底追不上工銀之騰貴。至一九〇二年，經七次之改正，所決定之補償率，最低是一角七分，最高是四角，平均爲二角三分五釐。

可是，一百斤的買下價格。（根據一八九五年九月的數目）平均是三元五角三分三釐（註四），讀者試一推算，此中差數，爲三元二角七分八釐之多，這是何等令人驚奇之現象啊！

註三：見前《食鹽專賣事業》第九頁。

註四：見前書第十六頁。

若將其不同地域之賣下價格摘錄，加以比較，則有如下情：

台北、基隆、淡水	三元
新竹、台中、台南、宜蘭、澎湖島	三元六角
台東	四元

製造樟腦方面，除對於生產者之課稅以外，若根據一八九九年六月之通告，台北局之上等樟腦的補償金，爲三十元；中等樟腦的補償金，爲二十七元；下等樟腦的補償金，爲二十四元，這實在是冠絕全台灣的最高的補償金額了。可是，當以最低之價值，賣給市場，落入英商三美路商會手中時，其賣下價格平均爲九十九元八角一分六釐（註五）。那末，這兩者之間之差數爲若干，讀後一望而知，不必實行加減法了。

註五：見前《台灣統治志》一書，二八九頁至二九一頁。

茲為參考起見，摘示其不同地域之賣下價格如下：

倫敦、漢堡、紐約　甲種，一百七元八角四分三釐

乙種，九十四元七角三分二釐

香港　甲種，一百二元三角七分八釐

乙種，九十四元三角一分三釐

由此觀之，大可想見專賣制度之利得，實是由人工將一般生產者壓下，使之極度貧窮化而產生的。因此，可說專賣制，由另一方面言之，實是所謂「消費稅之變態」。

資本主義社會之特點，是追求利潤，其一切活動，均是追求利潤之活動。於是，由於販路之獨佔成功，直接地給企業獨佔化開闢了一條康莊大道。

製鹽之輸出，自鈴木商店沒落後，皆歸於大日本鹽業株式會社與三井物產株式會社辦理。關於再製鹽，亦與此相同，是自一九二二年起，指定歸台灣製鹽株式會社，使其精製，隨後，再由同會社收買其製造品，而又再賣與同會社，使其獨佔。

製樟腦，自一九〇八年變爲政府直接經營以來，即由英商三美路商會收回委托販賣權，而轉指定歸於三井物產株式會社，俾其獨佔其利益。此外，復於一九一七年，鼓勵精製樟腦者之合併。一九一八年又獎勵粗製腦業者之合併，翌年，一九一九年，更使腦製品（Celluboid）工業者之合併，其結果，還有「日本樟腦株式會社」、「台灣製腦株式會社」、「大日本 Celluboid 株式會社」之創立。到此時，製腦業之生產協定與乎競爭之廢止，已經完全地由樟腦之生產以至販賣，完全確立在獨佔制度之下了。換一句話來說，這種製腦業者之合併的完成，即是強制著樟腦生產者之隸從後，即又收奪其生產機關。此情形，在本書開宗明義第一句，就已經說過了。

所以，一九〇二年時，製腦者尙有二十二名，一九一〇年，便減少四名，而成爲十八名，其中，日本人十名，台灣人八名。迨及十五年後之一九二九年，則僅存十四名而已。目下，土著製腦業者，且已完全絕跡，毫無形影了。由是得知，土著製腦業者的發展，係與資本之集中，成爲反比例，只有一個不易的前途，即是急激地被驅逐於生產界之外。

至於鴉片原料及葉菸草之輸入，也和別的事業一樣，均被指定歸三井物產會社獨佔，這之中，葉菸草之輸入，帶著例外，有其他商店之參加，但其取辦數量，極爲渺小，實不足以影響三井之獨佔地位，殊可不必提及也。

作爲哺乳日本帝國主義之發展的原料之專賣制度，是自一八九八年四月一日，歸鴉片於專賣；一八九九年五月十五日，歸食鹽於專賣；同年六月二十二日，歸樟腦於專賣；一九〇五年四月一日，歸煙草於專賣所完成，在此期內，此專賣制度，不特減少了日本帝國主義爲達其統治目的之必需負擔，且使日本帝國主義得此而滋長起來。但是，受了戰後之大恐慌的影響的一九二二年，復於七月一日，再以五十五年償還之國庫債券爲補償金，實施了酒的專賣（註六）。其結果，是使從來之酒業製造者二百十餘名，皆被禁止，不許繼續營業，其補償金，只相等於一年間之平均賣出額的二成五分而已。由此以觀，哺乳資本主義發達之專賣制度，至於此日，更進一步，轉化而成爲救濟資本主義而使之轉危爲安了。換句話說，即將欲安定資本主義第三期的不安之必需的負擔，輕巧地轉嫁於大衆兩肩之上，是在第三期的專賣制度的特質。

但是，獲得禁業補償金之酒業製造者百二十餘人之中，獲得配賣人之指定的，有八十餘名，對此八十餘名之補償金，又要被扣除四分之三。這事實，足以說明一個真理，即日本資本主義，是以最少的補償金，實現了最大的收奪。

註六：專賣制之實施，急激地促進了生產之集中，試觀酒類專賣後，工場之集中與製造量之增加程度如何，即可知曉：

酒類專賣前後工場及產量增減表

年度	工場數	每工場每年平均製造石數
一九二一年	二一〇	八三〇石（專賣前）
一九二三年	十七	七，五四〇石（專賣後）
一九二七年	十四	一一三七〇石（專賣後）

本表數字，係根據台灣總督府專賣局一九二七年十月十五日刊行之《專賣通訊》第四百十五號第四頁，神谷技師之〈本島酒造工業之今昔〉文

當此之時，在酒類專賣問題上，一九三五年，有一例外，大可使吾人加以注意：即酒類之專賣，其範圍不及於酒精之製造業者與啤酒之製造業者。（註七）爲什麼有此一例外呢？難道啤酒不算酒，酒精不必算作酒類乎？據云別有原因。酒精，是屬於輸移出；而啤酒業，則因是草創之初，從來並未加以課賦，既係試驗時代，理應加以鼓勵云。其實，酒精等之製造業者，均屬於製糖會社，其所有工場，在全島，有十三處之多，一天之製造能力有五百三十三石以上，而糖蜜之使用，則超過二億斤，酒精之製造量，約有二十六萬石。不特如是，因爲酒類專賣之後，對於新起之製造者，嚴加取締，不但因此可以消解對原料糖蜜之爭奪，其結果一樣是引導到獨佔之路。所以，我們可以說，日本之經濟政策，尤其以酒爲然，是於土著製造業者加收奪而外，尙促進其資本主義之蓄積與獨佔，乃爲不可置疑之事。

專賣制度，一方面，形成了國家之獨佔；另一方面，則又是「消費稅之變態」，已於前段概乎言之。那末，作爲「消費稅之變態」的專賣制度，對於日本政府在台灣統治機關之財政，究竟起著何等的作用呢？

一九〇五年，是鴉片、食鹽、樟腦、香菸四類物產，悉歸政府專賣之一年。這一年度

之專賣收入，爲一千六十八萬日元；十年後之一九一六年，爲二千二十六萬日元；越六年，即一九二二年，乃添設酒類專賣之一年，是年度之收入爲三千七百二十五萬日元；越一年之一九二三年度，便昂騰起來，有四千二百六萬日元之多；一九三四年，爲四千六百三十萬二千一百六十九日元了。若以此數字和總督府之經常歲入，加以比較，一九〇五年，佔總預算之五成一分；一九一六年，佔四成二分；一九二二年，佔四成六分；一九二三年，佔四成八分，一九三四年度，也略與此數相若。由這些數字之遞次不斷增漲之情況看來，是很可以看出專賣制度對於台灣總督之財政收支的重要了。

但是，資本主義起伏著的不可免的恐慌，要求這不絕地膨脹起來之財政景氣提供犧牲，以挽求其危運。譬如一九三二年度起，台灣事業公債三百萬兩，與《南洋企業助成法》所需要之資金三百萬兩——（對於債息之一成二分，原由總督府補助七成）——皆轉嫁於台灣，其結果，又使業已逐年地減少下去的鴉片專賣的收入，不得不再擴張提高起來，以補那膨脹的財政需要之不足。所以，在最初，鴉片是在「禁」著，現在有了新的理論之發現，這理論是：由人道上說，驟然的禁止，實不可能，應該重新予以寬容，使其吸食鴉片，再圖緩緩禁止之法（註八）。如果我們是日本帝國主義的御用學者，就可以不必剝去這副人道理論之假面，而把這一計劃實在是決定於十年之前，不過後來因爲有了酒之專賣而暫時擱起，現在又因新的要求而重新發布這事實隱瞞下去；可是，我們不能，當然是因爲我們並非他的御用學者。況且，當時所謂「更生院」之設立，並非以戒治鴉片爲目的，乃人人盡知之事呢？

除鴉片而外，近年來，因欲大量輸出樟腦於外國，乃大量減低生產費，使山中勞動之工人，不安於生活，而相率下山，此大可以證明收奪剩餘勞動之活動的強化這一事實。

註七：見台灣總督府專賣局一九二六年三月三十一日出版之《台灣總督府專賣事業第二十三第二十四年報》一八七至二一八頁。

註八：前揭《台灣時報》第三十九號二十七頁，台灣總督府財務局局長阿部滂之《台灣財政現狀》中有曰：「……酒專賣之實施，為補現在歲入之缺陷，又為另一問題之解決，蓋同樣之專賣事業中，鴉片一項之收入，是照總督府之方針進行，眼見年年減少下去，結果將至於無，其完全滅絕之時期，想非遼遠之將來，所以，大有考究代替財源之必要也。」

「考究」下來，原來又是鼓勵吸食大煙，以挽救財源，日本政客之無恥，一至於此！故所謂「代替財源」，實為「就人道而論」云云之理論的先驅。

七、帝國主義之保護政策

台灣之日本帝國主義，爲要支配整個販賣市場，便於一八九六年首先實施了所謂「保護關稅」，而發表日本與締盟各國之條約了。此外，即自同年起，至一九〇五年，爲要完全驅逐英國太古輪船之獨佔航路，每年特別給大阪商船株式會社及日本郵船株式會社，平均補助六十萬二千二百二十元，這樣，就開始了「官命航線」。「官命航線」之開始，是與築港及敷設鐵道之發達，互相照映，而造成鞏固了一個很大的市場。

這「官命航線」之規則，共有八條（註一），其第一條爲：「船客荷物之運費，要經總督之認可」。因此，「官命航線」之特質，是在於被統制於台灣總督府一點。這樣不久，這兩個會社，便將英國太沽商船之統治地位，取而代之了。接著，因爲資本主義之發達與擴大航路的結果，補助金，因此也不得不跟著增加起來。自一九〇五年起，逐年膨脹之補助金，後來，每年平均是一百六萬九千八百八十六元，尤其在一九二八了年的時候，數爲一百六十二萬二千二百九十一日元之多。目下的數，要在這以上，是不待說的，蓋因國際情勢的迫切需要，不得不增加起來。這裡，如果再把航空事業之補助金，加上來計算，這種補助金額之龐大，是很足以驚人的。

一八九九年之關稅稅率的改正，由從來稅率增課至平均三倍之多，其結果，關稅的收入由四五十萬日元，一躍而增至百萬元左右了。不獨如是，同時，對於移出於日本內地之貨物，又廢止了和輸出稅同率之出港稅；這種增稅的結果，自然而然地，使那充作日本內地產業資源或特殊消費品之砂糖、大米等等重要物產，大量地由台灣直接陸續移出於日本內地；另一方面，亦使對岸之中國販路，轉向台北。同時，一向以香港爲集散地之日本內地的海產物、燃料，以及洋傘等等，亦由日本直接地移入於台灣了。這樣一來，貿易中心，乃由對岸之廈門、香港而轉換爲台灣之台北了。

註一：「官命航線」應負之任務，是在於下列八條：

一、船客荷物之運費，須得總督之許可——。

二、郵便物，須免費搭載——。

三、基神線、高濱線及沿岸線汽船，須免費搭載陸軍用品及乘載軍人軍屬——。

四、內地人（即日本人——筆者註）之移民及其所攜物品，內地線及沿岸線之運費，須減價五成。

五、茶葉、樟腦、樟腦油、鳳梨罐頭、黃麻、帽子及澱粉等本島特產物，移出（即往日本——筆者註）運費，須減價五成——。

六、各宗教派系之主管主教免費，其他一般傳教者，內地線、沿岸線、南支線，減價二成。

七、東洋協會會首及支部長、幹事長、會計監督、幹事、《時事新報》外之二十六種新聞報紙之記者（每年限一人）、東京電報社外六通信社社員（每年限一人），內地線、沿岸線，得免費乘搭。

八、本島人之廳參事、街莊長、紳士，以及並國稅地方稅二者一年繳納數達三十日元以上之內地觀光者，均得免費乘搭。

以上見台灣總督府交通局遞信部一九二八年九月二十七日出版之《台灣海事要覽》十頁至十一頁。

可是，發生於一九二五年八月之芭蕉自由移出事件，輪船會社，以殖產局命令之「生產統一」為藉口，即拒絕積載芭蕉，可以反映道「官命航線」之特質。因為關於航路之管轄權，是屬於交通局遞信部，不是屬於殖產局之故，此點必須了解。

這貿易中心之由廈門香港轉向台北，即可以意味為驅逐外國資本之成功，與在台灣之日本資本主義之急速的發展；資本主義之急速的發展，當然又可意味為資本之急速地蓄積，是不消說的。

資本主義之急速地發展，其結果是日本內地製造之商品，大量地向台灣移入，而惹起自然經濟之家庭工業的破產。這樣一來，不消說，和這家庭工業結合後始能支持之自給經濟之農村制度的基礎，也因而急速地崩潰了。

台灣之經濟，在日本資本家之欲望中，是全部殖民地化，即使台灣之重要產物，作爲日本內地產業之原料，而移出於日本，作爲此種現象之必然的結果，是喚起了對此類產業部門之大量的投資，這種經濟的背景，反映到政治上，就發生了所謂「殖民地開發」之理論與行動了。於是，日本即以本國業已達到之階段的資本主義生產方法爲企業之出發點，移置於台灣。

台灣之《糖業獎勵規則》，可以稱爲典型的保護政策之代表。這種保護政策是帶著什麼樣的企圖而決定下來的呢？我們可聽聽他們自己的告白：

「甘蔗之耕作者，或從事於砂糖之製造者，台灣總督，對有力量自給甘蔗苗、肥料費、開墾費、灌漑費以及製造器械費者，如以耕種甘蔗作爲目的而開墾官有土地，可無償貸與之，成功之後，即可給予業主權。觀其獎勵，蓋無所不至，惟土人（即指台灣人——筆者註）之知識、財力，均不足以享受此項保護政策之利耳！」（註二）

用此種方法以激勵日本人資本之投下，是不消說的，他們並且更進一步地這末說：

「日本人，可以保護他們（即指台灣人——筆者註），使遂其生，無論如何，不可不以掌攬政治產業之中心爲滿足，如竟欲使全島之人民血液，均化而爲日本人之血液，此實不可靠之言論也。」（註三）觀夫此，再加上前面所提到之兒玉總督在議會之演說，日本人之企圖，在於何處，不言而知。台灣正是遵循著「歷史的規律」，而向前走著的啊！

註二：見前《台灣統治志》三四三頁。

註三：見同上三四七頁。

《台灣統治志》作者的這些言論，是不是可以看作其個之意見而與政府當局的意見無關呢？不能！這些言論，其實都是兒玉總督命令他寫出來的，所以，可以說足以代表當局。官崎健二著一九二七年十月二日出版之《歷代總督》一書中，在八頁至九頁上，曾這末寫著：

「兒玉總督，對於自已不利的政治家，文人、新聞記者，使之為自已籠中之人鳥，實為不可否認之事。據說給與竹越某以金錢，使其發表《台灣統治志》……，想不是完全沒有根據的。」

於是，對於不絕地再生產出來之工銀勞動者，實是因爲受不起過重的租稅制度之壓迫而急激不得不向勞動進軍的，可是，保護關稅之加重，與夫物價之騰貴，引起了工銀之上漲，爲欲維持最低廉之工銀程度，壓抑這種可怕的上漲，乃有所謂《支那人上陸條例》，用此條例以調節勞動市場，藉中國勞動者之輸入，而達其繼續以低廉代價換取高度剩餘價值之工作。（註四）

註四：見前《關於在台灣施行法治令之法律其沿革及現行律令》一書一七七頁，後藤民政長官在第十六次貴族院委員會中，答覆子爵曾我祐準氏之關於由廈門出口的中國人之質問，其詞如次：（不消說，這即是《支那人上陸條例》之所以必要的理由。）

「既據此砂糖奬勵法，則今後所計劃之三千萬元左右之砂糖出產，欲其完全成為現實，無論如何，勞動者乃必需之物，……今日之條例，即所以應此要求也……」

歐戰而後，有了新的勞動輸入的理論，其理由，皆引用風靡當時之人道問題及國際局勢；以為欲恢復恐慌，必須採用自由貿易主義，撤廢一切限制，下文乃其代表議論。

在台灣，現在對於支那苦力之輸入，乃有所謂「南國公司」者，一手販賣。「南國公司」對輸入之苦力，每頭徵收六元之手續費……，在今日，不但沒有必要，反難免為支那苦力輸入之妨害，故宜從速撤銷此種制度……。（見大竹勝一郎之《台灣關稅與勞銀》一書二十六頁，本書於一九二四年七月二十五日出版。）

而對這《支那人上陸條例》之辦理，最初，交由在台灣早已設立的中國人勞動結合——「華民會館」包之（按：「華民會館」，係於一九〇五年四月二十日許可成立），隨後，又再給與代替「華民會館」之「南國公司」獨佔其利。在這個時候，更有進一步的發展，即此項事業，已由在福建省之特務機關，把它變爲特殊事業，俾日本人得以永久地對渡台中國人，按名徵收等於人頭稅之入境稅了。可是，到底在一九三二年時，因農業恐慌之故，經台灣總督府下令限止輸入了。

這種保護政策之結果，是日本資本之成功於台灣各種產業之統治，這一點，讓我們在下章一一詳細分述之。

作爲保護政策的砂糖獎勵規則，均以大資本之企業。作爲對象，是不言可知的事，因此，在土地政策的原始的蓄積上，尤其在關稅政策的經濟領域內，再給予補助金，使其資本之蓄積與集中，有如在溫室中一樣地易於成長。結果，投下於製糖業的資本，很快地就成功了對舊式糖廍——土著之生產者——之征服與企業之獨佔化了。

自一九〇〇年起，至一九二五年止之二十六年之中，所開支之補助金，計有一千二百七十二萬六千十二日元之外，甘蔗苗、肥料之配給、機械器具以及其他的經費，尚有一千二百萬日元。其中，工業方面，爲五百六十九萬九千四百二十九元；（此中之純工業補助金，只佔一百萬五千二百四十八元而已。）而農業方面，爲七百二萬六千五百八十三元。一九一〇年，又復發布了《台灣製糖工廠職權規則》，自此之後，新式糖廠，即大資本之企業，更可將其固定資本，一轉手而用作流通資本。由此觀之，日本政府對於大資本之提攜保護，可以說是盡善盡美，無微不至了。尤其在一九〇一年改正原料糖輸入稅制的結果，在日本內地，引起了精製糖業之大量的發展，乃眾所週知的事，這是台灣糖業向外發展的第一步。

八、日本資本各生產門部之統治

但是，自一九〇六年勃興起來的製糖業，不消說，是無論如何，還沒有達到和外國糖競爭之域；而在台灣，至一九一〇年時，就已經表示出生產過剩了。因此之故，即於同年八月，乃採取斷然之手段，藉國家權力，對於新起企業嚴加限制，或限制製糖能力，以救危機。由於這一種刺激的結果，八月十八日，作爲獨佔之同盟的組織，加特爾之糖業聯合會，便組織起來了。時至於此，便有生產限制與價格協定之成立，藉此以排除競爭，提高價格，而使從事於製糖業者，加倍努力，以追逐重新提高起來之利潤。

於是，「勝利」的一天來到了。一九〇二年之砂糖生產數額，僅爲九千萬斤；而一九二九年，即一躍而爲十三億一千五百五十四萬多斤，有不知若干倍之增加。睹此龐大數目，日本布耳喬亞，視之爲「世界之偉觀」，乃忘形地發出狂歡之聲。這時候，台灣之製糖業，業已走出台灣島，進出於世界糖業市場，取得第四位之位置了。

但是，自一九二七年以來之金融恐慌甚爲猖獗之時間之內，鈴木商店破產了，於是，小單位之收買合併之風大盛，以最大之速度反覆地進行著，這就實現經濟學者告訴我們的：「一個資本家，打殺了不少的資本家」之理論。現在不妨簡單地敘述其「打殺」之過程。

舊式糖廠之最盛時期，是在《製糖廠取締規則》尚未發布之時，所以，自一九〇五年發布了《製糖廠取締規則》以後，便開始其沒落之命運。如將一九〇五年至一九三五年之間的盛衰情形，總合觀之，即成下表：（見下頁）

台灣糖業之工場數與作業能力消長表

年度	舊式糖場		改良糖場		新式製糖場	
	工場數	作業能力	工場數	作業能力	工場數	作業能力
1905	1.055	……	4	376	7	1,466
1915	499	……	74	6,130	21	18,509
1925	132	……	13	1,180	44	37,362
1935	97	970	6	440	47	40,300

本表係根據台灣總督府殖產局特產課一九二九年三月三十日出版之《第二十七次台灣糖業統計》及台灣通訊社一九三六年十二月二十四日出版之《台灣年鑑》所載之數目字。表中「作業能力」一項數目之單位爲「擔」。

由上表觀之，可得數端，第一、舊式糖廠是向沒落之途走去，一年少似一年，毫無例外。第二、改良糖廠當新式製糖廠尚未大規模地發展而舊式糖廠已開始沒落之時，曾顯示一時之興盛，而又馬上跟隨著舊式糖廠，走向同一之道路。第三、大企業之新式製糖廠，是以沒落之土著資本家及中小資本家群爲犧牲，而以壓倒之勢，飛躍地發達起來。

現在，台灣全島之新式製糖廠，雖有四十七個，其實只屬於十一個會社所有。至於其投下資本，可以分作三大類，其一爲日糖系，其二爲三井系，其三爲三菱系，換句話說，這三大資本，鼎足而立，共同瓜分全台灣糖業的統治權，支配其各個部門。

至於土著資本之被驅逐，是很顯明的事，從來作爲殖民政策之招牌的封建的土著資本之林本源製糖株式會社，當恐慌發生之初，即開始了崩潰的過程，而其結果是到底被日本的資本收買了。然而，這一家土著資本之沒落所投下之一石，在水中，不止造成了一個單純的波紋而完結，不，隨後還繼續地引起了大大小小的起伏，而開始了這三大資本分割獨佔之端緒。封建的土著資本，到了今天，便被驅逐得無影無蹤了。

而這三大資本所統治之十一會社所有的資本，其數爲二億八千二百八十六萬六千六百元。（現交資本在其中佔一億七千五百三十二萬五千六百九十四元。）如果把這數目和全島總投下之資本五億五千三百十一萬七千七百十七元，比較一下，佔了百分之五十以上；如果又拿去和工業總資本對比，便佔到百分之八十五之多。（註一）但是，全島之會社總數，共計有九百四十個，若由其中除去十一個製糖會社，所餘下的，尚有九百二十九個。照上數看來，這九百二十九個會社所共有的資本，還不過是二億七千二十五萬一千百十七日元而已，那九百二十九個會社之資本，還不及十一個製糖會社所有資本之一半，而況當一九三四年之時，全島會社數目，有一千六十二個，而共有之總資本額則反爲四億六千九百四十四萬二千三百七十元，較之一九二八年還要減少了好些呢？

註一：此間所述各數字，均係以一九二八年之統計為根據，因為作者年來東西奔走，未得將最近情形加以調查之故。以下若果沒有明白記述其年月之統計數字，皆以一九二八年之調查為根據，請讀者閱讀時，加以注意，並希原諒。

關於產業部門之情形，則略如次述。

在礦業部門，老早就有了和「糖業聯合會」相同之「台灣礦業會」之組織，全島之總的礦區面積，爲一億九千二百二十八萬三百九十二坪，其中四分之一——即四千七百八十五萬二千三百十二坪——屬於日本資本所經營之十大會社；而這十大會社之四，又是屬於三井系財閥所經營，其所佔礦區面積，約佔六成之多。於是，正和糖業一樣，一切歸於同一資本之生產，礦業也完全如此，連其販賣，也都要歸屬於同一資本之會社，或其「子會社」。

至石油部門，則完完全全屬於日本資本，不必贅述。

茶葉部門呢？

烏龍茶之輸出，總計有十九萬四千二百五十五箱。這之中，日本資本之三井物產株式會社及野澤組及其他所有，只三萬三千二百九十五箱。如分別觀之，則如下表。（見次頁），本表係以和記洋行一九二八年之調查爲根據，表中，單位一「箱」，即Holf Chest.以三十二斤二五，作爲三十斤計算。）

各茶行茶葉輸出比較表

行　別		1913年	1917年	1921年	1927年
和記洋行 (Boyb and co)		75,870	61,200	45,400	24,153
德記洋行 (Teit and co ct)		103,400	50,000	79,200	33,788
義和洋行 (Jardine Mathescn and colt)		75,820	32,800	40,000	15,984
美時洋行 (Oliver earter Macy Inc.)		79,800	68,400	57,000	63,395
隆興洋行 (Smith Baker co)		27,600	----	----	----
華利洋行 (Anglo-America tea-trading co)		34,500	26,400	----	23,640
惠利洋行 (J.C. whitney co)		27,800	36,800	----	----
三井洋行		76,300	96,500	60,000	24,379
野澤組		8,200	16,300	14,000	8,628
三菱商事株式會社		----	2,363	----	----
其他		----	----	1,900	288
總計		509,290	390,763	297,500	194,255
日本資本與外國資本之比較	外國資本	424,790	275,100	221,600	160,960
	日本資本	84,500	115,163	75,900	32,295

由上表觀之，日本資本之箱數，雖其公司之經營年齡甚幼，而決未較領台之前即已開設之洋行的箱數爲遜；不但如是，三井系統之企業聯合會的三井物產合名會社，如前此所述，已在新竹州下，擁有廣大之土地，創設大農園（亦即茶園）。用著最近代的科學經營著，固此，料想不久，即可實現極爲鞏固之獨佔。同時，前面已經說過的苛酷的茶葉收買價格，又漸漸地愈形低下，這樣，無疑地將可以滿足其要求的。

最近之一九三五年度，烏龍茶之輸出，總數是六百六十三萬三千八百十一斤，總的金額爲三百八十二萬五千三百四元，因表中無之，補記於此。

近來，和烏龍茶之輸出相同，被全島矚目，認爲大有希望的鳳梨罐頭工業，自一九二七年時，早已受政府之鼓勵，爲了鳳梨價格之故，便有鳳梨罐頭同業組合之組織。這鳳梨工業，實與製糖工業相同，由總督府極力鼓勵援攜，而且，所謂「同業組合」，實際上是在總督的掌握之中，一切受其支配。

一九二九年度之全島製造工場，有六十一個，其中，屬於台灣人之資本者，五十一個，屬於日本人之資本者，十個；其製造額（註二）前者爲二十五萬六百四十一箱，後者爲十四萬六千二十七箱。但是，除生產方面而外，對於輸出，政府亦大大加以補助，其結果，使日本資本之三井，在英國方面，形成了販賣之獨佔情形；而三菱則在美國方面，成功其獨佔，並且，與三井之在北部相同，三菱在南部之台南州下，建立了新的廣大的鳳梨農園，所以，將來必造成極爲鞏固之獨佔，蓋毫無疑義。迨至一九三五年六月之時，竟以經濟以外之壓力，將這六十多個工場，一律合併，而成爲「台灣合同鳳梨株式會社」。當此之時，總督府乃效糖業政策之辦法，將向來耕種之鳳梨，一律規定供給。台灣合同鳳梨株式會社，除此之外，不准販賣，更不准私製罐頭。此會社於六月成立，八月即發表收買價格及選擇鳳梨之標準，如鳳山郡九曲堂之典型例子，是：原來每顆鳳梨之收買價格爲三分九釐，降而爲三分七釐。原來之選擇計算方法，是以百十顆左右，作爲一百顆計算，而現在則升爲百四五十顆，才能算作一百顆。又如新化、員林地方，原來每顆之價，不下三分，現在則降而爲一分五釐或一分三釐。要之，不如此壓榨農民之血汗，資本家之可愛的會社，就無法建立的。

註二：依據一九三〇年刊行之台灣鳳梨罐頭同業組合向台灣總督石塚英藏提出之《台灣鳳梨罐頭同業組合一九二九年度業務成績報告》一書九頁至十二頁。再，一箱是包裝四打。

米之情形如次：

米之移出（往日本），係在一九二七年恐慌之後，尤其是泉和組及瑞泰商行之破產以來，一九二九年七月至一九三〇年四月間，總的移出數額，爲三百萬九千三百十二袋，這之中，十八名之台灣移出商所佔二十萬八千八百三十一袋，四名之日本移出商，即加藤商會，三井物產株式會社、三菱商事株式會社及杉原商店之四家，以壓倒之勢，佔了百八十萬四百十八袋。（註三）

註三：見「台灣正米市場組合」一九三〇年五月二十日出版之《台灣米報》五月號十七頁。

水產部門則被十七個水產會社統製著，其中日本人與台灣人之間之比，爲六與十一，總資本爲四百二十一萬五千日元。數內，日本人的，爲三百四十四萬五千元；台灣人的，則只佔八十七萬日元而已。（註四）由此觀之，即知日資跋扈之大概情形。

但，在最晚之一九三四年度，尙存會社，共十六，其資本之總額爲五百二十一萬五千五百日元，似乎並無飛躍之進展，至水產部門之販賣，無疑地是受經濟以外之力量統制著。這下面，屬於市街莊經營之市場有四十五處，屬於水產會社經營之市場，有十六家，屬於漁業組的，有三十，共計九十一處。

註四：見台灣總督府一九二八年九月十五日出版之《台灣水產要覽》。

由以上所述各節觀之，即可得知，如此廣泛之產業部門之獨佔化的過程，都在「保護政策」之「保護」下進行的，「保護政策」，是置其基礎於社會之被集中、被組織之強有力的國家暴力之上，「暴力，對於一切孕育著新的社會之社會，是一位產婆，是一個經濟力。」對的！所以，在台灣這樣的殖民地，如日本資本主義，沒有這暴力，殖民地政策，是無法阻止其崩潰的，即以很小的事業來說，亦是如此，譬如理髮業，是因爲組織了「理髮同業組合」於各地方之後，一方面制止新起之理髮業，一方面順應著民族之差別而有工銀高下不一之規定，才能鞏固其地方之獨佔地位。

政治力量對於這種獨佔之爲必需，已經十分清楚了。而在戰後，在台灣，簡直以公開之方式實行著，一切獨佔事業，在國家管理之下進行，資產階級的經濟的權力，完全和政治的權力，結合在一起，所謂對商業之生產者的保護及統一，是很顯明地表示了國家之調節作用與資本家之間的利潤之保證行爲，這是盡人皆知之事。

因此之故，經由國家的，或州、市、街、莊之行政機關所成功之獨佔，對於各行政區域內，由總督指命內務部長或州知事爲組合長之同業組合及其聯合會，均一律或將原來之封建商業機關沒收奪取，或令其重新改組，適應新的要求，或竟代行其社會，以達獨佔之目的，此種種事實，決無法加以掩蔽，或竟盲目否定也。「香蕉自由移出問題」可以說是這種情形之典型的例證。如果翻開一九三五年九月三日台灣產業研究會所出版之《芭蕉之移出問題》一書，即可一目了然。

此外，如台灣青果株式會社之於台中、台南、高雄等處之青果同業組合及其聯合會，台灣正米市場之於台灣米穀代行株式會社，或台北市家畜市場之於昭和家畜株式會社，以及在各地方之魚菜市場，亦莫不如此。這樣，即與前述強制那限定的製糖區域隸屬於製糖會社一樣，該項事業之利潤的追求與保障，都可隨意所欲。這其間，尤其以一九二九年六月成立之擁有資本二十五萬日元（宣稱資本有百萬元，其中四分之一爲現股）的「台灣米穀代行株式會社」（註四），成立未及一年，於一九三〇年三月之決算中，業已報告有純益金八萬八千四十一五角七分之收入，而實行了三成的紅利分潤了，這都是以大眾生活作爲犧牲而實現了的。

註四：「台灣正米市場」，是法人組織，業已在法人組織上成功之資本家，立即將其所得轉化為個人之私利，便組織了「米穀代行株式會社」。因有此種大利之故，中南部之米商，亦不惜四處奔走，爭欲設立正米市場，其目的也不過是企圖分奪這一片鮮肉而已。

除上所述而外，在次於國家獨佔之鐵道事業及阿里山林業等等官民合辦之事業中，可舉而爲例以陳述者，有嘉南大圳，因爲這其實是站在國家資本主義之立場上的典型的事業。

嘉南大圳，事實上是強制了四十五萬之農民，作爲製糖工業之犧牲（註五）。這事實，是隱藏在「三年輪種」這個秘密裡面。嘉南大圳之灌溉區域，有十五萬甲之廣，可是，這之中，除蔗作以外之農作，是以一年之供水，收三年之水租的。如照嘉南大圳所規定之給水方法，給水時間及三年間種之作物，則如次：

稻　自五月半起或自六月起至十月止。（第一年）

蕃藷　自十月起至明年五月或七月止。（第二年）

甘蔗　自七月起至明年一月止。（第三年）

綠肥　自一月起至五月止。（第三年，此時爲耕種甘蔗期內之閒散時間。）

而且，供給水利之「鐵則」，是耕種蕃藷之時，以五月十五及十月十日各開水一次，而耕種甘蔗之時，則異是，係以九月、十一月、一月、三月之次序，每二個月開水一次，因有此種特殊的限制，結果是，雖有田地而沒有水，是沒有用處的，逼得各地方只好自己另想他法，鑿井以備灌溉，但後來在米穀統制以後，連這種灌溉，也一律被勒令停止了。

註五：參看台灣遞信協會一九三四年七月一日出版之《台灣遞信協會雜誌》第一〇二號第十二頁，台灣總督府內務局技師荒木安宅之〈論台灣之埤圳〉一文，其中說嘉南大圳之建築的中心旨趣如下：

「……不消說，此種地方，是台灣糖業中心之地，而竟毫無灌溉排水之便，米與甘蔗作物之生產，乃彼置於一種極為悲慘的境地，因此，當時總督府為欲從事此種改良，始有建築嘉南大圳之計劃。」

當時，這嘉南大圳之工事用費，共計五千三百七十二萬八千七十八日元，其中，總督府補助金額占二千六百九十八萬三千四百日元之多。除此之外，尚有總督府及其諸銀行之借貸金額（註六），其數爲二千三百三十五萬日元。所以，成功以後之現在，其管理人員，乃國家權力之代表者州知事。

註六：當時借貸金額之分配如左表：

總督府低利貸金	一千四百四十六萬元
勸業銀行	四百三十七萬元
普通銀行	四百五十二萬元

資本主義在台灣之加速的發展，必然地發生了交通發達之一結果，處在經濟落後之台灣，交通原極梗阻，至於今日，也就跟著急速地發達起來了。基隆築港、南北縱貫鐵道之建設（註七）以及高雄築港等之完成，成爲台灣之劃時代的事業。因此，在種種獨佔之後隨即到來的，是向無秩序的台灣的運輸事業，也居然於一九二四年，在交通局之「指導監督」之下，建立起一個完整的系統來了，誠爲大可「慶幸」之事。現在，陸上交通，已和前面所說之「官命航線」互相映照，都集中成爲一靈活之運輸制度，直接在國家之「指導」之下了。

至於這靈活的運輸制度建立起來所需用的經費呢？不消說，又是所謂「台灣事業公債」了。這是證明日本資本在台灣之發達，其犧牲，均是台灣民衆，而這種重負，尤其是轉嫁在一般勞苦大衆之身上。自一八九九年至一九三六年之台灣事業公債發行額，數計有一億四千三百九十九萬九千二百十八日元，還有以台灣事業公債作爲根據而借入金額，爲四千三百九十五萬九千五百十四日元，共而計之，數爲一億八千七百九十九萬八千七百三十二日元之多，其中尚未償還者，尚有一億二千六百六十九萬九千七百九十一日元。要之，這實足以證明在帝國主義時代之國家機構，不單是純粹的機關，且是一個榨取的機關。

註七：基隆築港等，是當時日本政府大吹大擂之事業，即所謂「四大事業」。張一之之《台灣雜記》中有曰：「日本攫取台灣後，即有所謂『四大事業』，即土地之調查、縱貫鐵道之建築、基隆之建港與官署之新建是也……。」

九、金融資本之獨佔

台灣之一切產業部門，均爲日本資本家獨佔了去，但是，如果這一種獨佔，沒有和銀行資本結合，這獨佔是無法實現的，換言之，「保護政策」單獨是不能實現這個美滿的夢。

公開地對於這種與銀行資本結合的要求，作了直爽的承認的，是台灣銀行之創設，這銀行，在前面，業已略爲提及，台灣銀行。是特殊的銀行，銀行創立旨趣的開始，便說明白了。它說：「台灣銀行，是台灣之金融機關，通融資金於商工各業以及公共事業，以開發台灣之富源而圖經濟之發展。」所謂「開發」，其實是欲奴役經濟落後之台灣，務使其金融之活動，均在銀行之指揮管理之下，換言之，即從屬於它。

這一事實，可以從台灣銀行有負責接受台灣總督府所發行之台灣事業公債之義務一事來說明。當時，松方大藏大臣之代表田尻大藏次官說過：台灣銀行，是「總督府之金庫」。這就是非常之中肯的話。

作爲「總督府之金庫」的交換物，台灣銀行，獲到了國家特權之紙幣發行權了。由是知之，台灣銀行，是作爲未來之無產大眾的債權者而被保障，而這保障，其實是在槍聲不絕於耳的情況之下進行的。

所以，台灣銀行，最初即是以通融資金於產業資本家爲義務的。銀行開業於一八九九年九月，五年後之一九〇三年，已向台灣全島重要物產，作了八百二十八萬一千四百七十三日元之投資了。若將此數與當年全島之總的事業會社的現股資本一千一百七十六萬九千四十五日元互相比較，已佔八成左右。由此可知，銀行資本與產業，自始就已有了密切的結合，尤其在次年之一九〇四年，利用了日俄戰爭後之局勢（因其時銀價上騰），改銀本位爲金本位，這樣，使投下資本，得以安安全全；同時，還促進了資本之輸出。在貿易方面，原來在廈門之金融中心，因貿易中心之轉向台北，也跟著移到台北來了，其結果，是勝利地掃蕩了外國之借貸資本。——如媽振館之消滅，即是在三年後之一九〇七年。

但是，保護關稅之實施，米類農產物之驟然的增加，其賜惠於土著資本及商業資本者，即此種資金之資本化是也。這種對抗資金的資本化，當然是銀行資本所必需加以阻止的，成功於對這些對抗資金之資本化的制止，即引導到日本資本主義在台灣之基礎，日趨穩固，這是必然的因果。應此一目的，亦有一些特殊法令，一九一二年所發布之府令十六號（註一），雖說外表上是禁止台灣人之使用會社名字而已。一究其實，實與禁止株式企業，毫無二致，其本來之企圖在此，其效果亦在此。蓋因爲如果不如此幹法，即無法壓抑對抗資金之走向資本化之道路。近來，在台灣，要營株式（即股東）企業的時候，是要和日本人共同去做。而且，尤有甚者，一定要以日本人作爲主幹，其事業始能創立。這樣的結果，是兩方面的，一方面嚴厲地抑壓了土著資本之資本化；一方面，更能因此將土著資本置之於日本資本之支配之下。

註一：一九一二年府令第十六號之本文如左：

「本島人、清國人，或只為本島人清國所設立之團體，在其商號中，不得使用會社之名字。」

不過，此一府令，與一九二二年之廢止《台灣民事令》同時，也予以廢止了。

於是，台灣開始了資本輸出了。

用前節所述方法蓄積起來之資本，到一九〇五年之時，便已突破了當地社會，不得不首先向中國實行了資本之輸出。當時風靡一時的「日支合辦事業」，即是反映這一事實之具體形式。從這時起，或單獨地，或和日本的興業銀行一道，或和海外投資銀行團互相呼應著，以所謂「合辦」之中華匯業銀行，或中日實業株式會社，或東亞興業株式會社等等作爲仲介者，向中國作了將近二萬萬日元之公私借款。

後來的歐洲大戰所帶來的神風，又使資本之累積速度，更加加大，時至此日，資本已經長了健壯之雙翼，不但飛過中國，而且，飛越了這一限度，要向南洋發展了。這時候，漂亮的輿論活動起來了，據說，對於南洋，應該給予「企業的援助」才對！這當然是反映了那資本之動的傾向，隨著這種輿論的聲浪而來的，除對南洋方面之「企業的援助」以外，由銀行資本所鼓勵而組織起來的輸出入業者的各種組合，也都可以享受到低利息資金之通融。藉此，使他們專於從事於經濟地域之擴張——由中國而至於南洋了。

可是，所謂「好夢由來最易醒」，歐戰停止之後，世界的恐慌到來了，這一下，可嚇壞了這些資本家，銀行資本不得不集中起來，小銀行之被乘機合併，是不消說得；曾以大租權之補償公債作為根本而設立的嘉義銀行，以及為土著新興資本之新高銀行，均一律沒落而外，連作為母行的台灣銀行，也不得不縮小資本，減資三分之一，以至於斷行二分之一的減資了。

不獨如是，當一九二七之第二次恐慌再到來時，便不得不又減半台灣銀行之資金，而且，竟以二億日元之數，「特別通融」，假托「台灣統治」（註二）之危機，轉嫁其負擔於大眾之肩上，以實現其所謂「救濟」了。

註二：大阪朝日新聞社之《朝日經濟年史》一〇五頁，說明要救濟台灣銀行之破產，其中，引用了高橋藏相在第五十三次議會演說詞，如左：

要之，台灣銀行，乃台灣島內之中樞機構，可以說，其他一切機關，均依此機構而生活，此次如失其機能，不但財政界變為黑暗之域；而由台灣之統治方面著想，雖三十年來，以和平懷柔之民眾，迄今仍未同化，乃諸君所共曉者，由此點作想，則今日，國家無論支付任何之犧牲，亦決不能忽視這危機所能引起之結果。

一九二九年末之現股資本，其總額為六千六百三十三萬四千九百八十五日元，其中，台灣銀行，雖然不過一千三百十二萬五千日元，但是，其貯金數額，竟佔全島總數三分之二，即三億三千三百萬日元之二億一千八百日元。台灣總生產額為六億二千四百五萬八千八百六十日元，而七銀行對這總生產之主要產物的放資總額（註三），是五億一百四十八萬一千九百一元，約佔全額五分之四，而這七銀行放資的十分之八，即四億二千六百一萬三千八百八十七日元，是屬台灣銀行之放資。若以之與全島總的投下資本五億五千三百十一萬七千七百十七日元對比，約有五分之四。而當一九三五年之時，全島總投下之資本，爲四億九千六百六十三萬七千日元；同年度之七銀行的放資，亦竟有九千八百四十九萬九千日元之多。

註三：所謂全島之主要產物，係指米、砂糖、茶葉、樟腦、金塊、酒精、石炭等。

由是以觀，則台灣全島所投下之資本總數，均已受金融資本，尤其是台灣銀行之資本所支配之一事實，是誰也不能加以否認的。如果再考察一下每次恐慌之後，金融資本——尤其是台灣銀行之投放資本——的飛躍的膨脹，那末，就會使我們更能淸楚明瞭金融資本之活動的全貌。左表即是一種具體的指示：

各銀行對重要產物放資額比較表（註四）

年度別	總生產額	各銀行放資額	台灣銀行放資額
1903	19,511,293	————	8,281,473
1907	101,200,801	41,093,898	36,798,828
1912	163,916,387	123,156,105	109,782,869
1917	332,082,283	229,801,045	106,527,982
1922	419,824,220	448,216,005	340,698,430
1927	560,399,968	449,321,337	310,392,884
1928	624,058,860	501,481,901	426,013,887
1935	680,977,213	498,499,000	369,954,000

由此，即可以看出，全島之資本主義經濟，已經早已走出了台灣孤島，而成爲日本全國之資本主義經濟；不，簡直可以說，業已變成國際之資本主義的經濟了。所以，台灣銀行之破產，亦即是日本之在台灣的資本主義之破產，宜其「國家無論支付任何之犧牲，亦決不能忽視這危機所能引起結果」了。這句話，也得在這個限度內，才能清楚地了解它。

註四：本表數字係依據台灣總督府殖產局商工課一九三〇年五月二十五日刊行之《台灣統計摘要》及前揭《台灣農業年報》以及台灣銀行調查課一九三六年二月二十五日刊行之《台灣金融經濟月報》第七十六號。

巨大的獨佔，一方面又是意味著權力的集中。晚近日本人的統治階級曾盛傳著一種言論，說，地方警察權之獨立，亦即台灣人之權力的伸長，這其實是改革自治制之先聲，亦不外乎經濟獨佔在政治上之反映，此外別無其他意義。因爲局限於地方之經濟的單位，已被綜合被奴役使之服從於單一之資本，同此一致，地方分權獨立之政權形態，也被統一而爲單一之政權了。

然而，此時之台灣總生產額究爲如何？一九〇二年，是七千一百七十五萬二千一百四十二元，但，至一九三五年之時，與此比較，則已增九倍以上，即已達六億八千九十七萬七千二百一十三元之多。

另一方面，失業現象發生了。伴著失業現象而來的，是勞動條件之日趨於下，作爲這種結果的原因，是這種獨佔過程完成了之後，即產生了女工及童工，再加上不斷地由農村大量地流入的過剩人口，以「潛在」之形式存在著，於是，失業現象開始了，勞動條件低落了。

物價呢，亦惹起了飛躍的騰貴。一九三五年之米價，一石平均價格爲二十一日元五角八分五釐，若以之與一九〇五年之七元一角七分比較起來，即已增加三倍以上。如窮追一步，和一八九五的三元比較，已表示了七倍之騰貴。至於和此種生活必須品對照的工銀，在一九三五年之時，全島之平均工銀（註五）是一元一角九分五釐，若以此與一九〇五年之六角六釐相較，和米價之增加率大不相同，只不過增加了一倍。而一九〇五年之工銀，比領台當時之一八九五年的，亦不過增加了二倍（註六）。是則將其增加之倍數，合而計之，亦不過四倍而已。一把這種增加率，和物價之增加率比較，可謂「望塵莫及」，足以見生活之苦已到來了。

註五：以前揭「第十四次台灣商工統計」二五頁為參考，算出。

註六：見《台灣統治志》三三六頁。

我們說，勞動條件日趨低下，究竟其低下爲何如，不妨找一二典型的實例，來加以證明，而藉此了解其全貌。

在日本之勞動界，最富有危險性者，莫如礦工之勞動，台灣也正如是。而這種情形之一直維持下來，實是藉「地方安寧」爲口實而以權力完成的。

金瓜石礦山株式會社，資本爲二百萬元，直到現在，仍維持著瓜分紅利四分之狀態；一九三〇年之前，竟是五成七分七釐之紅利。其中工作著之勞動者，每月均不能得到本月分之工銀，至少至少，也必須有三個月之等待，甚至有時一直等了六七個月，才開始支取。不特此也，這種工銀之支付，係由與株式會社勾結著的酒保處，領到比一般市價高一成之物品，再用這種物品，以七折或八折之比率，再轉賣於酒保，或賣給其他之人後，才能得到現款。後來，這礦山株式會社，雖然已經出賣給台灣礦業株式會社了，而這種傳統的制度，卻絲毫無改地繼續下去，此爲例證之一。

再有一例，即當「濟南出兵」之時，曾勒迫工人，捐出所謂「出兵義捐」，炭礦曾強制地降下工銀三成之多。這種工銀降低之斷然施行，是在台灣礦業會社發表了一般的工銀一律降低二成之申明以後，足見其步調之一致。

與此種苛酷辦法遙遙相對的，是台灣爆竹株式會社。它好像奴隸社會之榨壓奴隸一機，以十歲左右之男女幼年童工，從事有爆發危險性之勞動。株式會社中呢，則年年獲得莫大之利益，在不景氣到來之時，尙有三成之純紅利分配。由此以觀，這種榨取，實是在經濟恐慌之情形中，愈益深刻化起來的。

那末，無產者的工農大衆，被轉嫁於其肩上之負擔，究竟如何呢？年年膨脹著的預算，就是一個雄辯的證明。一九三六年之預算，是一億三千三百五十三萬六千三百四十四日元，若以此和一八九五年九百六十五萬二百七十五日元比較，是已膨脹了十五倍之多，其增加率，已駕越米價之七倍，工資之四倍以上了。

十、社會之分化與民族運動之形成

綜上所述，我們得到了一個不易的結論，這結論是：日本帝國主義，在其國家權力之直接的壓迫之下，成就了一切產業，——工業、礦山業、水產業、農業、交通及運輸業之獨佔。而這種種獨佔的資本，又是在台灣銀行的銀行資本之統治之下活動著。

然而，結論卻不止於此，由這一結論，引導到另一個結論，即台灣社會即依照經濟上的情形而分化了。

本書目的，主要在於以經濟作出發點，去分析在台灣之日本帝國主義的殖民地政策，至於台灣的社會分化過程，不在敘述之列。本叢書其他幾冊中，將有對此問題作專門之研究的著作，作者在此，只擬很簡單地——述其大概。

最特出的現象，當然是日本人均站立於統治地位而台灣人成爲被統治者這一點，這種現象，是如鏡子之於吾人面孔一般，正確地也具體地反映了在台灣之日本資本與台灣資本之關係。故在台灣之民族壓迫，大體上說來，是與階級壓迫合流，故台灣之民族獨立的鬥爭，在這個意義上講，可說亦即階級鬥爭。

除此而外，因收賣大租權的結果，土地私有權，是以最現實的形態出發了，這樣一來，便把封建的支配，一變而爲日本資本主義之支配。而原來的小租戶，卻在此時，一變而爲地主。不過，這種新由小租戶變成的地主，卻是屬於另一範疇的地主，與從前的封建地主之宛如君主者，大異其趣。因社會不同，現在已存在著資本主義社會的軍隊、警察、法院、監獄之類，以對私有財產作最大限度的保護了。

而社會之分化，雖有此種情形，農民所遭受的封建的剝削形態，卻仍舊一點也不改地繼續下去。因此，實際上，形成了日本資本勢力的這些地主，對於農民，還是一個「封建」地主，在某種意義上講來，不是農村中的布耳喬亞。

「保護政策」以及農產物之移出，其結果是引起了地價之騰貴，這是急激地以大利益擲與大地主階級，可是，雖然因此積集了一部分資金，而在當時之各種條件的限制之下，此種資金，並不能轉化爲產業資本。因爲在日俄戰爭後之好景氣中積聚起來之資金，至一九二三年之時，台灣之一切產業，均已先後被日本資本獨佔了去，而又有相等於禁止株式會社成立的「商號中禁止使用會社之文字」的所謂法令的限制，實在沒有法子發展起來，不過盡了供給日本產業資本活動的舞台之義務而已。

可是，到後來，因爲農產物之異常的增加，結果，這種地主資本家的資本，也竟達到資本化之目的了。如以五百萬日元之資本成立起來的「大東信托株式會社」，便是一個典型的例子。這當然是限制廢除之結果，這種限制之廢除，其實是在一切可獲重大利潤之產業，均已被日本產業資本獨佔去了之後，而且，又恰是台灣實現資本輸出之一階段。

此時，在政治上，發生了組織地管理原來毫無秩序之榨取的必要了，不得不將武官總督，改任文官總督。而且，跟著又施行了所謂「自治制」，藉此以隱蔽其榨取之秘密。而一向的官僚專制政治，到了現在，也需要大地主階級之合作，便改換了一些政治上的花樣，得到彼此間技術上之合作，作爲引餌大地主加入其榨壓陣營之前提。其實現方法，是以「評議會」之「權限擴大」表現出來；與此種主意相適應的，便是「台灣自治聯盟」之組織。其結果，不過將從來的「官選」而又無「評議」之權的所謂「評議員」之數目，略爲增加而已！

但是，新興的一部分布耳喬亞，卻和封建地主們相反，自已打算開拓其自己的前途，不願屈服於帝國主義之下。不過，一九三二年之農業恐慌，形成了米穀統制與「自治制」之再度改正，至此，新興的布耳喬亞地主們，便完全移入日本資本家階級的陣營裡去了。這時候，所謂「自治制之再度改正」，當然是日本政府在台灣之壓榨機構之再編製，無論如何，此種變更，不過是爲了要榨取佔台灣人口六成之農民群衆而已。

廣泛的產業獨佔，是很明顯地促成中產階級的沒落與對大資本家階級之隸從，尤其是借國家權力急速地成就了的獨佔，是喚起了小布耳喬的猛烈的反抗之聲。可是，已失其獨立性的小布耳喬，要嗎，與那些獨佔事業之資本家結合，與封建的布耳喬亞一樣地做日本資本主義之奴隸，而追隨著帝國主義以生活；要嗎，以小經營的形式，更加苛酷地榨取勞動者的血汗，以維持、救濟其無法上爬的存在。所以，無論哪一種情形，小資產階級之對日本資本主義之反對，是極有限度的，不過是爲了要求繼續自己之存在的反對而已，若越過此一界限，他們便立即動搖，而且做出無恥的事來了。

這裡，日本資產階級之「學者」，東京大學教授矢內原忠雄，曾把小資產階級說是「形成了民族運動之中堅勢力」。（註一）這可說是他看出了小資產階級的變質後，已有著加意地向帝國主義者效勞之可能了，藉此，他下了他的台灣民族運動中間力量之定義。（註二）

註一：見矢內原忠雄一九二九年十月十日出版之《帝國主義下之台灣》一三〇頁及東京帝國大學內國家學會之《國家學會雜誌》第四十二卷第七號同人之《帝國主義下之台灣》五十八頁，一九二八年七月一日出版。

註二：見前書二五〇頁至二五五頁。

與其他一切產業之場合相同，隨著大企業之發展而增加起來的作爲生產指導的薪金生活者，亦以民族之不同，而分作兩方面，舉凡一切之高級的薪金生活者，皆屬於日本人，在他們口中，常常高唱著「台灣之發展」，實則他們是充當作日本資本家之劊子手，屠殺台灣人民，他們的薪金，比被支配人民的工銀日趨下降相反，因爲是日本人，所以，反而在此種情況之下，享受著最高之薪額，因此之故，台灣人中，不無唯利是圖之敗類，想追求此種餘唾，在日本政府鼓勵之下，竟請求加入日本國籍了。其實，此種敗類，毫不理解與本島發展看的民族運動分離，而依附於統治者以求自己之榮繁，到頭不過是一場春夢而已。

與此相反的台灣人的薪金生活者，當然出自沒落之小資產階級，因薪金生活者之增加，其薪金愈益低下，於是，對於這種反映民族差別之政治，抱著極大的不滿。另外一面，對於增加薪金的引誘，亦未嘗絕無憧憬，有時如迷途之羔羊，大有徘徊不定之勢，故這一部分薪金生活者，要他和日本人一道以支持台灣帝國主義之發展，和墮落之小布耳喬亞結合起來，也非絕不可能。不過他們也和小布耳喬亞一樣，是失掉了自主之能力，只不過東搖西擺，成爲其他階級之追隨者而已。

但是，日本資本主義之殘酷的獨佔，由事實上給與他們以教訓，使他們在薪金愈益低下之情形中，看出他們自己的前途，是與佔絕對大多數之台灣工農群眾一致地來與日本帝國主義者鬥爭，爭取整個民族的獨立。因而無論在意識上或在行動上，漸漸與大眾接近起來。

由是觀之，在台灣之日本帝國主義之發展，是這樣建築於對廣泛的被支配群眾之榨取上面，所以，日本資本主義之利益，實與整個台灣民族的利益絕對相反，絕對無法合作，這是十分明顯的事。因此，無論在政治上玩的是哪一套花樣，無論如何，歸根到底，還是以維持其經濟之利益爲目的，故無論取哪一種形式，其權力之必趨於集中化，是足以證明一切的。

這種政治，無疑地引起了台灣之民族運動。

台灣之民族運動，與一切民族運動相同，是以各階級（除開其最少數之敗類）之共同利益爲基礎，並且初期，是以大資產階級領導者，而向共同敵人鬥爭的。

可是，台灣的大資產階級，卻並不自動地積極地前來負上這一偉大的任務，在當時，他們是被智識份子及小布耳喬亞推將出來，站在運動之前頭，因此之故，當一九二一年文化協會成立，而日本帝國主義統治者以經濟及其他之力，加於他們身上的時候，他們爲要避免這種壓迫，而不得不由所謂「賭生命也要鬥爭」的台灣議會設置請願運動中退下來了。

爲什麼竟如此地不爭氣呢？

在日本帝國主義統治者看來是「過激」，而在台灣知識份子學生及一般的小布耳喬亞看來是「保守」的他們，瞻前顧後，有點膽寒於矗立他們後面的人民的威脅，心中痛恨這一種潮流，便設法阻止之，並公開地指主張徹底的民主鬥爭者爲「階級鬥爭之徒」，詈罵之餘，繼以行動。結果，這種對立便在一九二七年醞釀著台灣文化協會之再度重組的傾向。最後，文化協會便走上了分裂之路，他們跑出來，帶領著一批富裕的小布耳喬亞，成立「民衆黨」——同時，台灣地方自治聯盟之再分裂，其準備工作，也正是這個時候做好了。

「政論家」矢內原忠雄及後藤貞治（註三）曾說，台灣文化協會之分裂，是連溫卿氏之陰謀，因當時連溫卿氏曾以二十名之無產青年入會之故，這當然是一種很大的錯誤，（註四）而且，其實是種反宣傳。當時，所謂「民衆黨」者，正秉承著這種「官方」的意見，大肆加以宣傳，隱蔽其敗北，隱蔽其不敢面對民族運動之恥辱。

註三：矢內原忠雄言論見前書二四五頁，後藤貞治之言論見東京改造社一九三〇年六月出版之《社會科學辭典》中〈台灣文化協會〉一項。

註四：關於這種錯誤，是顯而易見的，一九二八年一月二十三日刊行之《台南新報》上，有連溫卿氏〈讓我說一句〉一文，已經說得十分清楚，玆援引如次：

「文協去年之變換，可以說，只不過由於各會員之飛躍的進步所要求，決不是因為無產青年團參加之故，因為去年一月三日出席大會之人數，共一百九十名，而總括全島之無產青年參加者，僅十二名而已。又如三日所開之理事會，其中無為無產青年，而結果呢，卻以十九票與十二票之對比我的提案。大勢在此時，業已決定，所以說是『利用』青年團，而招致文協會之分化，是完全不對的。」

文協分裂後，與「民眾黨」似已對立，然而，即「民眾黨」，日本帝國主義者也不准許存在，後來下令停止了。同時，也不知禁止了多少革命團體，這是毫無餘地的暴露了日本帝國主義之殘酷性。這種殘酷性，不但使層層的廣大民眾更堅決地奮鬥，而且，即使小布耳喬以及知識份子甚至大布耳喬亞，也在這種殘酷的壓迫之下，而不得不詳細考慮其前途。因此，作爲民族差異之政治的陣營，是很快地就成立起來了，以民族運動作爲中心的革命運動，是無疑地蓬勃地發展起來了，尤其在九一八以後，到七七抗戰以後，各種力量漸漸在「民族運動」之一口號下統一起來，是很明顯地告訴了大家這一特點。

日本帝國主義者，以台灣人作爲犧牲而建立了階級政治。現在，他建立在台灣整個民族的身上的統治，就喪失在這些台灣人的手裡的。

台灣革命運動

《台湾革命运动》　一九四三年四月

台胞未忘祖國

台灣割讓後，迄於今日已四十餘年。雖日寇竭死力以奴化，務使台人忘其祖國以永久奴役於日人；然台人眷念祖國的深情，實與日俱增，時間愈久，其情愈殷，是並未嘗有時刻的忘卻過。

這種眷念的深情，隱藏在台人的心腦中，至爲厚深。惟以日寇不許台人提及中國，所以也就不聞諸大雅之堂，而事實上卻潛存於廣衆之間。我還記得我在孩提的時候，曾以「失言」被掌的一段故事：某日，因與一個日本兒童互謔，被侮，遂憤然而說：「如在中國，君我當異於是！」恰被一個日籍教師聽見，立刻跑來，不問情由，不分皂白，大巴掌直向我的臉額打來，並令我住嘴，不再多說。

這是我所以終身以從事台灣革命事業的一個細因，今日回憶，往事歷歷，猶在目前，但年事已長，大志未酬，這又不能不令人感到無限慚愧的。這種眷念的深情，流轉於民衆口頭，固不消說得，而在日寇殘酷壓迫之下，表現在文字上的，也不在少，這實是令人感奮的事。台人對於日人，無不視爲異族；但對中國，都稱吾國，血濃於水，實信不誣。割台後的數年間，暴動事件領導者，都以返歸祖國爲號召，這不必說；即數十年後，革命者亦莫不以此爲依歸，尤以國民黨革命以後，更爲殷切。一九一二年，羅福星大革命時，曾發表宣言，中有一段：

「我中華民國人民，再渡台者，備受日政府虐待，何堪言狀，我華民常受日警毆打、暗殺，或泣訴於日本政府，日官且曰：此殖民法律之制度；但此法律，不適用於英美德之在台者，獨適用於支那人……。」

又說：「我華民之在台者，被日警毒殺不遑枚舉……。」

又說：「如上所述，日本政府虐政，我中華民國人民聞之，莫不憤慨……。」

再又說：「中華民國元年十月十六日，我福建都督，命率十二志士，來台觀察……。」

由上面所引述，都可見一九一二年代的革命者，就聲聲以中國爲己國，日人數十年的苦心教育，實在並未發生若何的效力。

一九一五年時，復有余清芳所領導的革命，亦有文件發表曰《諭告文》。雖其辭句不無封建思想，殊不足取，然對祖國眷念的深情，卻是一樣，其中曾說：

「……古今中華祖國，四夷臣服，邊界來朝，年年進貢……。」

又曰：「豈意日本小邦，……不遵王朝，藐視中原……可惜中原大國，變爲夷狄之邦！……今我中國南陵，天生明聖之君……我朝大明，國運新興，本帥奉天，舉義討賊……。」

文中雖多莫名其妙、不知何指之句？然其革命必須以中國爲號召，則可一讀而知。蓋全島人民願望如此，不得不然的。

到了一九二五年，時日推移已有十年，然台人對祖國的深情，哪一年也未嘗有絲毫的變易。在那時期有「台灣新青年」社成立，曾出版《台灣新青年》，在其宣言中也說：「我們自救的方法：若要救台灣，非先從救祖國（中國）著手不可；欲致力於台灣革命運動，必先致力於中國革命之成功，待中國強大時，台灣才有恢復之日；待中國有勢力時，台人才能脫離日本強盜的束縛……。」

《台灣民報》發刊時，其〈創刊詞〉中亦有曰：「我們漢民族，移住於台灣，已經過了三百年了……。」

綜上所述，我們深知，日人的奴化台灣，固然竭盡全力，但並沒有能夠使台人忘記祖國。「七七」抗戰後，台灣義勇隊的成立，也即是本此旨而發揚光大，以「保衛祖國，收復台灣」爲其鬥爭的目標；而台灣同胞，無論其所屬，在這種正確的號召，也莫不是望風景從，殊不是無因的。

我們現在所最盼望於台灣同胞的，是要他們努力以從事本身革命工作外，更應儘可能協助祖國抗戰，謀取最後勝利。而對於祖國同胞，則望其應乘此時機，以最大的努力，援助台灣革命，使此別來四十餘年之兄弟，能復共聚於一堂，同心協力，建立三民主義之新中國，享和平之福於久遠。

中國抗戰與台灣革命

從「九一八」日本軍閥侵佔中國東北四省後，尤其是「七七」盧溝橋侵略炮聲驚醒了全球後，越使我以切膚切骨的關心和注視：一方面站在台灣革命底立場上，慶幸東方被壓迫民族革命底柱石——祖國英勇抗戰的洪流到來了，將迅速地展開台灣革命底客觀有利形勢，直接間接都可能啓發、鼓勵和幫助到我們的革命，縮短可能縮短的歷史過程。同時，站在支持中國長期抗戰爭取最後勝利底立場上，更熱烈地奮鬥和期望：台灣飽經創傷和痛楚的同胞當能深入的，普遍的用頭顱和熱血去掀起自身底革命高潮，把握現實的內外環境，抓住敵人底弱點，響應祖國抗戰，從鬥爭的行動中，具體地有效地與中國共同來建立革命堡壘，用以打擊共同的敵人——日寇。

由注視與關心，歡欣與期望底激引，使我生極大興趣的是：中國抗戰與台灣革命的相關性質實在太密切了！

提起台灣，想誰都曉得：它不僅有長期鬥爭的歷史過程，並且還具有豐富的革命傳統。因爲「就是失敗的革命也是歷史的推動機」，所以台灣革命雖反覆著無數次的失敗，但台灣底豐富的革命傳統，仍然有其「失敗的成就」，仍然不失爲滋結未來台灣革命之果的花苞。雖然，這些可愛的有用的花苞，不幸在風吹雨打的陰暗中鬱謝泥污了！

現在，暫擱下過去台灣革命所以失敗的主觀原因不講，單就追憶客觀的條件而言，就是說明：祖國初期國民革命給台灣革命運動的影響是如何重大呵！

一九二七年的革命運動在台灣，顯然是受了祖國革命高潮的影響，才迅速掀起震撼台灣天地的未曾前有的新形勢的。

我牢牢地記得：在台灣，由於文化協會本部的轉移台中和台南，由於土著富有者對民眾的革命鬥爭之道路，當一九二四年六月，台灣妥協分子們所召開的反對台灣議會設置運動之全島有力者大會，曾經招致台灣統治者對台灣革命勢力的進攻。同時，也表現著：一部份不滿足台灣文化現狀的人們，仍不免爲幻想所驅使，每於帝國議會開幕時進行台灣議會請願，忘想從水底撈月。

當然，那種每年一度向魔鬼叩頭式的台灣議會設置請願運動與夏季大會，决不是當時的內外政治總趨勢與台灣同胞所要求的。

雖說台北蓬萊種米的小作料換算爭議，也促進了台中蔗農之覺醒，如：雲林地方的農村講座，並得台北青年讀書會的響應，跨進了實踐運動的門檻。經農民大會決議，於一九二五年六月組成蔗農組合。在南投郡的六百餘名蔗農，並對明治製糖株式會社，爲要求提高甘蔗收買價格，興起集體行動。但運動之協調的色彩是顯然的。

總之，台灣革命運動在革命高潮前夜的一切前提運動，如北門郡和曾文郡的「提高甘蔗收買價格運動」，同年的「林本源蔗作爭議事件」、「退官者土地拂下運動（即反對沒收公有地給隱退官吏）」、「籌組鳳山農民組合運動」、「竹林拂下事件」、「文運革新會」、「南盟會」、「陋風打破講習會」、「彰化婦女共勵會」、「反對六．一七始政紀念日講習會」等等，是先後追隨中國的「五卅」運動等，以及國民革命軍的誓師北伐諸因素展幕。而一九二七年的台灣革命高潮的到來，即在中國第一期大革命洪流掀開後。

至於我爲什麼不在這裡詳敘一九二七年台灣民族動態全貌的原因，卻是因爲已蒙馬疎先生代爲報導（請參看本書附錄），所以便輕輕略過了。

目下的台灣又怎麼呢？簡單的一句話：台灣一年來抗日的戰略，是一九三〇年霧社暴動陣容之繼續與擴大，並且實質地建立了台灣革命的基礎。

凡稍具政治眼光的中國賢明人士和關心弱小民族運動的革命青年，也許早就曉得：十年前的二十萬台灣生番，完全以殺台人爲主要目的。但是一九二七年，尤其一九三〇年後，卻相互地以革命爲前提而親切融洽了。

在這裡，我可說個富饒興趣而值得敬愛重視的故事作爲實例：

記得我在師範學校時，就有一番人同學，時常和我們接近，由融洽的感情結合，進而談論治番底革命問題，他很清楚的了解世界政治底真相，以及台灣前途的命運，不久便投身從事革命工作了。當我們討論過如何共同反日的問題。他也同樣鑽進生番群裡作各種的宣傳，和組織團體與台人革命團體聯合。這一努力，就於一九三〇年在台中州的霧社起了作用。所謂震動世界的霧社大暴動，一開始行動，便襲擊正在舉行秋季運動會的小學校，在那裡，台人與日人都有。但結果，在被打死的一百二十餘人中，台人僅一個，而且他那時是穿日本衣服，被誤認爲日人的緣故。爲什麼這一次不殺台人，而專殺日人呢？爲什麼在最近十年來，生番「出草」時唯一的口號要提：「不殺台人，專殺日人」呢？爲什麼近十年來，祇有日人被殺，在番界的警察常被襲擊呢？不是證明台灣革命運動已始有了聯合的行動嗎？所以說：台灣革命就在此時作了一個大轉變，是有珍貴的事實和血跡作證據的，從此不僅台人反日，就是番人也不勝壓迫、榨取和屠殺，自覺地起來反日，而且與台人相互聯絡了。

爲了要與生番聯絡關係，民國十六年，台灣革命者某君曾約我同入番界作各種聯絡工作，後因急須馳赴東京而中止，另由伊等負責進行。

更值得追溯報導的尤其是：生番原都不識字，經日人近二十年來積極提倡奴化生番的兒童教育，結果，番童受教育者有百分之七十以上，而台灣人只有百分之三十強。所謂奴化生番的教育，完全是日語教育，衣服完全是日本式，日本軍閥們的幻想中，當然，企圖訓練成大批馴羊和牛馬，以供驅使。可是事實和理想終究怎樣呢？恰恰相反的，因番人文化程度的提高，正好促進反日意識的發展。所以從屢次的反日鬥爭看，哪一次不是知識份子作領導呢？

而霧社事件底歷史教訓，又告訴我們：番人不僅已有相當的組織，而且每個戰鬥員尤富有必死的決心。他們在行動未開始前就這樣相互勉勗：（一）以斬獲人頭最多的功勞頂大，即舉行人頭比賽；（二）沒有人頭的不得回來；所以有幾個沒有人頭的，便認爲奇恥大辱自殺了；（三）有的女人爲鼓勵自己丈夫的殺敵精神，在丈夫出發前便自殺，以自殺鼓勵其誓死殺敵。由於以上關係，所以能在火線上殺了不少日人。後因化整爲零，退入深山，有幾部份受敵軍包圍，斷絕糧食。日當局便利用機會誘降，可是他們都寧爲玉碎，不爲瓦全，準備作壯烈犧牲，結果，自殺者很多。

自然，我不否認這是頂原始的鬥爭方式，但蠻性的暴露，卻遠不及日本侵略軍閥們在中國戰場上的毒辣兇狠和蠻橫。

其次，在去年「七七」後，由於中國的英勇抗戰而激發和促成的台灣一年來抗日的具體動態怎樣呢？珍貴的事實答案是：台灣的革命志士，在祖國抗戰發動後即發表宣言，擁護祖國對日抗戰，最近台灣非戰同盟總部也鄭重通電海外，宣稱率領五百萬台胞擁護蔣委員長對倭抗戰到底，並聯絡韓、日同志恢復和平，重建正義，光復自由而奮鬥。台灣同胞不但在言論上擁護中國抗戰，並且以實際的行動，用生命與頭顱來阻止日本強盜對祖國的進攻。從台灣反日革命鬥爭發動以來，台灣同胞的大暴動，在重重封鎖的層圍中透露出來的已有三起：第一回是台灣工黨領袖高裴率領礦工的大暴動（據中央社福州三月六日電）。初緣日寇大本營曾經再三命令台灣總督府抽調台灣壯丁運往中國各地參加作戰，高裴遂乘機秘密發動所屬應抽工人數千名，等待領得武器，即行發難。及至日寇軍部三月三日在宜蘭發槍時，即有四百餘人攻入日寇司令部，因當時寇軍無準備，突受襲擊，損失非常重大。當時雙方激戰數小時之久，火藥庫被燒，軍火被劫一空。後來因寇軍圍攻甚急，並斷絕糧秣，嚴密搜索，不得已退入番人的霧社境界，準備再舉。無數參加革命的工人家屬，雖盡遭慘殺，但千餘工人退入阿里山中。乃是游擊戰爭的開端；而霧社的數萬番人之高舉反日旗幟，卻又證明台灣之武裝反日運動，是日益展開著來。

第二回的大暴動，就在礦工大暴動的不久以後，係由台灣Ｘ黨率領主持，炸毀久留米儲油池。當時，守衛的日兵死亡十數人，重傷二十多人，輕傷四十多人。久留米油池原為日寇有數的大油池，所儲油量可供六年之用，其給予打擊者打擊的重大，是可想而知。

第三回的暴動，是由番人樺社一郎兄弟所領導的霧社番人的暴動。其直接原因是反對日寇征調高砂族（台灣土番）壯丁出發前線所釀成。

日本強盜為著防止台灣革命情勢的擴大，竟於攻陷南京之後，調三個師團到台灣鎮壓；後來，因為革命的廣大台胞，在深山集結，醞釀大舉，所以，又倉皇地再調一師團回台協防。

再就新近的事實說吧：在忍而再忍的台胞正義的號召與激發之下，日寇竹內少將所部吉兒旅團，也因「戰鬥力太弱」、「官兵充滿厭戰思想」，奉命由彭澤前線調回台灣，全部解散了！

此外，又如廈門台鮮（台灣、朝鮮）兵，不僅發動反戰鬥爭，並且更偷送軍火供給祖國游擊隊。後因事機洩漏，率性一致行動，和寇軍在禾山一帶混戰。

總之，一句話，我們台人是深深地了解和認識，並且時刻密切地注視著世界政治的總趨勢，以及台灣內外的客觀現實諸條件，認為開展台灣革命運動，目下是時候了。不但我們的鮮血，已灑遍在祖國底山河，而且不斷地竭盡所能，呼吼要求台灣同胞以下三事：

（一）我們以萬分真誠號召全台灣同胞，在共同的目標下，與祖國同胞共同打擊日寇！

（二）在各地的台灣革命者，應儘快組織台灣革命的機構，使通過這個機構，動員民眾參加反日鬥爭；並號召被壓迫而為寇服兵役的台灣同胞，掉轉槍頭去打侵略軍閥強盜們！

（三）台灣同胞應起而拒繳納賦稅，並和日本的革命民眾聯合一致，用革命的方法來反對壓迫與剝削。同時，發展為反對奸細和民族敗類而鬥爭。

最後，我們台人更深悉自己前途的命運，完全要看自身的統一聯合成功到那個地步；

在團結的基礎上，我們的精神與物質，能武裝到什麼程度；在反日政策的執行與戰略戰術的運用上，我們能做到什麼程度而決定。

我們台人爲實踐可能達到的理想並希望掙脫異族的統治於最近的將來計，除真誠接受祖國抗戰所給予我們的有利諸條件外，尤盼望中國政府和人民督促，號召與執行被壓迫民族革命導師孫中山先生的詔示：「對弱小民族要扶助他」、「聯合世界上以平等待我之民族共同奮鬥！」

我想：這已不僅是台灣同胞共同的期望；同時也是四萬萬五千萬祖國同胞爲爭取最後勝利，必須急切提出的共同要求吧?!

二十七年九月

肅清台奸

昨恭讀蔣委員長八一三紀念日告淪陷區同胞書，慚愧之情，沛然而生，馴使我至於終日不寧。我想，本隊的同志們，亦必同具此感；慈特舉數事，願與各同志共勉共勵。

委員長說：

「在過去一年之中，敵人奴化毒化我們民族的陰謀，日益加亟，殘害我們同胞的伎倆，亦日益加毒。我今來舉一個例而言，這三年來，隨著敵軍的侵略，他陸續移到我們淪陷區來的敵國浪人商民。直到現在，總數已在四十萬人以上；而做他們爪牙的鮮台浪人，以及移住在我們東北各省的敵國僑民，尤不計在內，……我們可以想像到淪陷區的同胞們，是在三重奴化下過非人的生活，是在做著第三層的奴隸。換一句話說，在淪陷區域內，敵國軍人是第一等的人，敵國僑民是第二等的人，爲虎作倀的鮮台浪人爲第三等的人；而我們神聖的黃帝子孫，反在那裡淪爲這三重壓迫下的奴隸，又要受漢奸傀儡的敲詐剝削……。」

我們曉得，台灣的五百餘萬民衆，自身受祖國同胞目下所經歷的痛苦以來，迄今已四十多年了。在其間，敵人剝削的殘酷、壓迫的厲害，大家都已知道得熟稔，尤其台胞的血汗更早爲之乾了。本來做人家的奴隸，一日都難堪，何況時歷四十餘年之久！它的痛苦，實在不是筆墨所能表達萬一的吧！數十年以來，數十次的反抗不幸又都一一失敗，翹首而望，曷勝眷念。但在這全台灣五百餘萬民衆在重壓下生活之際，竟有少數不良份子，被敵脅迫，受其引誘，爲虎作倀，忘盡廉恥。在台灣，則儼然大和民族，招遙過市，盛氣凌人，視同里爲敵人，奉日寇爲祖宗；殆其西渡閩粵，又復藉勢於日寇，暢所欲爲，舉凡愛國的祖國同胞，革命台灣志士，莫不受其欺，蒙其害。抗戰後，又復追蹤敵人，受其指使，在淪陷區內與漢奸傀儡，一同助桀爲虐；這種喪心病狂，毫無人格醜類，雖人數無幾，然害群之馬，本不在多，它影響所及，台島忠良志士，悉被其羞；考其底因，敵人的脅迫引誘，雖爲重要因素，但我隊同志工作不力，既未能積極防患於未然，又不克消極滅之於既起，也實責無旁貸。這就是我慚愧之所以至於終日不寧的。

三年以來，祖國對於漢奸，口誅筆伐，拳揮劍擊，蓋已成爲一種廣泛的運動。吾隊工作，除以日寇爲鬥爭對象而外，雖然也從事於打擊爲虎作倀者，可是未能把這工作列爲首要，必有所不辭，務使少數醜類，不致遺羞我們五百餘萬同胞，而有礙於台灣革命的進行。這是我所欲與各同志共勉的第一點。

其次，凡甘冒大不韙之徒，其主要的原因，雖爲利所誘，失掉人格，但知識低落，以致不能把握其本身的前途，也是其墮落的根由。這是我們不能不加以注意的。語說：「止沸之計，莫如抽薪」。我們既知「台奸」產生的根源在此，則我們此後應加緊宣傳教育，務使忠良之士，認清敵我，另以本身革命實踐，指示台灣同胞的前途，使其知爲虎作倀正是一種幫兇的行爲，沒有前途的，也使其知自身的革命鬥爭前途的磊落光明。如果這樣，則日寇雖欲麻醉、脅迫、引誘，也必詭計難售，就「台奸」自滅而內禍可免。不過，這工作卻非本隊的同志竭力以赴，是辦不了的。因爲它是一件極艱苦的工作。這是我所欲與各同志共勉的第二點。

數年以來，我們台灣義勇隊同志們的努力，與夫工作的堅苦，固甚可嘉；而當生活態度高漲的際會，每月數十元的生活費用，支應衣食，都感不足，卻仍能忍勞耐苦，這尤使我爲之感動。我熱切希望：各位同志，能以這種革命者精神，去作感化愚劣的工作，則事無不成，功無不告，那就雖苦也樂了。

二十九年八月

台灣革命現階段之任務

台灣革命，從一八九五年五月，昏庸的滿淸政府，與日寇訂立《馬關條約》起；到一九四一年十二月十一日，我賢明的祖國政府正式對日宣戰爲止。在這個時期內，其革命的目的，都是爲了「台灣之獨立與自由」。雖然，在這中間，從台灣民主共和國失敗後，其採取的革命方式，有因第一次歐戰的波及（一九一四年）、世界經濟恐慌的襲擊（一九一九年），與「七七」抗日的激動（一九三七年）；由無組織的暴動，而現代化的和平鬥爭，而有組織的暴動進至有計劃、有組織參加祖國抗戰。這些，不過是四十六年中的革命過程上主要的環節而已。其他如一九一七年蘇聯的成立、一九二七年祖國革命的高潮，對台灣革命當然也是同樣地起著有力的刺激作用。

這個革命的發展過程，就是說明了任何民族革命運動的演進，它決不能而且也不可能脫離世界革命運動發展而孤立存在的，尤其是指出了台灣抗日與祖國革命關係的密切，精神的一致。自從祖國政府正式對日宣戰，聲明廢除一切不平等條約以後，不但祖國歷史上展開了光榮的一頁，而且也替我們台灣革命階段劃上嶄新的一面。過去，我們受了不平等條約的束縛，祖國政府不能把台灣與東北以及其餘淪陷區相提並論，台灣的獨立自由，只能由台灣人向其統治日寇手中去要求，去奮鬥爭取。而今天就不同了，台灣以及琉球等割地，均可列入應「收復」之「國土」。因之，今天的台灣，已不再是單由台灣人向日寇爭取「獨立自由」的台灣，而是台灣人與祖國同胞共同向日寇「收復」的台灣了。此僅就條約而言。就世界反侵略而論，則今天台灣的敵人已不復是台灣人與祖國的敵人，而是全世界愛好正義、維護和平諸民主國家的公敵。打倒日寇，已是東方被壓迫民族與歐美諸民主國家共同的革命目標。基此，我們台灣現階段革命的口號，除了「保衛祖國，收復台灣」外，更須作進一步的實踐蔣委員長的號召「幫助友邦，消滅軸心」來配合反侵略國家之正義行爲。因爲祖國與友邦的勝利，也就是我們台灣革命的成功！瞭解了時代賦予我們這個新的任務，便應依據現有的種種條件，來作新的努力！

首先，我們要統一機構，集中力量，留在祖國的同志，對于台灣革命，目標既然相同，行動自應一致。因之今天我們所有的留華同志中，必須統一在政府領導的合法組織中來努力奮鬥。只有這樣，在目前，才能集中力量；對於敵人，將來則可免生派別之爭，門戶之見。只有這樣，才能做到意志集中，指揮統一。也只有這樣，才能避免團體複雜，檢點不易，爲奸徒歹人混入，變革命組織爲敵人特務機關，而爲仇快親痛。這些事實，過去已屢見不鮮，目前也還仍有發展的可能。凡忠實於台灣革命的同志，必須接受以往的教訓，來努力健全與充實已有的合法的革命組織。我們必須認清，革命不像生意，有利可圖；我們的組織不是商店，店多以成市。革命者是要時刻準備吃苦犧牲的。打倒日寇的任務，不是多掛幾塊革命招牌，湊湊熱鬧，就可達成的。

其次，我們要擴大敵後和台灣本部的工作。祖國不但在大陸上陷敵於泥沼，並且已與英、美、荷、澳等國在海上實行會攻，蘇聯早已大軍壓其背脊；但我們台灣的革命力量，也必須進入日寇的心臟，加速其崩潰，以與反侵略集團之行動求得配合。日寇這次南向侵略，強迫我台灣爲其盡侵略戰略之義務，而爲南進線上之「軍事補給站」，爲太平洋上「固定之飛機母艦」，這是我們的恥辱。我們必須以深入工作，爭取台灣本部與敵後的力量，聯合起來，予以致命的打擊。

其三，我們要在這次與祖國友邦並肩作戰中建立自己的武裝。無疑的，今天我們與日寇已到了武裝搏鬥的階段了。台灣人之對台灣，亦應學祖國同胞，負起雙重責任，分任祖國的勤務：一面抗戰，一面建設，建設祖國東南海口之國防門戶。這個責任，沒有武裝是負不了的，所以武裝自己，乃爲我們現階段主要任務之一。我們一方面，要在作戰中奪取敵人的武器，同時也要求祖國與友邦給我們以援助。我們相信，台灣革命的隊伍，只有在實際的戰爭中來壯大自己，建立武裝。

今天，我們直接的敵人仍是一個；而我們的戰友呢，在太平洋上就超過敵人五倍以上。我們深信，今後台灣的革命，將與祖國的抗戰一樣，必然隨著反侵略形勢的發展，進入更艱苦也是更有利的階段，我們必須以全力來完成目前的任務，來作我們迎接最後勝利的階梯。

卅一年一月

收復台灣與遠東和平

抗戰以後，祖國政府堅決執行了國父偉大的遺訓：聯合並幫助東方被壓迫民族朝鮮與被壓迫台灣同胞來共同奮鬥，這實在是一種最有效的解除日寇武裝，促使其帝國主義政體崩潰底行動。關於朝鮮之獨立，對日寇大陸政策之摧毀，在此暫擱不談；今天想與讀者諸君研討的，是「收復台灣與遠東和平」。因爲它與目前太平洋上戰局的關係，較爲密切。

東方侵略強盜，是數十年來歐美列強間矛盾的產物，其滋長的要素，同樣是「姑息」、「孤立」與「妥協」。今天日寇的侵略氣燄，所以敢於橫行中國，敢於迷漫太平洋者，當初英美聯合制裁之猶豫、遲緩，雖亦爲其原因之一，但主要的還是由於他在太平洋上已造成了封鎖中國與南向侵略的優勢；而這優勢的構成，台灣的被割，實爲其主要的條件。這可就五方面來觀察：

第一，日寇之有台灣，便完成了它封鎖中國東南海岸的指揮站。台灣的北面有基隆要塞，西面有馬公軍港，在中國海南部之入口，造成了一個三角形勢。所以遠在一九一二年，美國、祖國，均將是不可而得的，這正像某報記者所說的「日本帝國主義存在一天，則太平洋便一天不得安靜」的話，是一樣的道理。

第二，就在這種意識下，如前所述的，他們——留華的革命台胞，在抗戰前後，便以各種形式出現，開始在祖國的原野馳騁著。他們罔顧環境之困難，戰時物質條件之貧乏，自始至終，爲祖國爲台灣，一秉勇於犧牲的革命傳統，從事於千難萬艱的革命工作的。

第三，在收復台灣的革命運動過程中，本人所組織而成立於民國廿七年底的台灣義勇隊，是最初具備組織形態的一支隊伍。在這裡，我當然不是抹煞了其他同樣爲台灣革命而奮鬥著的組織；不過，事實上，台灣義勇隊是最初抽芽、滋長，活躍於祖國東南各戰場的台灣革命部隊。同時，它是台灣復省運動的發端。它不論是在過去、現在以至將來，仍將是繼承著台灣革命光榮的傳統，不顧一切犧牲地為「保衛祖國，收復台灣」而奮鬥！

第四，廿九年春，祖國已在二年半的英勇抗戰中日益堅強，台灣革命也隨著這有利的環境，踏上了另一新的階段。那時候，不但許多關心台灣革命運動的祖國同胞對台灣革命的希望更殷，就是我們台灣革命者，也痛感於前台灣革命意志的不夠統一，力量的不夠集中。所以，當我於是年春初次抵渝的時候，便立即向其它的台灣革命組織提出了統一意志，集中力量的建議，到開始向散處各地的同志進行聯絡。不久，這一建議成為大家的要求，三月中旬，一九四一年十一月一日，台灣總督在東京「緊急經濟調查會」上，他主張：「台灣全境皆應設防，而使此島自給，並成為『固定的飛機母艦』，今亟宜在險要地點趕速佈置，以為台灣之使命……」。台灣距美遠東軍事根據地菲律賓祇二百餘浬，離香港則近在咫尺，距倭島則須兩天航程，因為中途駐有「固定的飛機母艦」，故由倭島至西貢這條線上，並不感其遙遠，在供應上便減少許多困難。

第五，日寇有了台灣，無異得了一座寶庫。據一九三八年的統計，台灣在經濟上，每年就被侵佔二萬萬二千萬元以上。物質方面，有日本糧荒救星的米，佔日本外銷八成的糖，和佔世界八成的火藥原料的樟腦；在人力方面，被強迫抽調來華作戰及服勞役的台籍壯丁約三萬五千餘名，番族二千餘名。日寇本年在台灣已公佈了徵兵的法令，據可靠的調查，今年至少可得三十五萬壯丁。在日寇的生產趕不上它消耗的今天，它對國內及其領有地台灣的榨取，較諸以前必然是更為兇猛，更為毒辣的。換言之，即被日寇經營了四十六年的台灣，這次對其作戰物資的求供上，數量當大於一九三八年之搜刮。

根據上述各點，我們就不難明白，日本之佔有台灣，其侵華便有了據點，南進便有了堡壘，因之，台灣的收復，它對我祖國之獨立自由與遠東的永久和平，關係至鉅。日本戰略家石丸籐太曾這樣說明：「日本可於英國的主力遠在印度洋東來途中，以台灣的海空軍配合帛琉群島據點之空軍，夾擊新加坡而使之喪失的……」。所以，世界民主各國正在太平洋上集中力量會剿日寇的今天，我們必須這樣提出：反侵略國家欲謀遠東永久和平，解除日寇武裝，就必先解除其南進「中央線」的台灣底武裝，以變其優勢爲劣勢，息滅其外圍的氣燄，進而及其領有地與本島；同樣，祖國爲要確保國土的獨立完整，建立海軍以負荷衛護東亞和平的責任，也必須收復我東南海出入口的門戶，海防線上之根據地——台灣。

顯然的，我們台灣的革命，它不但與抗戰了五個年頭的祖國不可分割，而且與太平洋上反侵略行動也是密切聯繫的。所以，今天幫助祖國與友邦抗戰，乃是我們台灣革命的具體任務；同樣，祖國與友邦之協助收復台灣，也是保障遠東和平的戰略上主要之措施；換句話說，台灣收復之日，即爲遠東永久和平舉行奠基之時。

三十一年一月二十日于桂林

台灣復省在同盟戰略上的意義

台灣「歸返祖國，恢復行省」之要求，國內輿論，漸趨一致；但其中有原則上承認復省之必要，卻主張「台灣設區」；也有認爲「設省之議，提非其時」的。本人願就台灣成立行省之條件以及在反侵略戰爭之意義，作一簡要說明，以就正於關心盟國前途諸君子。

台灣最初列入中國行省，是在光緒年間：「清既得其地，闢爲台灣府，隸福建省，後爲道。光緒乙酉（即光緒十一年，西曆一八八五年）建行省，分台南、台北二府，設巡撫駐淡水。」（見正中版，羅香林所輯之《劉永福歷史章》一八一頁）自成立行省到一八九五年被割爲止，已有十年的歷史。就人口來說，今天已增至五百八十萬，超過熱河、察哈爾、綏遠各行省二倍以上。以寧夏、青海來比，則超過五倍以上；其面積雖比不上各省，但海岸線之長（二七一九．二七里），則不亞於沿海諸省，而且它擁有屬島八十一個之多（見正中版，洪滌塵之《亞洲各國史地大綱》二七頁）。在生產方面，除供本島消費及倭國需求外，糖、茶、木材、魚、果品以及軍火原料的樟腦等，尚有剩餘運銷他國。就地位言，在平時，它是站在東南各省海防的前衛。在太平洋戰爭中，則爲同盟國有決定勝負之軍略地。這是說明台灣的復省，不但有其必要，而且具有其某些省份所沒有的優越條件。

台灣之復省，在同盟國戰略上講，我們覺得其重要性遠在「完整中華版圖」本身的意義之上。這個問題，我們可分政治與軍事兩方面來看。在上面已說過，台灣在太平洋整個的軍略上是有著決定勝負作用的；而且這個作用，經太平洋五個月來海戰的事實已說明了它。台灣在日寇南侵中，不但被利用爲軍事補給點，而且還擔任了阻擊美國艦隊南援的營壘；在中國方面來說，它又是東南海防的門戶，前哨的眼睛。日寇將它經營了四十七年，在三萬六千方公里的土地上，竟建築下十多個航空基地，使它成爲太平洋上之「固定的航空母艦」；而在本島與澎湖又設置大小四個以上的軍港。使它成爲太平洋上之「游擊根據地」。因爲這樣，它就保證了山本五十六的聯合艦隊威力的發揮，造成了日寇今天在遠東瘋狂侵略的氣燄！這是最顯明的事實。台灣的地位，已經決定了與祖國的復興不能分割，與世界反侵略戰爭前途更有著密切關係。因此，同盟國要爭取太平洋的勝利，就必須援助台灣，爭取台灣！

再就政略而言。首先，台灣設置省府，乃爲中央對日宣戰聲明廢除不平等條件以後，決心收復一切失地之具體的表現，有力的說明；其次，恢復行省，將予台灣同胞更大的鼓勵。四十七年來，日寇雖已盡其奴化之能事，但台灣人民內向之心，未嘗稍減。台灣革命，以往雖受《馬關條約》的束縛，但一貫是向日本帝國主義要求獨立而歸返祖國的（參閱本書〈台灣要獨立也要歸返祖國〉一文）。我台灣同胞，反抗日寇統治的革命運動，比之任何一國的革命爲多（見泰東版，漢著《台灣革命史》十三頁）。這是爲了什麼？是堅決的一致的爲了要脫離異族統治，「歸返祖國」！故今日恢復行省，實在就是給予了與日寇鬥爭了四十七年的台灣民眾一個熱的鼓勵，光的指示！雖然，這個距離並不很近，但可以使他們感受到熱的活力，光的引導，而使台灣廣大的內向心進到更廣大的行動，予日寇致命的打擊！再其次，敵人對我是一貫的運用「民族自決」來達其分化中台關係，沖淡內向情緒底目的的。今台灣復省建軍的事實，它直接覺醒了受過愚弄的台胞，間接就打擊了日寇汪逆在其淪陷區所施的分化政策！古人說：「攻心爲上，攻城次之」，我們要將日寇在太平洋上侵略基地的台灣變爲我所用，那末，對於這個戰略的運用就不能也不應忽視。

有人說：「台灣的復土，在今天不是其本身自由的問題，而是關係著同盟國勝利的換算」。的確，今天「收復台灣」的要求，不單單爲祖國與台灣的同胞的要求，也已是爲反侵略上正確的戰略之所要求了！因而，我們可以這樣的指出，祖國要握有東南沿海省分的利益並確保其安全，則必須運用各種方式爭取台灣的光復：同樣，盟邦關心遠東反侵略的勝利，也必須關心援助中國，對戰略上有世界性的台灣的收復！

一九四二、五、五，于金華

關於台灣復省運動

（一）

不論今昔，台灣復省運動是始終和台灣革命運動密切地結合著。它隨著整個台灣革命運動而產生，在台灣革命運動中成長起來。因而，如果要談台灣的復省運動，而不把它和台灣革命運動有機地聯繫起來考察，或則是忽視了它們間的聯繫性，那就無從瞭解台灣復省運動整體的意義，也可能陷於機械觀念論的泥坑。有人或曰：台灣復省運動的呼聲，僅是近三年來的事情，何謂它有著悠久的淵源呢？誠然，台灣復省運動這名詞的提出，確在三年前才有，然而正像歷史是互相銜接以嬗進，它也便不是憑空而下，毫無根據的了。這是顯而易明的道理，誰都會領悟的，現在我們更可從往事中找到關于這一點的例證。

台灣是我國版圖的一部，蓋已不須再來引經據典，因爲它的被發現，早在六百餘年前（約在煬帝大業元年），在《隋書》之〈琉球傳〉中，就有一段發現台灣經過的記載，不過當時不稱台灣而曰琉球罷了。這之後，因我國未曾著意於墾拓，致台灣幾經變易，其他染指的尙有葡萄牙人、西班牙人、荷蘭人等，尤以後者勢力最大。可是，遠在一六六一年，明既亡，滿清以異族入主中原，忠義志士，痛於異族君臨，不甘奴顏婢膝，復明之心彌切了。明末遺臣鄭成功就是這種義憤之下，率眾二萬餘人入台，一舉擊潰荷蘭人，佔領全島，開始治台。這時中原之不願爲滿清奴隸的志士，隨鄭氏入台者，爲數極眾。鄭成功這種爲國族收復失土的英勇行爲，正是台灣豐富的革命傳統之源泉，也是台灣復省運動的根源。

十九世紀末，滿清政府昏聵得可以，一紙《馬關條約》，便輕易地拱手送掉了山川秀麗的台灣於日本帝國主義者，這是一八九五年四月十七日的事。從這時候起，陷數百十萬台胞於水深火熱之中，回首前情，實有不勝令人扼腕滋痛的。但炎黃裔胄，哪一個甘爲人奴隸的?!所以當割台事定之初，丘逢甲等即電請滿清政府，力反割讓。不過腐敗的滿清仍然以「台抗，京即危」爲辭，不顧民情，軟弱無恥地讓它變色。至此，大勢已去，台灣唯在灑熱血擲頭顱之下，以各種革命鬥爭方式來與血腥統治著台灣的日本帝國主義者相周旋了！當時，台灣對祖國的懷念情緒，一天熾烈一天，歸返祖國的意念，更變爲無數次的革命實際行動。台灣這種歸返祖國心理之具體努力，又是今日台灣復省運動的另一源泉。這裡有一點還得著重指出的，是在台灣革命初期，蔣渭水先生等服膺總理，追隨總理，不顧日本帝國者的迫害，在台秘密幹著散播三民主義革命火種的工作。這使中國革命和台灣革命接連了起來，變成爲相依相承的局面，這更是今日台灣有復省運動的一個因素。這些都是歷史課給我們台人的任務，現在仍然遺留著給我們，等待著我們去完成的。

（二）

許多台灣的革命志士，在抗戰前，即因日本帝國主義者對台灣革命壓迫的加緊，而不能立足於本島，便都陸續或公開或秘密地投回了祖國的懷抱。隨著祖國抗戰的開始，這些爲數不少的居留於祖國土地上的台灣革命志士，由於革命熱情的澎湃，由於環境的變易，由於對祖國抗戰與台灣革命聯繫的領悟，他們便各自在祖國的任何角落裡露出頭面，開始以各種不同的方式組織起來，努力於幫助祖國抗戰收復失台的革命工作。在這時候，他們雖然沒有明白地提出台灣復省運動的口號，但他們的實際的革命行動中，卻豐富地充佈著這一意念的要求。他們大多認識到，欲台灣言之收復，非從保衛祖國的革命工作去求取，便無由可循。因爲，事實很明顯地告訴每個革命台人，目前祖國的抗戰，爲的是要從日本帝國主義的野蠻的侵略中去解放自己；而台灣革命，也是要粉碎日本帝國主義者四十八年所加諸台人的桎梏。這兩者之間，他們所犧牲奮鬥的目的，都在打倒日本帝國主義侵略者，因而大家都瞭然於非共同先求打倒同一敵人——日本帝國主義，即祖國的求取獨立，自由與平等，台灣的投歸。美國國務卿許士便在華盛頓會議上有這樣的提示：「日本之擁有台灣，無異其伸開兩足矗立於中國的大門，日本海軍活像以鐵腕緊握著門戶開放政策的關鍵；」這個事實，都在「七七」抗戰以後，一一見諸事實了。

第二，日寇之有台灣，便完成了它在太平洋上「三角一線」之攻守優勢。日寇自北至南，即由千島列島而北海道而本州島、四國、九州，而琉球、台灣，而海南島，蜿蜒曲折，成爲一條長蛇陣。在這條線上，台灣不但爲海空軍之補給點，且爲其南進線上之保護站，此其一；其次，日寇在未佔領香港之前，他在南進點上已與西貢、海南島構成之一個錐形的三角形。西貢離香島，馬尼剌均爲九百哩，海南島距西貢又只八百哩，他們就夾住南海北部的入口，台灣的高雄不但爲菲島的監視哨，而且它負有南海兩基點與其本州間聯絡和策應之任務。因爲，倭島的海港直達西貢最近的佐世保也須二千哩，要經過八天的路程。

第三，日寇有了台灣，對英美遠東屬地便形成了大包圍的形勢。台灣的基隆、馬公、奄美大島二個軍港，在北面便與委任統治島與小笠原群島，作阻止美國艦隊長驅南下；在南面則與西貢、海南對菲律賓，香港和關島取大包圍形勢；這些條件，就是促成日寇此次在太平洋上企圖恃現有優勢，以閃電的戰術來擊敗英美，稱霸遠東的僥倖心理。

第四、日寇有了台灣，在太平洋上就無異駐有一艘最大的最堅固的「固定的飛機母艦」。各方面的負責同志齊集重慶，經過一番商討之後，台灣革命團體聯合會便很順利地在黃花崗紀念日（三月廿九日），這個中華民族革命史上具有重大意義的日子裡誕生了。在其成立宣言裡，在敘說了台灣革命者對祖國與台灣的關係，已成不可分。祖國抗戰與台灣革命乃一物之兩面，非相輔爲用，不足速其成之後，該宣言又進一步表示：他們誓願精誠團結，群策群力，以三民主義及抗建綱領爲今後運動之總則，在民族領袖蔣委員長領導之下，集中一切台灣革命勢力，推動祖國抗戰，推翻日本帝國主義在台灣之統治。這一聯合會的出現，無疑的，是三年中台灣復省運動過程的一層大事，這使台灣革命的統一運動有了初步的成就，也使復省運動有了明確的意義。上面所談的「保衛祖國，收復台灣」的兩句口號，在此更有了具體的內容。

民卅年初，除了台灣獨立革命黨與台灣民族革命總同盟已於廿九年組成聯合會外，還有幾個留在祖國的台灣革命志士所組織的團體，也鑒於統一集中的必要，不久，台灣革命同盟會果然又在重慶成立了。這顯示著什麼呢？這是表示著台灣革命力量的日趨集中，台灣革命者的日益走上精誠團結的康莊大道。從此以後，大家希望能夠在統一的機構內，分擔起艱巨的台灣革命工作，收取分工合作的效能。

一九四一年底，日本帝國主義者更發動了太平洋上的「一二·八」。日本帝國主義者這一瘋狂的侵略舉動，引起了全世界反侵略民主國家的同仇敵愾！中華民族的神聖的抗戰，也隨其步上一個新階段：祖國明白向日本帝國主義宣戰了。祖國這一對日的宣戰，遂又令台灣復省運動有了新的意義。

首先，由於祖國的宣戰，中日間的一切條約協定，隨之無效，腐敗的滿清政府所給台灣寫下的賣身契——《馬關條約》是同在廢除之列了。這一舉使台灣復省運動獲得法律上的根據。

其次，由於日本帝國主義實行南進，所引起的羅（斯福）、邱（吉爾）所商定宣佈于世的《大西洋憲章》，其中的對弱小民族的同情，對民族自決問題的明白確定，在在都使台灣復省運動，不但在祖國找得了法的根據，也使其在國際取得了法的依歸。因此，當本人于去年二三月間重履渝都的時候，時勢的推移，更把台灣復省運動抵前一步。祖國已因五年來的堅強抗戰，粉碎了日本帝國主義百年來所加諸中華民族的無數的不平等條約，而台灣復省運動就在法的依據取得了後，又博得了祖國政府當局的襄助與鼓勵。當年四月間，台灣復省運動在陪都掀起了龐大的波潮，所有關心台灣革命的祖國當樞及社會人士，莫不對台灣復省運動咸作口頭的呼籲，或爲文加以宣揚，陪都的文化人和輿論界，更對此盡其應有的宣傳任務：爲台灣復省運動特刊相繼出現，更定四月十七日，這個台灣淪陷的慘痛的紀念日爲台灣復興日。這一天，台灣復省運動在陪都達到空前的最高潮。之後，它的影響更從陪都擴展開來，及於全國各角落。這一次陪都的台灣復省運動，無疑的，將是台灣革命史上可大書特書的一頁，隨著這一新的發展，台灣的建黨、建省、建軍問題，相繼被提出，也相繼被祖國政府中樞加以採取與考慮。台灣的革命團體，在祖國政府積極扶掖中，特快地開展了來。台灣革命同盟會的機構于去年加以調整充實，台灣義勇隊調閩整訓，作開展工作的準備，台灣黨部籌備處更繼之成立。這些一切事實的表現，已足爲我們說明了：台灣的復省運動早成爲台灣同胞的共同要求，時至今日，並且取得了其在社會、經濟及政治上的地位和法律上的確立了。尤其是去年十一月三日宋外長子文在招待中外記者席上，關於祖國抗戰後的領土問題之答話中，曾公開地表示：「中國的戰後領土問題，不但應該恢復（九一八）以前的狀態，並且要收復台灣……」。這次宋外長的談話，無疑是更加表示出祖國政府對台灣收復的決心，也就是說，祖國政府今後對台灣革命運動將有更重大的措置和扶助。這一談話鼓勵了無數台灣的革命工作者，打動了無數台胞的心弦，澄清了前此一部份人對台灣革命的誤解。

（三）

台灣復省運動之在今日，顯然已非同於倡導的當初，它已經是大踏步行進的時期。如果我們舉目矚望，我們便立刻可以覺到，今後的時日中，在國際上，必將是侵略與反侵略進行決鬥，在祖國抗戰上，必將是祖國與日本帝國主義進行決鬥；在台灣革命上，也必將是台灣革命者爲祖國爲台灣進行最猛烈搏鬥的時期。目前的台灣復省運動，固然分別由台灣義勇隊、三民主義青年團中央直屬台灣義勇隊分團、台灣革命同盟會、台灣黨部籌備處、台灣歸僑協會等所擔負，與夫一部份還沒有在這些團體中的革命台胞在單槍匹馬的奮鬥；而其工作範圍，也已由陪都而及桂林、金華及閩省各地。而那對於收復台灣最重要的建軍與建省問題，據筆者所知，也已在祖國當局的縝密考慮與計劃中。這些種種，誠然是值得我們的快慰和鼓勵，但在另一方面，如許的開展，也還沒有能夠適應了客觀現實的迫切要求。這怎麼說呢？這是說，我們台灣革命工作者在實際的行動中還存留著許多的缺陷，從而往往雖有慎密周詳的工作計劃，在執行中卻未能得到預期的效果。這些缺陷尤其是表現在各革命團體間不能有機聯繫的這一點上。良機稍縱即失，我今日在談台灣復省運動，就對于以前這些缺陷不能不有深痛之感，而于今日應如何克服缺點，加緊進行，也不能不有出諸衷誠的芻蕘之見，以就正於關心台灣革命的祖國人士及台灣革命工作者。

無論古今中外，一事的成敗，無所謂「注定」，而是在於我們自己的努力。際茲世界反侵略和祖國抗戰漸趨勝利的前夕，我們仍覺這徹底勝利的到來，既非可倖致，也不是俯拾可得的。在勝利之前，必定要有一段最艱苦的途程。

正如去年末，祖國國民黨十中全會宣言上所說：「最後勝利達成以前，必須經過最艱苦最猛烈之一大決戰，方能消滅敵寇；永絕禍根。」當今的台灣革命運動，也一如祖國抗戰，同樣是處在這艱苦最猛烈之大決戰的準備時期，各方面的艱難正在激增，台灣革命能否在將來的大決戰中，與祖國抗戰同時取得徹底的勝利，就要以我們台灣革命工作者在現時的準備時期，能否有效的克服缺點，能否有效的準備起決戰的力量爲斷。這其中的關鍵，正如《國民黨，十中全會宣言》中的另一指出：「必須有舉國一致之真誠團結，而後乃能負起空前艱鉅之使命。」這一指出應用於台灣的革命運動，也是至理名言。今日的台灣革命工作者，要非看清楚了時勢的癥結所在，確切地認識精誠團結，也是台灣革命運動成敗的關鍵，而加強地聯繫起來，就枝枝節節的問題可能發生，一切誤解可能接踵而起。這樣，革命工作者有限的精力更要分出于應付這一種可能避免的事！這不是自己削弱自己嗎？這對于台灣的革命運動的虧損，又怎能可以道里計之呢？

革命工作非可包辦，它是革命大眾的共同事業。台灣革命事業由每個革命台胞共同承擔，這是應該也是必然。進一步說，台灣復省運動的工作內容相當龐雜，欲由某部份獨攬，顯屬無能爲力，歷史上也無前例。這種艱鉅的台灣革命工作，祇有在縝密地分工合作上才能收到豐富的結果。時局的發展，已叫我們台灣革命工作者的任務較前沉重，許許多多的工作正待我們去計劃、去做；因而今後，舉凡台灣的革命志士，都應該擔負一部份革命的任務，任何一個台胞的行動，祇要他的作爲對整個台灣革命運動並無損傷，我們都不應該歧視、阻撓；相反的，更應該從旁加以協助。但，我們還得記起「眾擎易舉」的古訓，革命力量的分散，自然要延宕了完成革命事業的時間。所以，台灣革命工作者不能有過度的分散，縱使這分散是被有機的連繫，然有時也不免要發生隔膜脫節的現象。

台灣復省運動，到今日已跟著國際反侵略與祖國抗戰大決戰的將臨而加重了負擔，我們要克盡時代所課與的任務，祇有在台灣革命者的精誠團結與推誠與共的分工作下可達成的；另一方面，我們也曉得，日本帝國主義的瘋狂，正是其走向下坡路時必然的掙扎。我們台灣革命者目前所感受到的一切困難，卻是黎明前的黑暗。但漫漫的長夜快過去了！世界的勝利已經在望了！台灣革命的前途，也顯然是光明的。這時候，困難必須克服，團結必須加強，勝利必須爭取，這是每個台灣革命同胞的期望。今天我們爲收復台灣而奮鬥的人的一致的任務，是要求大家從各方面來共同努力以求達到這一艱鉅而光榮的目的。

這是今天我寫台灣復省運動時的一點熱切的呼籲！

卅二年一月十五日

軸心強盜的喪鐘——太平洋憲章

當希特勒東條的軍事外交努力的集點，集中在夾擊蘇聯的今日，前美國亞洲艦隊總司令顏露爾將軍，在舊金山發表了《告中國人民書》，主張遠東盟國應繼《大西洋憲章》之精神，而擬訂《太平洋憲章》。這個建議，實具有極重大的歷史意義的文獻。全文字數，約不及二千字，盡屬基本原則，頗值吾人作進一步的研討。顏露爾這一書告，通篇大意，約可分爲六點：第一、他指出今日大戰之癥結所在——世間尙存在著自稱天賦獨厚之國家，有權奴役異族，統治他國家等錯誤觀念；第二、針對此種病理，提出《太平洋憲章》之精神——以大衆福利，政治自由爲基本原則；第三、從抗戰五年的艱苦任務上，指出強固穩定而自由之中國政府爲遠東和平之基石；第四、同盟國（尤望英、美）在華所有特權條約，應即日廢棄；第五、指印度、緬甸、朝鮮等之獨立與台灣歸還祖國之不可避免性；第六、戰後遠東各國可用聯盟之關係，本平等原則對市場原料之合理供求。

顏氏駐遠東有年，他看清楚歷史的發展。珍重以往的教訓，尤能熟悉遠東諸民族的要求。他認識我偉大的領袖與救世主義，也識透目前軸心國家維持作戰體系的要素——欺騙、取巧、分化、劫掠。《太平洋憲章》的提出，直接給予世界正在苦悶與掙扎的弱小國家民族一個光明的希望，新的有力的刺戟！所以，太平洋憲章的實現，就是反侵略戰爭真正目的具體化，也是同盟國踏上勝利基石的開始。換言之，完成《太平洋憲章》之努力，實爲目前同盟國迫切的任務！

不可忽視的，太平洋憲章對德日軸心強盜任何侵略攻勢，都是最有力的打擊。在此，我們可以這樣指出：一、它能使德日在南洋在近東等民族間停止其運用「民族自決」的口號作爲造謠、分化的政治宣傳資本，使其過去慣用的「賣空買空」的伎倆，無所施逞，使其對殖民地淪陷區的人力資源無法騙取；二、它會鼓勵與提高東方殖民地參加反侵略鬥爭的積極性，同時也加強敵國國內人民革命的共鳴作用，而使日寇病入心臟，加速崩潰；三、會健全太平洋作戰單位，太平洋之主導國家，必然爲《憲章》周圍諸國所信賴，其使用物資，指揮作戰，必然更爲合理，更爲機動；四、《太平洋憲章》之基本精神與大西洋憲章既無原則出入，《憲章》之分區擬訂當爲歷史之演進，指揮之便利，其革命的要求，自必一致。如此，則可一掃以往「西歐重於遠東」的錯誤戰略，使東西盟軍能收「分進合擊」之效；五、更重要的是，它不單只是消極的爲遠東盟國共抗軸心暴力的結合，而且是積極的爲共達世界新秩序的機構。

反侵略的前途，到今天還是横有重重危機，這並不是我們的實力不及敵人，其主要的病根，首先是在反侵略集團之中，還有某些盟友拖著一條「奴役他國」的尾巴，在過去許多事實演變中，多少還存在著無剪除的決心。其次，在政治自由享受上，還沒有建立適合共同需求而且是可靠的保障底協定，所以敵國常以二十六國宣言比作「凡爾賽和會」；第二、爲離間民族感情，鬆懈動員精神的藉口，這是最明顯的。我們要求反侵略戰爭之完全獲勝，則我們革命的目的，就不容與敵人有絲毫相似，政治的方向，也不應與盟友有過分的距離，而我們的行動，更不能與共同的主張相違背。否則的話，這場惡戰努力的結果，就變成「打倒了一批侵略者，留下的是另一批侵略者」。這不是我們五年來堅苦作戰的本旨。這不是一勞永逸的辦法，而是在替人類歷史作「兜圈子」的勾當。所以顔氏在該文的末尾鄭重指出：「欲求維護遠東之和平，並解決遠東之要求，增進物質與政治上的福利，尚有待於同盟國家，悉能高瞻遠矚，放開眼界……」。今天，鴕鳥政策顯然是幹不通了。我們必須犧牲一切，來尊重反侵略戰爭之前途。歷史已充分說明；領導世界的條件，不是持優越的武力對諸殖民地搜刮與統治，而要靠完善的政治，對各友邦之尊重與互助。

今天東西軸心強盜，已同樣陷入了飢餓、困憊的狀態，他的餓腸是需要向殖民地劫掠大批的人力物資來塡充的。爲世界公認作遠東盟主的祖國，他不但要奮勇地拖住日本後腿，以粉碎其任何侵略的幻夢；同時，它必須進一步，應事實之需求，而號召遠東諸國擬訂《太平洋憲章》，讓遠東到處放出民主自由的火光，使納粹法西斯征服東亞、奴役世界的企圖，在這個民主自由的政治旭日中化成煙霧！

末了，我們得重複的指出：《太平洋憲章》是同盟國對付軸心的最高級的戰略，也是最遠大的政見；在政府當局未發表任何文告之前，熱望國內文化先進，對此發動個普遍而深入的討論，以具體辦法，貢獻政府，使顏氏這個建議，能在短期間充分發揮其作用，以爲軸心強盜之喪鐘！

一九四二年四月廿五日于桂林旅次

滿佈戰爭細菌的「太平洋公路」

美國著名民衆讀物《幸福》雜誌，于去年八月間聯合《時代》與《生活》兩大雜誌的編輯，發表戰後和平方案。其中包括兩個備忘錄，一個專門討論戰後英美關係；一個完全討論太平洋關係。前者評論大西洋和歐洲問題；後者有將南洋島嶼建立新印度西尼亞國，更主張台灣由國際共管。全文範圍雖大，然動機欠光明，方法少合理，對戰後中國領土主權之處理，尤爲荒謬：此項提議，實爲帝國主義殘餘思想及歷史光榮之自私交織而成，類似狂囈，原無足奇。蓋以該三雜誌在美擁有大量讀者，其思想影響所及，當不在小，吾人實有糾正之必要。關於東北四省劃歸蘇聯，非本文範圍，今試就台灣共管問題，予以指摘。

原文第四章提議將「夏威夷向西、中途島、威克島、關島以及日本代管的島嶼琉球、小笠原群島直至台灣」建立一條橫越太平洋的公路，並且說明「……國際行政當局應接收島上日本財產……爲了尊重中國優越的利益，台灣應劃歸在中國關稅金融系統之中，但是因爲聯合國需要以它爲一大根據地，所以把它劃爲中國領土之一部，似乎不妥，雖然有一個聯合國政府執掌台灣的外交、軍事……由於台灣國際地位的性質，在任何可以預見的未來時日中，他的居民不可以要求獨立主權，也不得投票加入中華民國……。」

這究竟是什麼目的呢？據第四章的說明，是爲了「……供給菲律賓一種比他自己在最近未來所能建設的更爲有效的防禦能力」的「這一種保衛菲律賓的方法」。故不屑破壞盟友的領土主權的完整，塗改盟友的歷史版圖的篇幅，在第五章中更明白的指出：「我們在亞洲的目的，不僅是建立一個防止日本再度侵略的堡壘，而且是對日本實行眼光遠大的政策，使任何侵略根本沒有捲土重來的可能。」彷彿說要建立太平洋安全防區，將日寇與出產豐富地區的南洋與中國隔絕，使之不能死灰復燃，好像台灣不與其父母之邦的中國脫離，就不能盡其在太平洋應盡之防禦任務似的；而另方面，則對菲島竭盡方法，將「成立一個商約來代替獨立法案中的經濟條款」，務使其「政治上獨立」與「經濟上自由」，爲的是有把握使戰後菲律賓的糖、椰子油的生產以適應美國人爲市場以外的市場需要。這說明了什麼？說明了帝國主義思想的渣滓與歷史光榮傳統的自私的作祟，把死去的世界從墳墓裡再發掘出來的把戲。所以儘管他們的第四章末聲明：提議建立這一設防島嶼連接而的橫越太平洋公路，不是想在東方造成任何新的「均勢」。但我們決不會給聲明模糊了視角，失卻透視的能力。他們提議的作用，在這裡必須給予指出：在使台灣脫離其祖國上，充分地對中國，是取一種不信任的態度，懼怕中國富強以後所妨礙其在南洋的利益，故先事排除我東南海疆的屏障，攫取中國南部國防海空軍的根據地，以保其控制中國的地位，在東北四省劃歸蘇聯上，則將在中國北部爲美國對日寇設下一個強有力的斥堠；同時如果照案實行，則將使中蘇難以和平相處。他對日寇始終沒有把「解除武裝」放在第一位的決心，只企圖在威嚇、利誘以及隔離、防禦上，來找出解決日本事件的辦法。不顧盟主國威信的損害，《大西洋憲章》尊嚴的掃地：「尊重各民族自由決定其所賴以生存的政府形式之權利，各民族中此項權利有橫遭剝奪者，（英美）兩個俱欲其恢復原有主權與自主政府。」這誰要歪曲它，誰就失卻了決勝的力量。

這個方案，雖不一定能成事實，但其反應，給予聯合國作戰上的幫助，必然抵不上蒙受的損失。第一、他否認台灣居民四十八年如一日的革命要求。更否認中國五年中堅苦抗戰的真意，他將聯合國之間起著不可解釋之疑團；第二、他給予聯合國上一切僞組織對淪陷區人民以侮蔑該國政府之宣傳，一如汪逆僞組織之對中央政府妄稱親美之不當然；第三、當《大西洋憲章》宣佈以後，軸心國即在廣播中諷刺此項文告如第一次大戰中威爾遜總統所倡之「民族自決」的重演。如今，該三雜誌竟以奴役世界、分割國族爲戰後和平之保障，軸心國將更可以此爲有力的破壞了；第四、台灣爲了菲島及南洋群島之保衛，而不得回歸祖國，則美國必然在太平洋上以另一種姿態爲愛好正義民族之敵；第五、兕過自己行動的恐嚇是大害，是便利日閥對厭戰了的軍民作激發的宣傳資料；第六、「時間在太平洋上是有利於日本的。此項提議，徒爲盟友間預伏造成一種不應有的糾紛，分散反攻力量，就是給予日寇以坐大良機。此外如對朝鮮、越南、緬甸之處理，均足以促成第二次世界戰禍，人類浩劫之火藥庫——東北四省。這些，不能不說是聯合國家思想輿論界對和平上的欠忠，對作戰上的失著。我們呼籲全世界站在時代前面的文化工作者，給一切有害于聯合國爭取勝利的思想以嚴格糾正；我們必須記取第一次世界大戰的教訓——戰事上雖勝利，和平上遭失敗。我們反對披著和平大衣的炸藥血腥的「善後主張」。這是我們對真和平應有的責任。中國爲國際和平重建的要角，爲了中華民族的獨立自由，爲了領土主權的完整自主，我們必然要繼續奮鬥，因爲三民主義國家的立場，無侵略他國的意圖，但有恢復本國領土主權之決心；中華民國無奴役他族的野心，但在爭取爲自己主人的天職。故日寇佔領事件，不能影響中國史頁版圖，更不能影響我們民族一貫奮鬥的方向。

我們要戰爭勝利，更要和平的成功。我們之所以堅決地反對這滿佈著戰爭細菌的提議，就是爲了拒絕第二次世界大戰的結束成爲第三次世界大戰的開始！

一個忠於世界和平的民族應該是一個最會記取第一次世界大戰之教訓的民族。在不公平的立場上是建立不起真正和平的。同樣，在不合理的原則上，也建不起永久的和平的。艾登曾這樣警惕我們：「要產生長期的真正的和平，最要緊的是應該排除倚賴過去的光榮，厭惡新理想的錯誤心理，尤應防止戰爭一旦結束後，疲怠與自私觀念的復活。」

是的，舊的世界雖已死去，但我們目前還要防止其在活人的腦子裡重新活躍，我們不容許任何國家同一切古老的不徹底的手法來處理戰後世界的新秩序！

一九四三年二月一日於漳州軍次

福建與台灣革命

時至今日，不論任何一個祖國同胞或台灣同胞，是誰都熱切盼望著台灣能夠早日收復，全國輿論界對於「收復台灣」的問題，在半年來是更加普遍而一致了。而收復台灣的問題，又與福建有著密切的關係。

台灣之與福建，我們從任何角度來看，實在都是一而二、二而一的東西。它們早已成爲不可離。離則雙枯；必須合，合則併榮。確切而言，台灣之與福建是脣齒，是皮毛；脣亡則齒寒，皮之不存，毛將安附！

在這裡，讓我們一翻歸檔。從地理形勢，民族成份，經濟關係，國防軍事，以及既往史實來證明這一說法的正確。

首先，從地理形勢來看：台灣與福建，僅一衣帶水之隔，一衣帶水指的就是台灣海峽，然這海峽使台閩間隔開的距離，也只有短短的四百餘里，其地域的接近，幾呼應可及。惠安崇武一帶漁民出發捕魚，破曉得可聞台北基隆雞啼的傳說，更是爲此佐證。難怪更有人認爲台閩原本相接，因爲台灣西岸多淺海，假如現在水平降一百公尺，那麼台灣海峽就會消失，台閩便可連成一片云云。台灣與福建的氣候、的地味、的風俗習慣，大致相同，也可說明它是這種自然的條件所使然的。

其次，從民族成份來看：據廿八年七月間日人廣播，稱台灣人口已由四百九十餘萬（昭和八年，民國廿一年統計）增加到五百六十餘萬了。這數目中，除去三十萬（約佔百分之五）的日人，和二十五萬左右（約佔百分之四）的蕃族，餘下的便都是台灣人。但所謂「台灣人」，實即是我國閩粵（多屬「客人」）同胞的移植，這移殖始于鄭芝龍，到了鄭國姓（成功）郡王治台時最盛。閩粵同胞其所以向台灣移殖，它的原因，是福建西、南、北多山，地瘠民就貧，閩東南沿海一帶，雖較豐腴，但也不足供應墾拓。在這種環境之下，他們便謀向外發展，而台灣由于地域的接近，西部沃地又多，閩粵困苦的同胞，自然要漸向這接近而又豐饒的地方去謀取解救貧困的生路了。從這點，我們說台灣人是福國閩（主要爲漳、泉）粵同胞的後裔，是一點也沒有錯的。台灣能夠收復以與福建並存，就貧富相濟，利益得均了。

再次，從經濟關係來看：台灣與福建，同爲漁鹽之鄉，其他許多出產如糖、茶、林、樟腦等業，也同時而有；但在米穀方面，福建缺糧，而台灣則反是。抗戰前，福建的糧食仰賴于台灣的，數量不少。在這種盈虧互補的情形下，福建要台灣。另方面，在出產大致相同的情形下，台灣更必須收復。唯有這樣，這才不會使日寇以相同的出產品來和福建的產物作運銷的勁敵。基此種種，遂使台灣與福建在經濟上打下了需要密切聯繫的基礎。

復次，從國防軍事來看：台灣是福建的屏障，廣而言之，它是祖國東南沿海的藩籬。我們曾一再著重地指出：日寇能夠達到它一部份的南進侵略的目的，它的據有台灣，委實是其重要一因。誰都曉得，日寇在數十年來，它一直把台灣視爲其南進的據點，它不惜一切，經之營之，最終目的也就是要台灣做到真的變成爲「固定的航空母艦」。前年太平洋的「一二·八」以後，日寇利用台灣以爲軍事侵略補供站的事實，已是有目所共睹的了。此外，台灣西岸澎湖列島所屬的馬公港，又是一個良好的軍港，它的形勢構成，除要有「險口不得方舟，內澳可容千艘」的優越條件。它和福建福州的馬尾軍港，形勢相均，而又遙遙相對。假使它們兩個相得而用，相輔相成，這於國防軍事的價值，將是無可倫比的。最近有人把台灣與海南島譬喻爲祖國東南海疆的「雙眼」，是一點也不誇張，而是一語道破其重要性。

末後，從史實方面來看：這可分兩方面來說；其一是自來據有台灣者，都可以伸張其勢力於福建，如元、明時的流寇林道乾等的盤踞台灣而侵略福建的史實，猶歷歷可考。餘如明末鄭芝龍，繼前人據有台灣而縱橫睥睨于閩南。以至民族英雄鄭成功對異族的反抗，也都因爲有了台灣，而有了閩南，終叫清兵無由興師於閩南達十數年。這些都是說明：台灣不保，福建則危。

以上所述，雖旨在說明台灣與福建之關係的密切，但我們今日之談台灣與福建，著重點已經不盡在這些上面。今日我們應該進一步談的，是怎樣加緊來進行收復台灣，也就是怎樣來促速台灣革命早日成功的問題。

福建在抗戰中的戰略地位，已隨著世界反侵略的擴大而提高了，尤其是當著我國總反攻的前夜，以及同盟國家著力于打擊日寇的現階段，福建已成爲東南太平洋一個重要的軍事根據地。可是，正如前述的史實所說，敵寇之據有台灣而整個福建都在它的威脅之下，這種惡劣的客觀的實際情勢，是迫切地要求著我們要加緊收復台灣的準備。而這責任的負擔者，除了由台灣革命同志來肩負外，那可因台灣的收復而相得映彰的福建同胞，對這也已是應該責無旁貸地起而協援了。因爲，台灣不得收復，祖國抗戰徹底勝利不能達到，戰後，台灣不收復，必然要給福建貽下了更多的禍根。

台灣是祖國的祖土，我們的祖國民族英雄鄭成功，曾經在那裡高舉反抗異族統治的大纛，作過英勇的戰鬥，這是祖國同胞的光榮，值得誇耀的。可是，祖先遺留下來的事業，迄今猶未竟全功，這是我們每個作爲後裔者應感慚愧，應覺羞恥的。爲了這不振作，祖國百年來受盡了強者無數次的欺侮與侮辱，台灣同胞更親受到異族的血腥統治將達半世紀之久。今天是我們民族生死存亡、榮辱主奴的轉捩時機，這慘痛、這仇恨，不在這次民族求自由平等與獨立的過程中來清算，國族將永淪萬劫不復之地。而這必要遺下的恥辱，不但是台灣同胞的，而且也是祖國同胞的，特別是福建同胞的。

良機稍縱即逝，總反攻日寇的日子已經漸次迫近，我們台灣革命者當然要倍加振奮，以求縮短台灣革命過程；而祖國同胞，尤其是福建同胞，也應該起而作有力的對台灣革命的聲援。祇有這樣，我們才不失爲炎黃裔胄，才對得住我們的祖先和革命先烈們。

現在談收復台灣問題，一般人的觀念以爲在世界大戰結束之日抗戰勝利之時，日本帝國主義者屈膝求和了，在和會席上，只要費一簽字之勞，就可以把台灣和其他淪陷區同樣輕易地收回！這種觀念是大錯特錯，是萬分危險的。我們永遠記住歷史給我們的教訓：民族的解放事業只有用血的鬥爭才可能爭取得來。我們要收復任何一個淪陷區，只有用死力去拚。如果自己沒有收復台灣的基礎，只想在和會席上爭取得收復之權，那是等待主義者。事實上，這種等待，惟有長令五百六十餘萬的台胞永遠爲人奴隸，對于這種錯誤的觀念，我們應該予以清除，同時還要積極地展開收復的工作。

另外有一部份人，它對台灣收復的觀念，又以爲須兵臨其地，這才談得到收復工作。這也是錯誤的。這種看法的人，他們是忘記了：現代的戰爭是全體戰爭，全體戰爭所需要的武器，不僅是軍力，而且要經濟的、政治的、文化的、宣傳的、革命的活動來配合，尤其是革命活動，更能發揮出最大的效能。

所以今日的台灣收復工作，台灣革命者應積極展開各方面的活動來配合軍事的進展。（當然，這並非否認台灣建軍問題在台灣革命過程中的重要性）這工作的完成，有待于一切台灣革命者合力同心，精神團結以奮鬥，更待于福建同胞的切實的協援。唯有如此，大家合作無間地來展開收復台灣的工作，前途這才有勝利的把握。

卅二年四月二日于隊部

為什麼組織台灣少年團

一、少年和兒童是國家民族的幼苗

無論哪一個國家或民族，所以能繼續存在，並且能健全而強盛起來，是由於他們有優良的民族後繼者。這就是說，兒童和少年的品質好壞，往往是決定了這一國家民族的盛衰前途；但兒童和少年們，又好像一張白紙，他們的種種品性，完全是由後天的種種不同環境所陶冶而成的。假如他們有了優良的環境，合理的教育，那他們便將是國家或民族的良好繼承者；否則，他們如在非常惡劣環境中長大，受了不正常的教育，那他們便會成爲民族的敗類或莠民。所以，凡是現代化的國家民族，對兒童和少年的教育，都特別注意。

同樣，帝國主義者，對他們統治下的殖民地兒童和少年的教育，也是一樣的注意，不過他的教育旨趣和一般的完全不同而已。他的目的是要培植一批將來能馴良地供自由驅使的奴隸，也就是拚命施行他的奴化教育。

二、台灣的少年和兒童是台灣革命的繼承者和新台灣的建設者

如上述，少年和兒童，既是國家和民族的幼苗，他將是國家和民族強盛的決定者，那作爲日本帝國主義殖民地的台灣的少年和兒童，他們將來的任務，將比普通任何獨立國家兒童的任務都要艱鉅。就是因爲他們要肩負起復興國家民族的重任，也就是說，他們將是台灣革命的繼承者。我嘗說：「革命事業是偉大而艱苦的，要想獲得革命的成功，必須要有革命新細胞不斷的補充。」尤其是兇殘的日本帝國主義，對革命者的無盡止的殺戮，益使這新細胞的補充，和繼承者的培植更爲迫切。

有人或許要說，待這些小朋友長大後，那時台灣或許早已脫離日本帝國主義的統治了。這或許也有可能，但台灣要得到真正達成革命的目的，決非僅僅趕跑日本帝國主義在台灣的一切統治者便成的，他必須於推翻日閥的統治後，建立起一個強固的自由幸福的新台灣來，才能保持和鞏固已獲得的勝利。正如總裁指示我們的，建國的任務並不輕於抗戰。抗戰是艱難而偉大的事業，建國也同樣是艱難而偉大的事業，並且二者有不可分的連繫性。

因此，生存在現在的台灣少年和兒童，他們是擔當了一方面要求能夠脫離日本帝國主義統治的台灣，同時又要建設新台灣的雙重任務。

三、處在日本鐵蹄下的台灣少年和兒童的不利條件

今日的台灣少年和兒童，其任務既是如此艱鉅，毫無疑問的，他們必需具備去承挑這副重擔的力量。就是說，他們要有良好的教養，如民族自尊性的扶植，優良品質的陶冶，對民族敵人的認識，和知道如何獲得革命勝利的方法以及堅強革命意志的鍛練。然在日本帝國主義統治下的台灣，少年和兒童所受的教育，卻適得其反。

日本帝國主義在台實施的教育，他主要宗旨是在于消滅民族意識，而代以奴隸意識。他們麻醉兒童、朦蔽兒童，使他們只知道日本帝國是世界上唯一的國家，日本天皇是世界上唯一的神聖的權威者，效忠大日本帝國是台灣同胞唯一的任務。他們所能認識的是日本文字，所能讀的，是日本帝國主義御用學者們所編的一些課本。

在這種情形下，我們的小主人翁是完全受欺騙和侮辱，如要培植起優良而健康的民族幼苗，非設法解除這爲統治殖民地奴化後代的毒辣的文化桎梏不可。首先應脫離這險惡的環境，有許多不願做奴隸的台胞爲了不願子女們被奴化，便紛紛帶了全家，投奔到祖國的懷抱。

四、台灣少年團是適應留居祖國的台灣少年的要求而組織起來的

台灣的少年既然一部份離開了惡劣環境，而回到了祖國，那便可和祖國的少年們一樣的進入各種學校念書好了，又何必另外組織少年團呢？

但是台灣少年雖一部份離開惡劣環境，回到祖國，然祖國一般學校，並沒有教授關於台灣的專門課程，可以適應台灣少年們的特殊要求。同時，救國不敢後人的一群小孩子們，又是親身嘗過了日本帝國主義鐵蹄蹂躪的滋味。因此，在祖國抗戰的烽火中，他們是迫切要求著盡他們的力量，做一點他們所能做的工作，並且希望能在工作中去鍛練自己。

台灣少年團爲適應上列二項要求，因此便由一群留閩浙等地的台灣少年發起而組織起來，自成立迄今一載有餘，輾轉於東南各戰場上，祖國的原野成爲他們的課堂，祖國抗戰的各種英勇事績，成爲他們主要的課題。同時，他們有不辭勞苦的苦鬥精神，博得了祖國社會廣大人士的同情和贊助，益使這小隊伍一天一天的擴大，和堅強起來。

是的，我們堅決的相信：「台灣少年團——他將是我們台灣革命後繼者的搖籃與熔爐！」

三十一年一月

今後的努力方向

（為台灣義勇隊少年團成立四週年而作）

本隊少年團成立到現在，已經四個年頭了。在這四年中，由於國內同志們的堅苦奮鬥，祖國人士的同情與援助，使我們在閩、浙、皖、贛諸省的工作，均得順利開展，這是足以告慰祖國上下的地方；但檢討以往對抗戰上的貢獻及學習上的成就，則與歷史賦予我們的要求，還間隔著相當的距離，這就是使我們不敢稍存自滿的主因。因為我們是戰鬥的少年；戰鬥的少年，是應該在戰鬥的生活裡洗練的。少年團在跨入第五個年頭的今天，對於他今後的努力的方向，我感到有指出的必要。

根據少年團團內現有的條件與他在革命上所負荷的任務，今後應該全力朝著「爭取正軌」這個方向去努力。我們在生活上要科學化，學習上要專門化，工作上要生產化。其目的就是為了要今日準備明天，在學習中準備戰鬥，在「修己」上準備「新民」。為著敘述上的便利，就分生活、學習與工作三方面來講。

首先是關於生活。由於團員年齡的增加，智力的提高，今後的生活便很自然地向著自已管理自已的方向發展，使同志們在處理自已的生活中，學到「管理眾人之事」的常識與本能。故第一，我們要用科學的方法來處理日常生活上的用品與問題。如對文具服裝等的分發、組織，與人事等的配備，對於一切「人」、「事」、「財」、「物」上的管理運用與改革，務使做到「一人能作二人用！一物能作二物用！一日能作二日用！一錢能作二錢用！」的經濟原則。戰鬥精神。第二要把握時間抓住機會，即學即習，使學習所以教人；即訓即練，使訓練乃為運用、尤應在學習與訓練工作中，注重人們對物品的使用愛惜以及保管修理的常識。第三，我們要開始注意生產菜蔬、家畜技能的學習，勞動習慣的養成。我們要擴大視線，研究民生問題，關心儲存方法，物價指數，並對各地生產工具的研究與物品的配給。第四，我們要時時注意衛生與自衛的知識與技能。所以平時對于衛生學、軍事學等課目更應看重，潛心修養，作爲組訓民衆，自衛衛國的準備。因爲今天在團內的「管、教、養、衛」的學習，就是我們來日訓練民衆「自治、自給、自衛」的準備。

其次是關於學習。這兒所說的學習，是指書本與工作。根據我們四年來既經長成的條件，與現階段工作的要求，今後對書本方面，我們必須主動窮究。對工作方面，則求自力更生，目前大部份同志已有自動學習的能力，對問題的了解上亦有專一與窮究的要求。今後除軍事外，對國父遺教，團長訓詞，史地常識，經濟倫理，自然科學，以及組訓知能等的研究，都應站在主動地位。只有處處採取主動，不斷窮究，才有勝利把握，只有專心攻讀，才能深博、結實，才能縮短我們學習過程，也只有不斷的豐富自己，才能永恆保持工作上的朝氣，保持實力上的雄厚！在工作上，我們要「自力更生」，我們要以工作來壯大工作，以群力來訓練群力。前者即在工作中發揮創造力量，推進工作；後者即以集體力量培養幹部。少年團學前的四個學習研究組——戲劇、音樂、舞蹈、繪畫——將來到工作中就應變爲工作研究組。由於出版事業發展上的不平衡，由於民衆認識不斷的提高，由於少年團本身要求「單獨作戰」的迫切，就只有從「自力更生」中才能找出切實解決這些困難的辦法，絕不能拿依賴人家來帶住自己應有的發展。因爲在依賴中是產生不出堅強的幹部的。要達到我們工作上「自力更生」的目的，在實踐上就必須求其持久。而使工作與大家的生活學習合理地配合，使少年團的發展與台灣革命上的要求好好統一，就是惟一的持久辦法。

末了，就是關於工作：工作要講究風度：工作風度有什麼重要呢？它可以決定我們工作的深化學習的進度，它可以轉移團內整個的風氣，我們爲了具備「獨立作戰」的本領，所以在各方面就得養成「實事求是」的習慣。對於今後做事的風度上，應該有兩個要求：第一要求有闊度，少年人的腦際，更應常常存著一介光明活潑的理想。有了它，才能時刻喚起高超的思想，不斷的推動事業與人類的進步；同時，革命者也應具有創造的魄力，對於當前的一切，有破壞舊物的膽量，有開展前途的勇氣，能破壞更能建設，要建設也必然懂得破壞，而我們的破壞也就是爲了建設。第二要求實際，愈挫愈奮的求實堅毅的精神，不做空想的設計師，不說欺人的漂亮話。我們要力除虛僞空想的毛病，說了就要作數，作不得數的就不說；計劃要不脫離現實，離開現實就不列計劃。這裡，我們必須指出的，就是闊與求實二者的不可或分。若吾人有求實而無闊度，則可能落入狹隘的無原則的事務主義，往往自以爲本身有著行動意志和實踐中心，就一股蠻勁，會幹得沒頭沒尾，結果，當有看不見前途的光明而誤入歧途的可能；反之，有闊度而無求實，則會變成過信理論、拘泥成法的辦公主義，常常會遭遇到工作的包圍。工作的沒頂！二者相輔，則可免「無過不及」之弊，獲「不偏不易」之道。

我們有推進自己的熱望，也負有轉移社風的責任，我們不能放棄工作，同時也不能拋開學習，我們不可能進學校，但必須具有一般學校少年的普通知識。我們負有抗戰建的重任，更負著建國的使命，我們要在工作中來統一本身生活學習上的修養，就必須根據「爭取正軌」的原則，刻苦自勵、簡樸求實的精神，在「保衛祖國，收復台灣」的工作中，爲著祖國與台灣的建設而做一番建設自己、健全團體的工夫。

三十二年二月二十二日于龍巖

台灣青年的任務與今後的修養

（爲成立三民主義青年團中央直屬台灣義勇隊分團部而作）

我們要消滅侵略暴力，奪回人類的自由，則除了民族力量的集中與團結外，沒有第二個有效的辦法。青年爲國家民族的新生命，故青年力量之集中與團結，猶爲當前急務。因爲他們在光榮的革命史上，一向是佔著最主要的地位，而台灣的青年，對於祖國抗戰及台灣革命的貢獻，當然是不會例外的。我們要使今後台灣青年的行動密切配合上客觀形勢的要求，能繼續貢獻出更大的力量，故對於台灣青年的覺醒與團結有主導作用的青年幹部的培養，認是不可忽視的工作。

三民主義青年團中央直屬台灣義勇隊分團部的成立，就是爲了使本隊及少年團的青年同志，在參加「保衛祖國」的過程中，對三民主義及其使命能有深切精確的明瞭，個個成爲建設三民主義新台灣之堅強有力的幹部。所以我們目前的任務，是號召台灣青年在黨的領導與扶助之下來，展開轉移社會風氣與參加戰時動員的工作。

如何轉移風氣，這就要先問問我們革命的目的是什麼？革命的目的是：改善社會、革新政治。歷史告訴我們，這目的的達成就應從轉移社風入手。因爲社會上驕奢淫逸的程度會加深了政治的紊亂，整個社會不能改善，則國家民族的興盛，也就難以企求。社風的改善，首重改善心理與促進文化。辛亥以後，國父鑒於革命的不夠徹底，乃提出「革命必先革心」，亦以「國者人之積，人者心之器，國家之治亂，繫於社會之隆污，社會之隆污，繫於人心之振靡」來教育同志。團長蔣總統則倡新生活運動來推進社會，教育國民，這可見心理的改革對社會改進的重要了。關於促進文化，團長在二十七年《爲組織三民主義青年團告全國青年書》中曾這樣指示：「國家之強弱，繫於一般國民文化水準之高下」，「智識青年，必須自動奮起，一致參加掃除文盲工作，協助進行通俗教育及戰時宣傳，務使在極短期間，加強一般國民之政治認識，而提高其文化水準，庶幾可以走上現代國家平等自由之大道。」目前，我們台灣青年可說大都從小就受到日寇奴化麻痺教育的毒害，故對於轉移社風的工作，更有迫切展開與深入之必要。

如何參加戰時動員，團長已昭示我們：「根據全國總動員計劃，青年必須就其智能之所近，在國防、產業、交通、宣傳及教育各部門，作積極活動；奉公守法，盡忠職守，任勞耐苦，始終不解，視奮鬥為天職，以犧牲為當然。」對於最近國府所頒的《國家總動員法》也有詳細指示，我們應各盡職責，積極動員。本分團部的同志，要影響祖國的青年，同時要動員台灣本島以及其他各地的青年台胞，作反侵略的鬥爭，因之我們所負的使命要比一般青年來得艱鉅、重大！我們必須以堅忍勇敢，自覺自愛的精神承擔它，我們要在工作上表現出這個分團的生命和力量！

隨著戰局的發展，少年團諸同志的工作就日益增多，責任也漸次加重。因之，我們對各種修養跟著加緊。但在這裡，我們立刻就會遇到一般工作團體裡所必然遇到的問題——工作上與學習上的修養之畸形發展。而這個問題在我們團體裡則更為嚴重，因為我們台胞受了日寇的奴化教育，一般的對祖國文化智識的水準都相當低落，加之回到祖國即參加工作，大家沒有受到祖國學校教育的機會。解決這個問題的辦法，只有使我們的同志個個學會並熟習使工作與學習連成一體的運用。所以，今後我們少年團的同志，應在「提高常識水準」與「配合理論與實踐」的修養上痛下一番工夫。

常識水準的提高，是目前團內每個同志的共同要求，同志們對於一般的理論和工作技術，可說都超過了自己的年齡與應具的自然科學常識，雖然這是以往工作的需要所造成的現象，但這個發展，在一般的教育上講，是不合理的。因為常識是我們處理事務研究學問的工具，許多我們將要研究的學問和現實生活的應變上，在在需要著數學、理化、自然、史地及生理衛生等這些學問。沒有了它，在每天的工作生活、學習工作上就會平添出許多不必要的麻煩、驚奇、困難與苦悶。這個在少年團皖南和福建工作的報告中是表現得最明顯的，這些現象，決不能讓它往下發展，希望負責指導的同志，盡量利用機會有計劃的來幫助，來克服。

配合理論與實踐，就是怎樣從學習中擴大工作經驗，從工作中發展學習原野的問題。上面已經說過，台灣青年目前他們受了主客觀的限制，是不可能如祖國一般青年學生那麼順著小學而中學而大學以至出洋按步就班的讀上去，是逆進的，是倒追上去的。例如：提到我們的國語水準比日文程度差的問題，我們就會研究到日寇對殖民地奴化政策的毒辣，再追究下去會聯想到滿清政府的昏庸腐敗；當時唐景崧割據嫉妒意識的沉厚，以及懦弱無能不事團結而致貽誤有九年歷史的抗倭大事（見《劉永福歷史章》）。這種學習方式，在表面上看來是很不順眼，但實際上卻是用很少的力量與較短的時間，學得了很深很博的道理。而且這樣研究，才會專心，才稱實際，才不易忘記；我們認爲，學習的目的是爲了工作，而工作的發展又需乎學習，學習和工作是不可分開的。我們必須拿「隨學隨做，即做即學」的戰鬥精神來克服自己的「先天不足」！但是，在進行中，必得用力做到二點：第一，要打消「唯書本論」的觀念，我們要堅信：只有從現實生活中求進步，才是最正確的學習方法。所以「真的學問是要同現實的社會有脈絡貫通，和實際生活連成一氣的」，也只有現實的刺激，才能加深我們學習的需要；第二，要養成勤於記錄整理的習慣，經常注意現實生活中得失的記錄與整理，把繁瑣的收穫，提煉爲抽象的原則，把抽象的理論，變成具體的行動，用活的方法，才能在正在向前發展的事物上找出新的現實的智識。所以，我們只有隨做，才能隨時發現新的問題，必須隨學，才可以隨時解決新的困難。

台灣沒有收復，我們是無以爲家；倭寇沒有打倒，我們也不可能來進學校攻讀。青年團是團結青年、訓練青年的組織，它就是我們今天的大家庭、大學校，希望台灣青年們都團結在這個組織裡，一面工作，一面學習，來開展工作，壯大自己！

卅一年八月一日於分團部

台灣義勇隊的任務與訓練要求

（對本隊第一期幹部訓練班訓詞）

各位同學：

今天是本隊第一期幹部訓練班正式開始訓練的第一天，本人爲了要使各位今後都能明白自己所負的使命，彼此互相策勵，所以首先把本隊當前的任務提出來告訴各位。本隊從民國二十八年二月成立以後，由於祖國上下的指導與援助，支、區隊同志之勇敢、自愛、刻苦、奮鬥，三年來在東南各戰區總算盡了我們對祖國抗建應盡的力量，對祖國政府與同胞，差堪告慰。當然我們決不以此自滿，相反，今後更當努力。本隊成立的任務是：「保衛祖國，收復台灣」。從去冬太平洋戰爭爆發以後，遠東整個形勢，已進到另一個階段，我們的任務也隨之加重，因爲我們台灣革命不能和祖國抗戰脫離，也不可與反侵略形勢分割，這是顯然的道理，以往事實的演進，努力的方向，也沒有越出這個範圍，今後要使前途更爲光明，當然不能違反歷史的演進；相反的，要更牢牢把握這個法則去進行我們神聖的革命事業。我們今天要幫助祖國抗戰，也要幫助友邦殲敵。由於這一任務的加重，本隊目前就必然要努力于擴大組織，加緊訓練，以開展我們的工作，切實來配合反侵略集團的戰略，達成歷史賦予我們的任務。這是本隊同志們今後努力的總方向，我們須時時記到，切實執行。

下面要講到本隊的訓練。本隊訓練上一貫宗旨是造就革命幹部，實行三民主義，我們今天革命的最終目標，是要建立三民主義的新台灣。我們要知道三民主義的國家，是民族革命的產物，是民主政治的政體，是人民個個能自由快樂的工作、生活、學習的向上的樂土，這裡不許有資本家的產生，也沒有階級享受的區分，更沒有少數人的權利，他要從「平均地權，節制資本」走到民治、民有、民享的大同世界的理想社會。總理這種偉大的遺教，過去二十多年中，所以沒有完全實現的原因，就是因爲當時有些實行者無認識、無辦法，不切實、不忠實，這些毛病在總裁的訓示裡已有更明白的指出，各位可自己去研究，在此不贅。我們再就近來看，祖國今天的抗戰，就是爲民族主義的貫徹，今天的建國就是爲民權主義的實施。獨立、自由、富強、康樂的三民主義的新中國，就要在苦難中建立，在炮火中成長；我們新台灣的建設，也有待於同學們的能真正去認識歷史，把握實現，放大視角，努力奮鬥。因爲這樣，所以本隊的訓練任務，是在使同學們理論與實踐的統一，接受歷史的教訓，糾正空談的習氣。一般來說，工作者的態度可分爲三等：第一是「做了不說」（宣傳）；第二是「先說後做」；第三是「說了不做」。末了一個毛病是最要不得的，而社會上的人犯的也最多。今天要求我們的同學對上級的指示和個人份內的工作，最低限度要能切實做到「能說能做」，不要是只有嘴巴，沒有手足；只有假意識，沒有真心腸。各位在此受訓期間，無論在學習上、在服務上、在起居飲食上，要能隨時隨地注意養成自覺、自動、自治的精神，實幹、苦幹、快幹的毅力，與服從命令、貫徹命令的習慣，我們只有從自覺的紀律中去滋長自動的精神，健全自治的能力；只有從實幹、苦幹、快幹中發揚戰時生活的「一人當作兩人用，一錢當作二錢用……」等的節儉習慣與主動精神，來充實我們革命工作的條件；只有從服從命令與貫徹命令的訓練上，來培養執行命令達成任務的常識與本能。各位要知道，站在我們面前的敵人是如此強暴，落在我們肩上的負擔是如此艱鉅，如果我們沒有鋼鐵的紀律，健全的意志，優良的風尙，那末在革命的前途上，就會佈下更多的暗礁。

今天我誠懇地要求幹訓班的官佐指導員和學員，大家要徹底做到「教學相長」四個字。我們今天這裡受的集體教育，學員是來受訓，指導員也是來受訓的。在訓練之中，貴在彼此能「取人之長，補己之短」、「因人之廣，開己之窄」，互教共學，齊步邁進。我們相信，天下沒有萬能之人，同時也相信，天下不會有「無一得之愚」。你們中間過去所受的教育有深淺，所做的工作也不同。因之，甲的理論好，或許經驗不如乙；甲的常識豐富，或許生活紀律差；甲的世故深，或許熱忱不如乙。凡此理論，均希望各自檢討，誠懇反省，下個決心，重新做人，在此訓練中，能虛心接受教育，努力克服缺點。我想各位中都是具有為台灣革命奮鬥的熱忱，當然是有向上的決心，革新的要求的。在敵人著著緊迫而我們條件不夠的情形之下，我們也只有用這個合理的科學的方法來加速的訓練自己，在這一個認識之下，就應當這樣說，我們今天的學習，就是戰鬥的準備，準備的工作，也必須以戰鬥的姿態來完成它、來結實它。明白了這一點意義，那麼程度高的同志，對較淺的課程也會認真精究，不致忽視；對學力較低的同志也能真心誠意幫助他進步，不致驕誇；而程度較差的同志，亦必勇敢求進，不致苦悶自餒。這樣，使整個的學習環境，就充滿著緊張活潑、互助互愛的氣氛了。

從今天起，你們是正式過集體生活，在此特別要把新生活運動裡三項關於生活改造的要求提出對各位講一講。新生活運動中第一項要求就是軍事化，軍事上有二點是最重要的，第一是有禮節，要求我們生活行動講話都要合乎「禮」，「禮」是組織上最重要的東西，社會無禮，就成亂世；軍隊無禮，就為烏合之眾，個人無禮，就失卻作人資格。禮是要有秩序，有紀律。第二是有組織，軍隊要能打得，就一定要有紀律，有精神；嚴密、精確、迅速、徹底這些條件的產生，均出自有組織、有系統。大而社會小而團體，如有組織，則人、事、物、時、地五者，均能由一個系統來靈活指揮。合理運用，可充分發揮其作用！各位現在所施的軍事管理，要求迅速、確實、靜肅、秘密，不得散漫含糊，凌亂遲緩，也就是軍事化的精神。第二項是要求合理，合理化就是科學化，處事要合常理，要具常識。譬如：我們的教學方面，要由淺入深，由近而遠；作事方面要為大於微，圖難於易即是。其次，我們今天穿上了軍服，那末一切言行就得合乎身分，再不要和老百姓一樣的隨隨便便。革命工作是堅苦的事業，我們今天在訓練期中，就應拋棄個人自由和一切享樂慾望，要學習吃苦養成耐勞簡樸的習慣，親愛精誠之德性。今天要從最基本的課目學起，將來出去也要從最基本的工作做起，只有這樣才合理，好高騖遠，是自取沒落的行為。第三項要求是生產化，生產就是擴大。在革命工作中，物質的生產是次要，幹部的培養，才是第一。古人說：「有人此有土，有土此有財」。又說：「人材爲事業之基」，這都是說明了生產化的重要性。我們在受訓期間，能養成節約公帑，愛惜公物，能養成主動積極合作互助，也就是生產化。

上面所說各點，便是本隊的任務與要求，希望各位同志加倍努力，達成任務。

怎樣克服工作的弱點

（對第二區隊出發工作時講）

各位同志：

少年團和義勇隊分派在閩、浙、皖以及××工作的報告，上月份的都已收齊，並經詳細看過。在這中間，看出他們在各方面都有顯著的進步，這是他們努力的收穫，也是給祖國政府及同情我們的人士一個安慰。但另一方面，還有存在著許多缺點，是需要我們在工作中去克服的。各位即將出發各地工作，我想趁此機會，提出來和大家談談。要保證一個工作的勝利，就必須正確估計主觀條件，了解世界大勢，配合工作環境，運用種種方法，爭取外力援助。這些原則，往往在平時都講到很熟，但一到工作中，運用起來就顯得不夠靈活了。這是難怪的，因爲大部份的同志參加工作不久，實際經驗缺乏，幼稚的表現，可說是必然的。只要我們肯在工作中悉心研討，是可以把它克服過來的。現在我所要對各位講的，就是告訴大家在工作中克服弱點的道理。

首先，是道德的修養。

道德的建立，人生意義的了解，是作人處事之基本要務。尤其是革命工作者，對於「四維八德」應該徹底弄清楚的，我們救國家，救民族就非從這個基本道德出發不可。一個人的生命，有精神與軀殼之分：如果我們爲國爲民，則其身雖死，而精神仍永存世間，萬古長新；反之，即生亦無意義。能夠體驗到這一層，則在身臨成敗關鍵，不會有出賣民族、背叛黨國之醜行。這個，我要求各位要牢牢記住，尤其是深入敵後、參加前線的同志。其次，在一般工作中，要能實踐「道德不怕舊，思想不怕新」的格言。因爲我們在工作中所接觸的對象，大都是過舊道德生活相當長久的，若要使我們的工作順利地展開，就得配合到他們俗習的形式，實以新的內容，把舊時的「忠於君主，孝於父母」，擴大其視角，成爲「忠於國家，孝於民族」，就是一個好例。

第二，有誠懇的心地。

一般團體裡最大的毛病是精神渙散，各自爲政，工作效率，自相對消。其病根即爲人事問題。同志間彼此猜疑，造成明槍暗箭，互相傾軋的現象。這種現象，在我們的工作單位裡，雖說不普遍，但不能說完全沒有。這就是說，我們的同志間在對人對事上，還有不能以誠懇坦白相見的地方。此後，我們必須消滅「天下老子第一」的態度和玩弄小聰明的行爲。我們要誠懇坦白，俗話說：「精誠一到，金石爲開」，「誠者成也」故「能誠心即能成事」。能誠，即能有勇而不怕，雖半夜敲門亦無可驚。我們能做到誠懇坦白，小之，可使個人心定神凝，胸懷泰然，無生意氣；大之，則使內部精誠團結，集中力量，爭取外來的同情與援助。皆以「誠」爲成事要訣之一。但要請各位注意的，這裡所講的「誠」，並非是「刻版老實」，親仇莫辨。

第三，有鎮靜的態度。

一般青年同志，最易犯的毛病，就是容易衝動，感情用事，遇到事情，自己拿不牢主張，顧不到大局，自己站在被動地位，完全受人家支配，外面雲飛霧漫，自己就興風作雨，有了這種毛病的人，雖然主觀上沒有「成事不足，敗事有餘」的意識，然而事實上已經授他人以「消耗戰成功」的機會，這是最要不得的弱點。我們的敵人正看中了這一弱點，向我們作挑撥離間的進攻，這個血的教訓必須接受。要克服，我們就應該以平時生活當作戰時看，前方生活當作後方看；有了這樣的修養，才不致臨難而倉卒，情急而失智，在敵人面前暴露機要，而致敗事，故「鎮靜」爲應急應奸的一種重要方法。懂得這用他的，就不致濫用「熱情」，廉箇「義俠」。可是，我們在運用中，必須分辨清楚：「鎮靜」不是「麻木不仁」，也不是「袖手旁觀」！

第四、是講話負責。

古語：「東村失了一條扁擔，西村以爲是造反。」這雖然是對講話誇大，不負責的譏諷，但誇大與不負責的發展，實可能產生種種毛病。我們的同志，在工作中，在學習上，均須注意實在，無根據的話不講，對朋友同志講話要守信，對老百姓士兵宣傳要真實，勿作賣狗皮膏藥的宣傳，只圖一次生意。其次，遇到老百姓士兵或台胞要求時，我們不能因爲談得興奮，感情用事，不顧系統，就代替當局，一口答允。這種幼稚作風，表現的結果，不但易失自己的威信，且會更使失望。正當的辦法，應站在第三者的立場上，盡量與之解釋或說服，在不破壞系統與權責時，在不影響政府上級威信時，估計自己或團體能力所及時，則可以允其請求，否則，除解釋原委外，可允代爲轉達上峰。這樣，便能作到「能說的便能做，做不到的就不說」，以達到真正能對上負責，對下負責。

第五，是加緊學習。

我們台灣革命中，對於祖國的文字，抗戰理論，因受日寇奴化教育的麻痺，大都是「先天不足」的，但相反的，其所負的使命都十分重大。這個矛盾，就需要我們以加緊學習來克服他，在我們工作中最重要的，就是對於三民主義的研究，每一個同志對於三民主義，要徹底了解，只有這樣，才能充實我們台灣革命的理論，豐富我們的工作。其次，就是要在祖國抗戰工作中，學習管、教、養、衛的智能。此外，少數同志間還有三種通病：一、是領袖慾：好講地位，忽視工作與修養；二、是經不起人批評：愛在背後牢騷，受不了公開批評；三、誇功耀人：愛說自己的話，不尊重他人的意見與勞績。這些，都需要我們在工作中下個最大的決心去學習，才能通過理論，表諸實踐。

第六，有耐久的精神。

刻苦與耐久，是成功立業的主要條件之一。我們台灣的地理與歷史等條件，規定了我們革命工作的艱鉅性，因此我們在平時必須養成「有恆」。對於工作，不能因工作條件順利時，就興高采烈；條件惡劣時，則心灰意懶。對於教育同志，爭取同志，也不能因對象之優劣而有冷熱病之表現。我們要持積極的態度，耐久的精神，來迎擊困難，解決困難。我們決不能向困難叩頭，要不斷的在困難中求長進，求發展！

第七，要迅速而確實。

作事要講求敏捷，又須注重實效。有些同志，對於這方面，表現得不夠。有時，在工作中抓不牢中心，往往表面上忙得非凡，而骨子裡忙不出結果。有時明明一天可作了的工作，偏偏要作兩天完成。有些作事很快，但無實效。例如：有位同志從X地寫來一個報告，說那裡台胞很多，很好，要參加隊、團，可否准許。這真叫我難以下批，「很多」、「很好」，究竟有好多，年齡若干，什麼程度，男女各多少，來到祖國好久等都沒有說明，怎麼定奪呢！類似的事情還有，這不過是前天的事，隨便拿來談談罷了。我們今後要求迅度，也要講實效。我們要有突擊的精神，能真正作到「一天當作兩天用」；同時，我們要有「尙耕耘，也要尙收穫」的態度。

第八，是節約的習慣。

台灣的革命工作是艱苦的，持久的。我們要堅持工作，負擔艱鉅，就必須學習過刻苦耐勞的生活，我們更須時刻不忘的，就是援助我革命工作的財力、勞力，是祖國同胞的血汗。爲了這，我們更應切實作到「一錢當作兩錢用，一物當作兩物用」。另一方面來說，能節省一分公帑，愛惜一份公物，就可以多開展一份工作。上月份的交通費、辦公費等都超過了預算，總合起來的數目，並不算小，這筆虧空，就得由本月的來填補，則本月份的工作，某些部門必然會受到限制。這是不好的。所以，希望各位都能養成爲公節約的習慣，我們要「用的當，省得當」。我常說：運用財物，也是我們作實際工作者不可忽視的課題，就是這個道理。

第九，要自愛愛群。

我們必先在生活上、工作上能自愛，然後能得到人家的同情與尊重；同時，個人的進步、發展，亦須以能幫助到團體的進步與發展爲原則。過去，我已說過：台灣革命的成功，不是靠一二個大學問家幹得了的——何況專爲個人打算而學成的大學問家不一定會革命呢。我們必須聯合起來所有的台胞一起來幹，才能縮短革命的過程。所以我們目前必須要肅清「潔身自愛」和「自求多福」的作風，我們要互助合作，自愛愛群，爲革命求出路，爲大衆找光明。

第十，是生活的革新。

我們須養成勤勞、節儉、簡單、樸素的習慣，掃除驕奢虛榮的頹風；要注意生活秩序，團體紀律；事事以身作則，感召同志，轉移民風。你們這次去，不管作部隊工作也好，民衆工作也好，××工作也好，如果不能作到這些，則任你有天大的本領，亦不能有所建樹，徒增前途的暗礁而已。這樣的場面，在我們同志間，有一二位是已經領教過了，今後切不可再犯。所以這次工作中，要求大家時刻注意到「生活整飭，習慣純良，精神興奮」十二個字。

上面所講的，是我們過去工作中的缺點，希望各位在這次工作中去深刻體驗，潛心修養，預祝各位帶著勝利回來！

（景華筆記）三十年十月

台湾义勇队关于调查留居福建各地台胞并勉励有志青年参与抗战的函及龙溪县政府的呈、令

一九四一年四月—五月

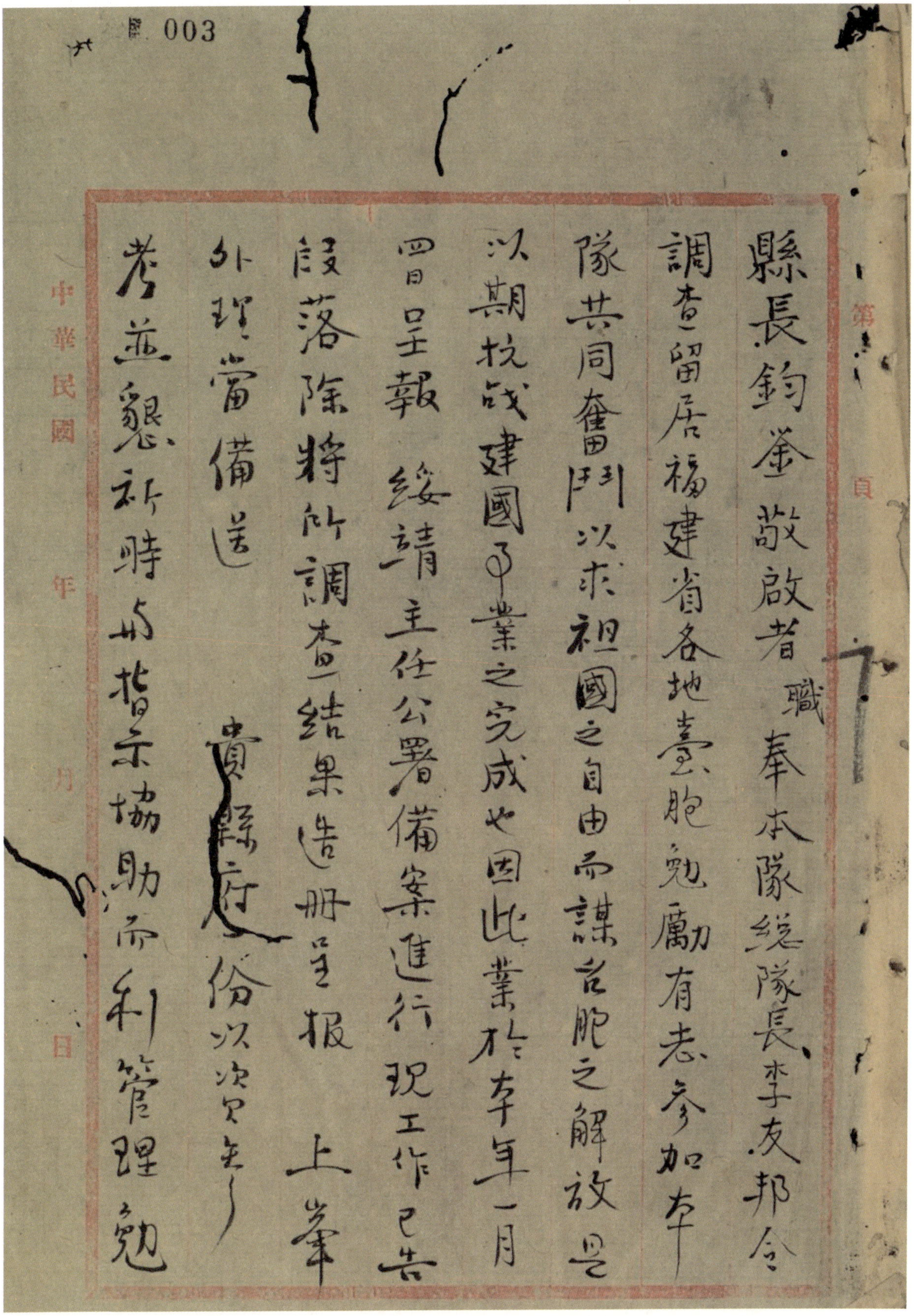
003

第　頁

縣長鈞鑒敬啟者職奉本隊總隊長李友邦令調查留居福建省各地臺胞勉勵有志參加本隊共同奮鬥以求祖國之自由而謀台胞之解放是以期抗戰建國事業之完成也因此業於本年一月間呈報　綏靖主任公署備案進行現工作已告段落除將所調查結果造冊呈報　上峯外理當備送　貴縣府　俯以資參考並懇祈時予指示協助而利管理勉

中華民國　年　月　日

台湾义勇队指导训练组组长牛光祖关于呈报留居福建各地台胞调查结果及勉励有志青年参与抗战结果给龙溪县政府的函

一九四一年四月六日

004

勵及保護，特此函請 順頌

公綏

四月六日

丘先祖 謹上

中華民國 年 月 日

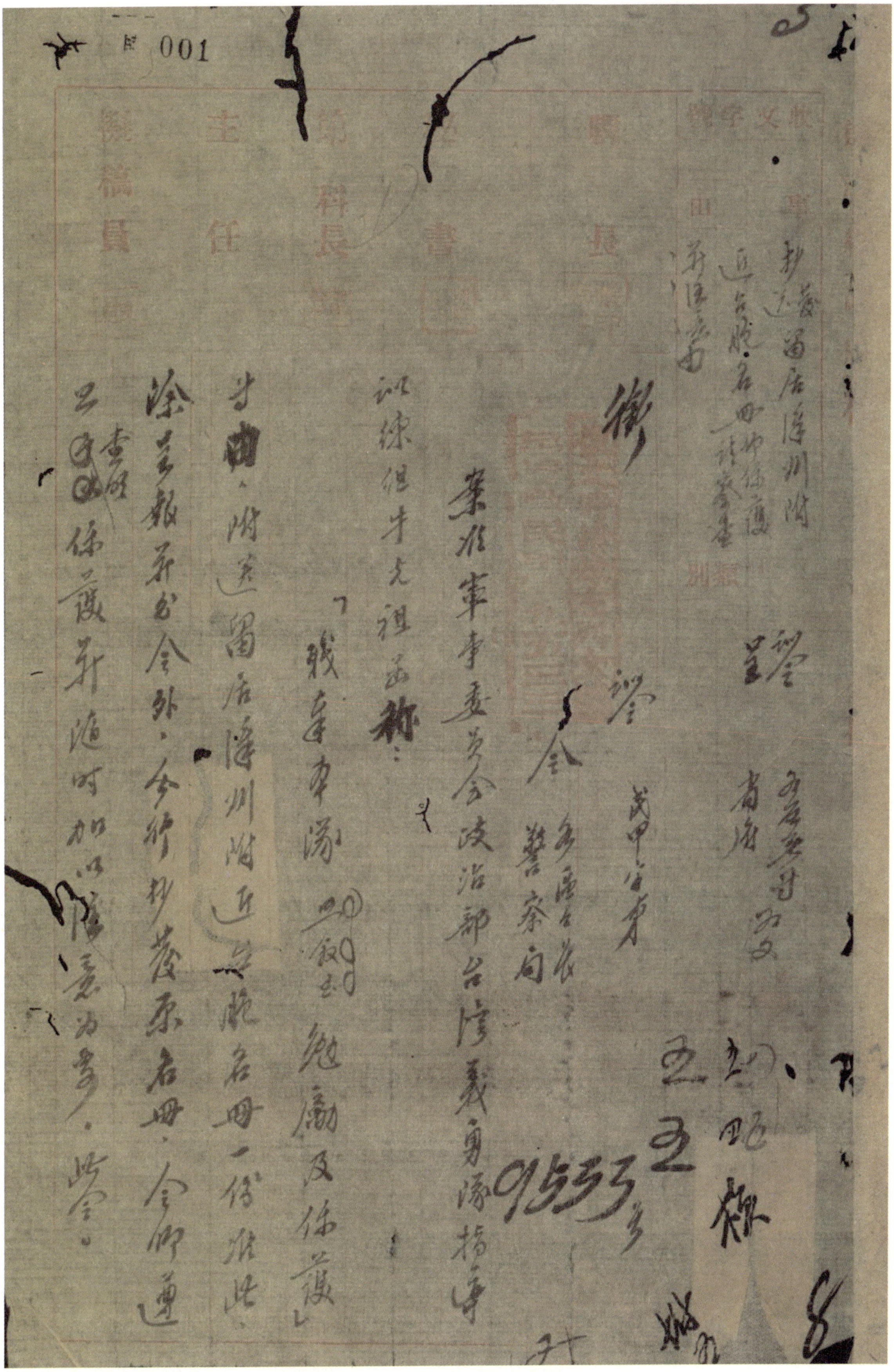

龙溪县政府关于抄送留居漳州附近台胞名册并请予以保护给福建省政府及各区长、警察局的呈、训令

一九四一年五月五日

002

计抄送原名册一份

衔

案准军事委员会政治部台湾义勇队指导训练组

华 戌甲字第 号

中央组函开：

「职奉率队四处宣传，勉励及保护之

并附：指送留居漳州附近台胞名册一份，准此，除令行该府

查照保护，并随时加以注意外，理合抄同原名册，备文

报请

鉴查。谨呈。

福建省政府主席陈

计呈抄送原名册一份

衔 印

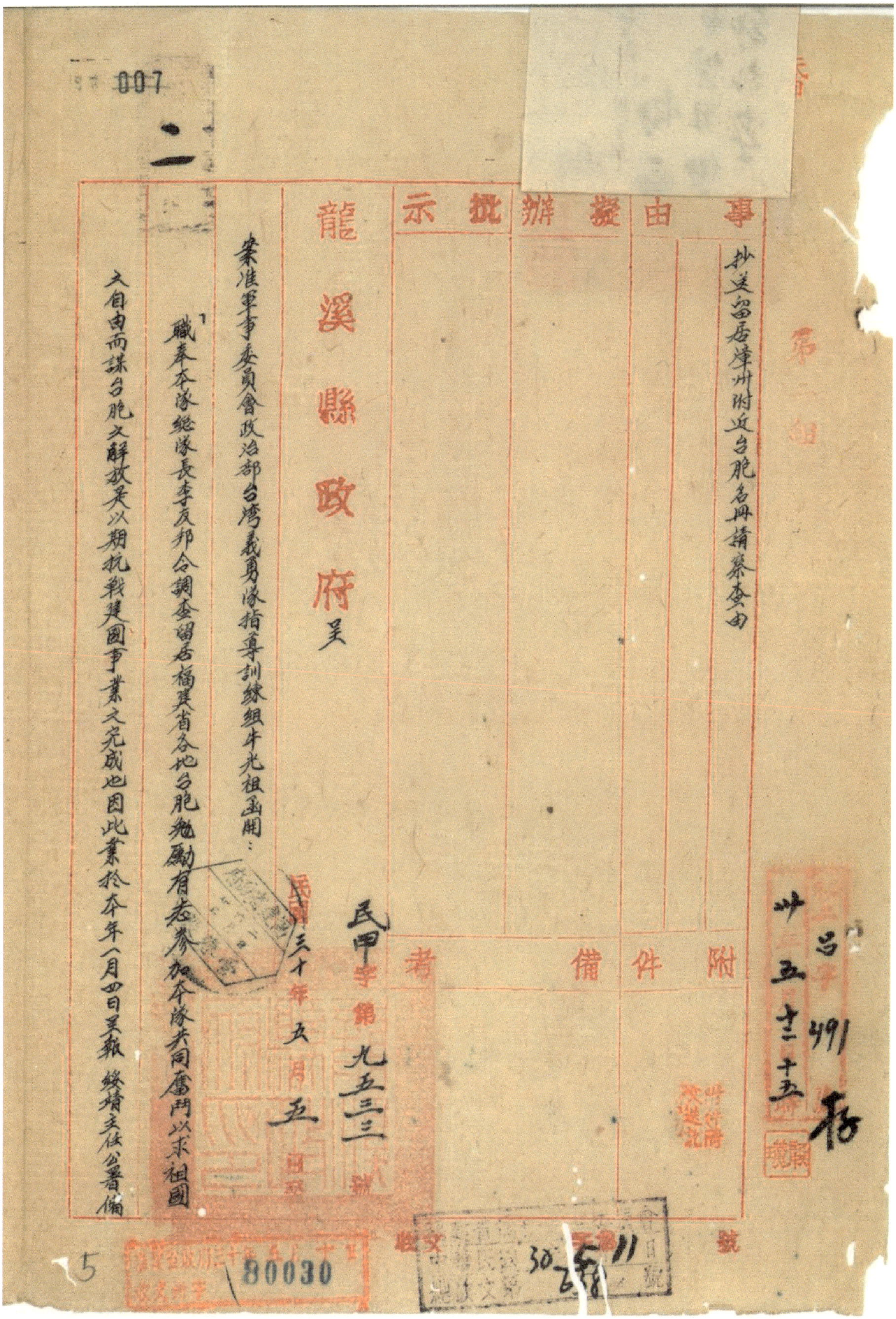

007

二

事由：抄送留居漳州附近台胞名册請察查由

擬辦

批示

龍溪縣政府呈

案准軍事委員會政治部台灣義勇隊指導訓練組牛光祖函開：

「職奉本隊總隊長李友邦令調查留居福建省各地台胞勉勵有志參加本隊共同奮鬥以求祖國

之自由而謀台胞之解放是以期抗戰建國事業之完成也因此業於本年八月四日呈報 總隊長依公署備

民國三十年五月五日

民甲字第九五三三號

附件

備考

80030

龙溪县政府关于台湾义勇队抄送留居漳州附近台胞名册并请予以保护给福建省政府的呈

一九四一年五月五日

批示

龍溪縣政府 呈

案准軍事委員會政治部台灣義勇隊指導訓練組平光祖函開：

「職奉本隊總隊長李友邦令調查留居福建省各地台胞勉勵有志參加本隊共同奮鬥以求祖國之自由而謀台胞之解放冀以期抗戰建國事業之完成也因此業於本年一月四日呈報 綏靖主任公署備

民國三十年五月五日

民甲字第九五三三號

附件 備考

本件移請
貴科核辦為荷。此致
秘二科
附[?]册 80030 總[?]件
僑委會 五、十二、

福建省僑務促進委員會

卅五 十二 十五 字491 號

80030

文號 30.5.11

008

案進行現工作已告段落俟將所調查結果造冊呈報上峯外理當備送貴縣府一份以資參考並懇祈

時與指示協助而利管理勉勵及保護」

等由，附送留居漳州附近台胞名冊一份准此，除分行所屬查明保護并隨時加以注意外理合抄同原名冊備

文報請

察查。謹呈

福建省政府主席陳

計抄送原名冊一份

龍溪縣縣長張海容

張海容印

7

台湾义勇队关于请拨发队员家属救济金与福建省振济会、崇安县政府的来往函电

一九四一年五月—八月

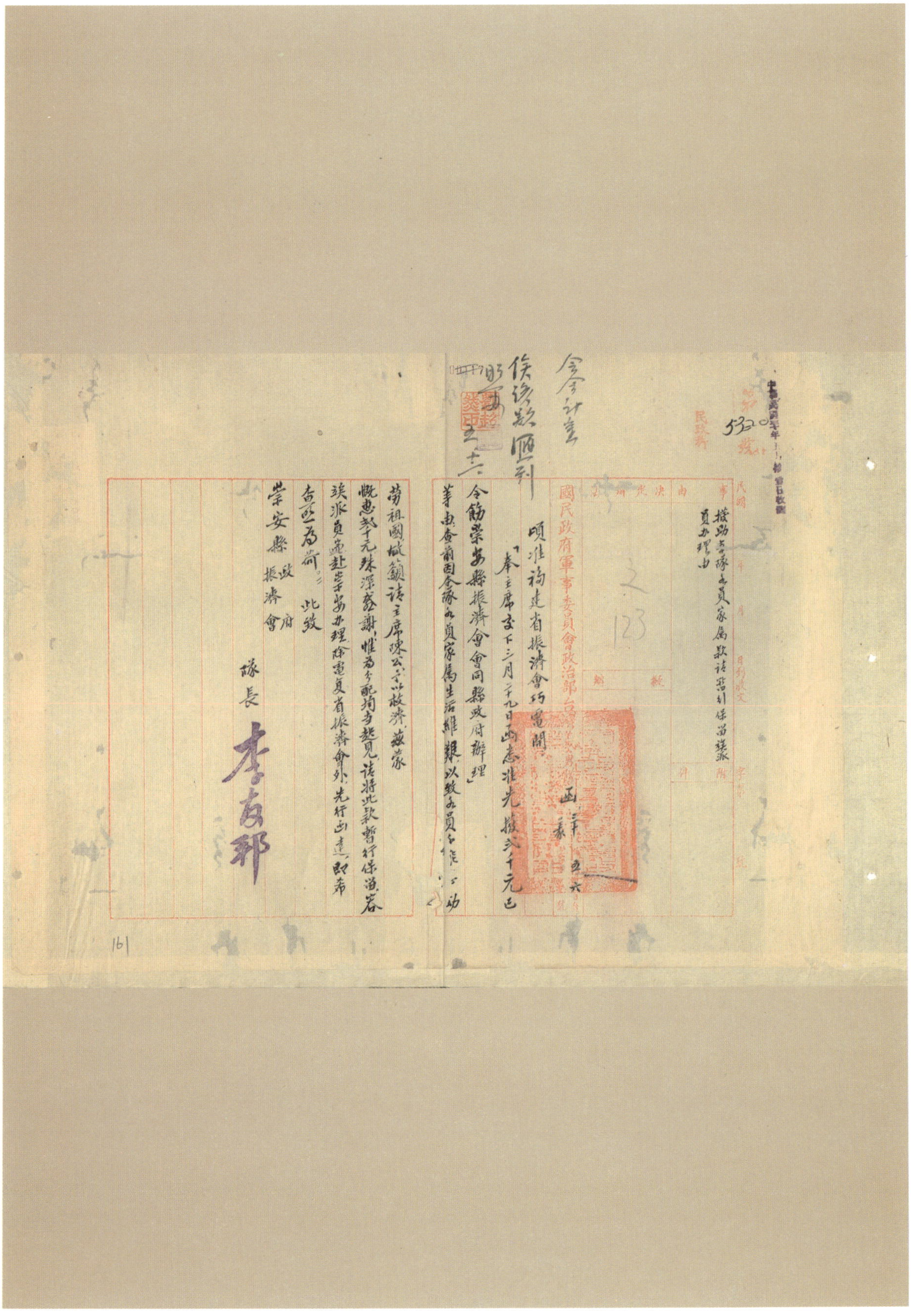

國民政府軍事委員會政治部台灣義勇隊函

事由：擬將本隊各員家屬救濟款請暫行保留派員辦理由

頃准福建省振濟會巧電開：「奉主席支下三月二十九日函，悉准先撥弍千元，已令飭崇安縣振濟會會同縣政府辦理」等由。查前因本隊各員家屬生活維艱，以致各員不能安心効勞祖國，誠籲請主席陳公予以救濟，茲蒙概惠叁千元，殊深感謝。惟爲分配均勻起見，請將此款暫行保留，容該隊派員赴崇安辦理。除電復省振濟會外，先行函達，即希查照爲荷！此致

崇安縣政府
　　振濟會

隊長 李友邦

台湾义勇队关于请暂保存队员家属救济款给崇安县政府、崇安县振济会的函

一九四一年五月六日

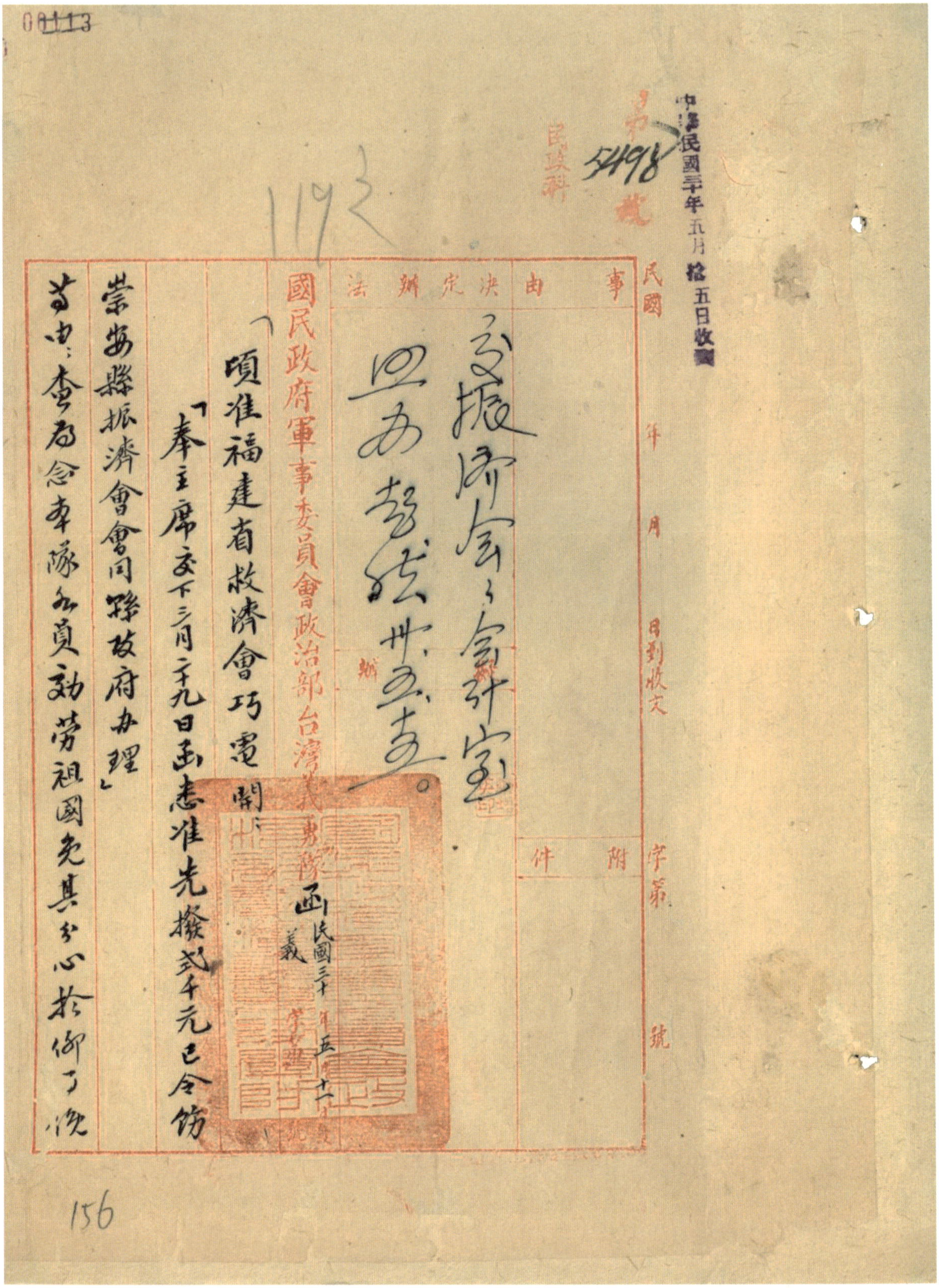
事由
决定办法
国民政府军事委员会政治部台湾义勇队函 义字第 号 民国三十年五月十一日
「顷准福建省救济会巧电开：
「奉主席交下三月廿九日函，志准先拨贰千元，已令饬
崇安县振济会会同县政府办理」
等由。查为念本队队员勤劳祖国，免其分心于御寇
附件
中华民国三十年五月拾五日收

台湾义勇队关于派员办理队员家属救济款给崇安县政府、振济会的函

一九四一年五月十一日

舊但戮力以赴，故籲請主席陳公對無員之家屬予以救濟，茲蒙慨惠，殊深感謝。惟無屬情况，非此中人，不無隔膜，為分配適當起見，特派本隊第二區隊長葉達道趨謁，并辦理此項事務，希予以便利及協助為荷！

此致

崇安縣振濟會
崇安縣政府

隊長 李友邦

157

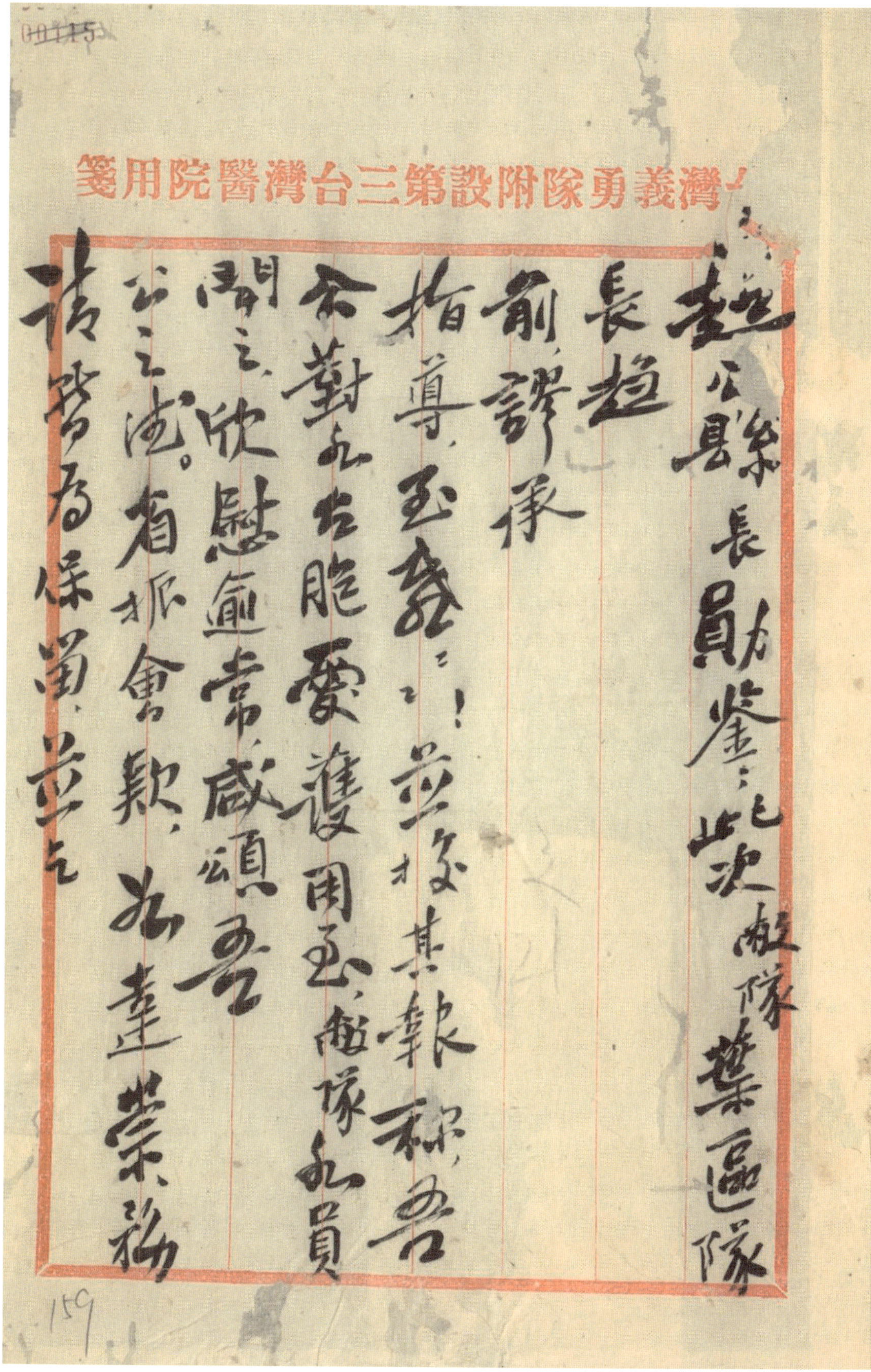
00115

臺灣義勇隊附設第三台灣醫院用箋

超然縣長勛鑒：此次敝隊葉區隊
長趙
前謁承
指導至殷殷！並據其報稱吾
公對吾台胞愛護周至，敝隊隊員
聞之，欣慰逾常，感頌
公之德。有振會款，於達崇務
請暫爲保留，並乞

159

台湾义勇队队长李友邦为请暂保留队员家属救济款给崇安县县长刘超然的函

一九四一年五月二十六日

台灣義勇隊附設第三台灣醫院用箋

示知，俾可專人赴崇辦理為感！耑達，即頌

公綏

弟李友邦謹啟

三、二八

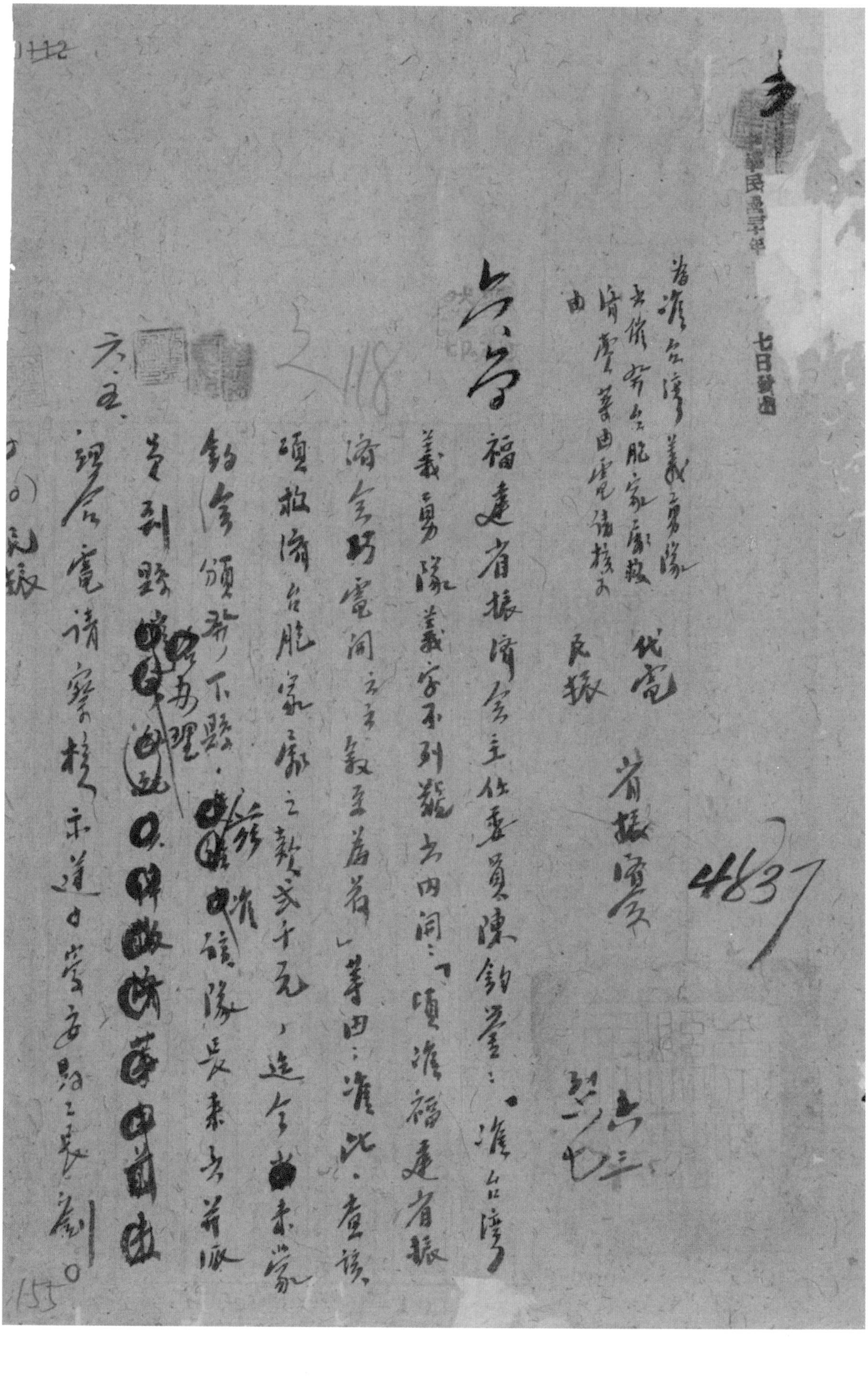

崇安县政府关于催拨台胞家属救济费给福建省振济会的代电　　一九四一年六月七日

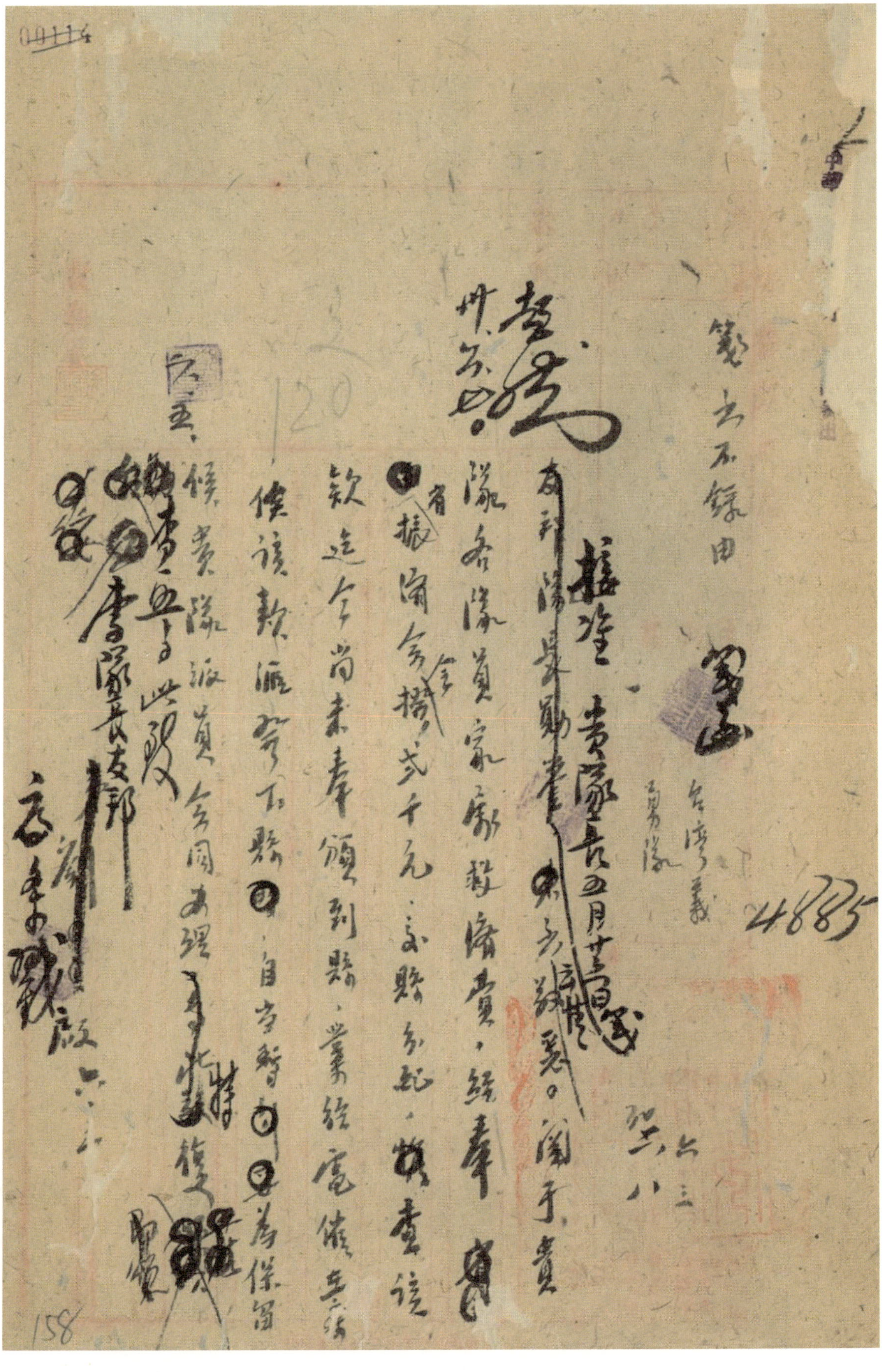

崇安县政府关于队员家属救济款迄今未拨到县给台湾义勇队的笺函　　一九四一年六月八日

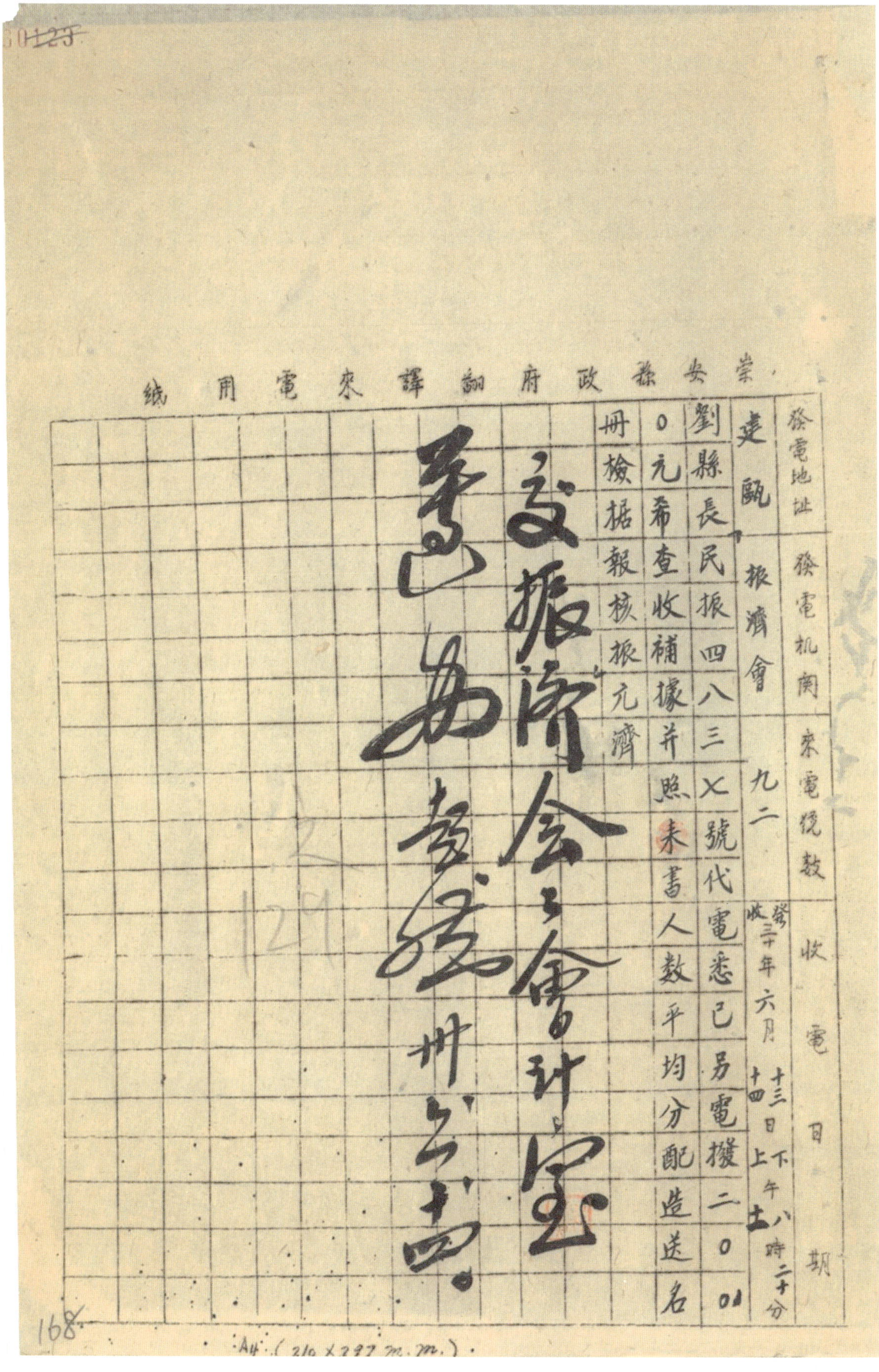

崇安县政府翻译来电用纸

发电地址	发电机关	来电号数	收电日期
建瓯	振济会	九二	发 三十年六月十三日下午八时二十分 收 十四日上午十一

刘县长：民振四八三七号代电悉，已另电拨二〇〇〇元，希查收补据，并照来书人数平均分配，造送名册，检据报核。振济会元济。

交振济会 会计室

福建省振济会关于已拨台胞家属救济金二千元给崇安县政府的电　　一九四一年六月十三日

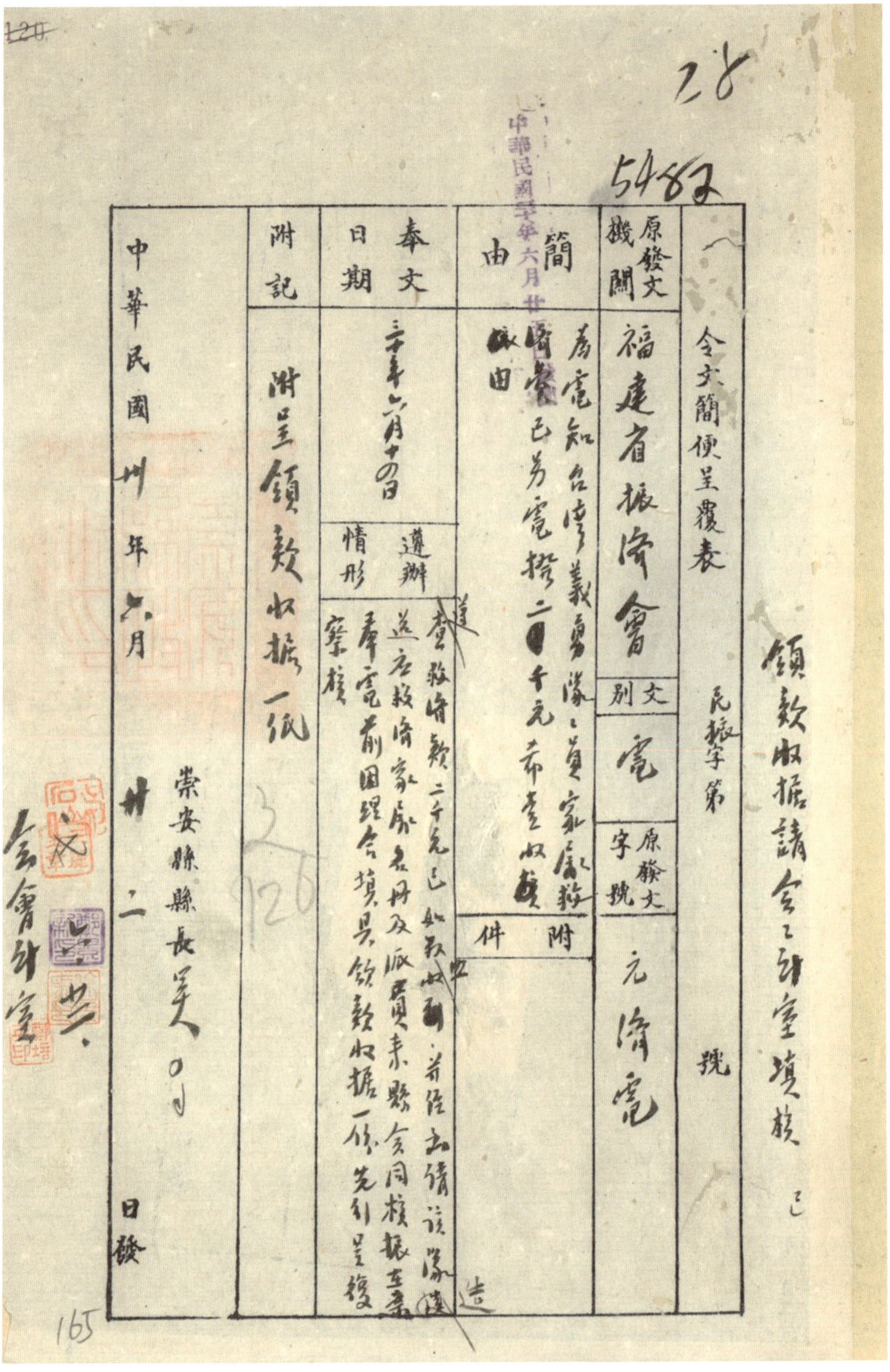
全文簡便呈覆表

民振字第　　號

原發文機關	福建省振濟會
文別	電
原發文字號	元濟電
簡由	為電知台灣義勇隊之眷家屬救濟費已另電撥二千元希查收具報由
奉文日期	三十年六月十四日
遵辦情形	查救濟款二千元已如數收到，并經函請該隊遴送應救濟家屬名冊及派員來縣會同核振在案，奉電前因，理合填具領款收據一紙，先行呈覆 察核
附件	附呈領款收據一紙
附記	

崇安縣縣長吴〇

中華民國卅年六月廿二日發

領款收據請會計室填核

會計室

崇安县政府关于先送台湾义勇队家属救济款领款收据给福建省振济会的呈复表

一九四一年六月二十二日

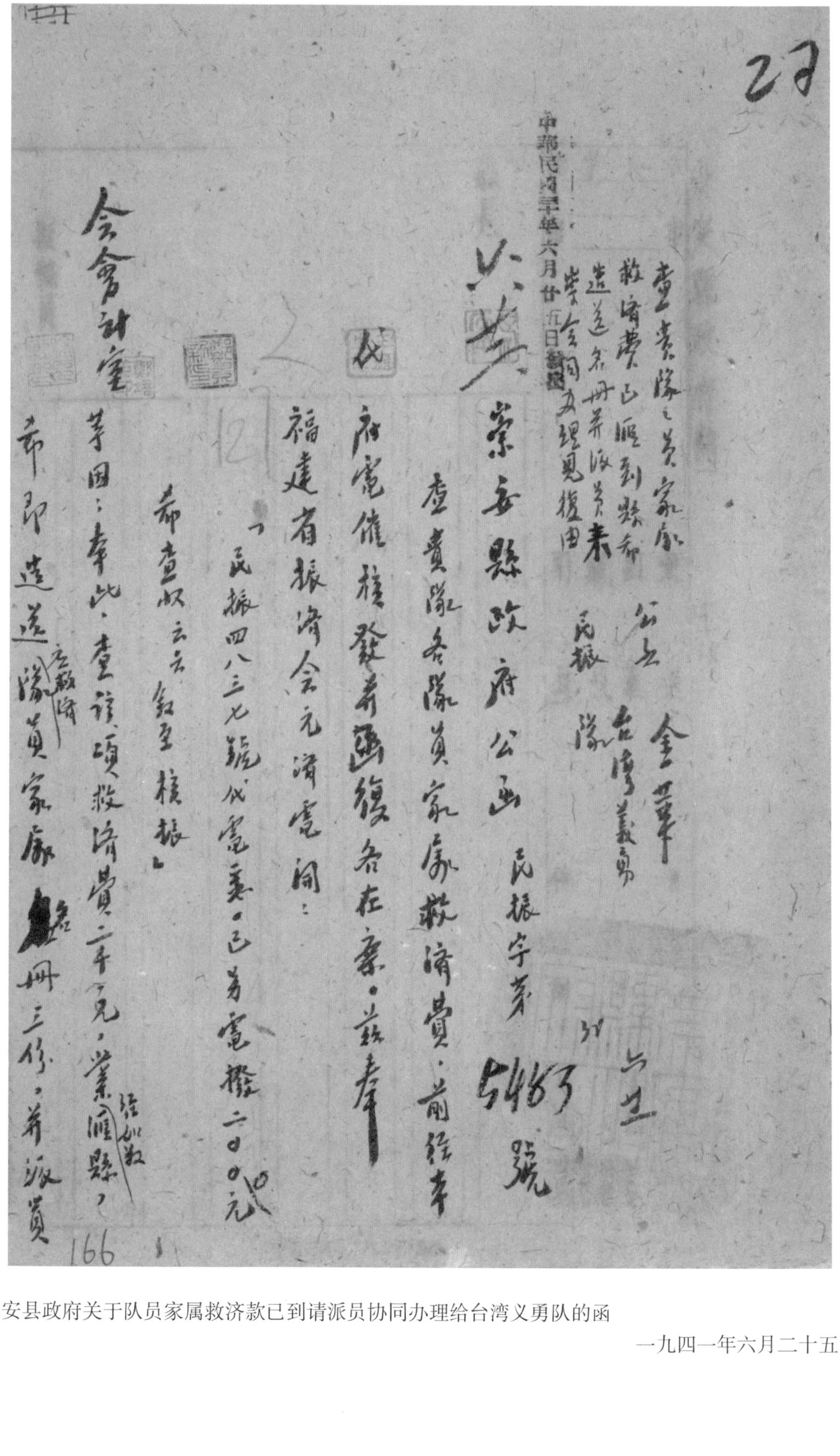

崇安县政府关于队员家属救济款已到请派员协同办理给台湾义勇队的函

一九四一年六月二十五日

來縣會同楨振，奉電開因，相應函請

查照辦理見復為荷！

此致

台灣義勇隊隊長李

縣長吳○○

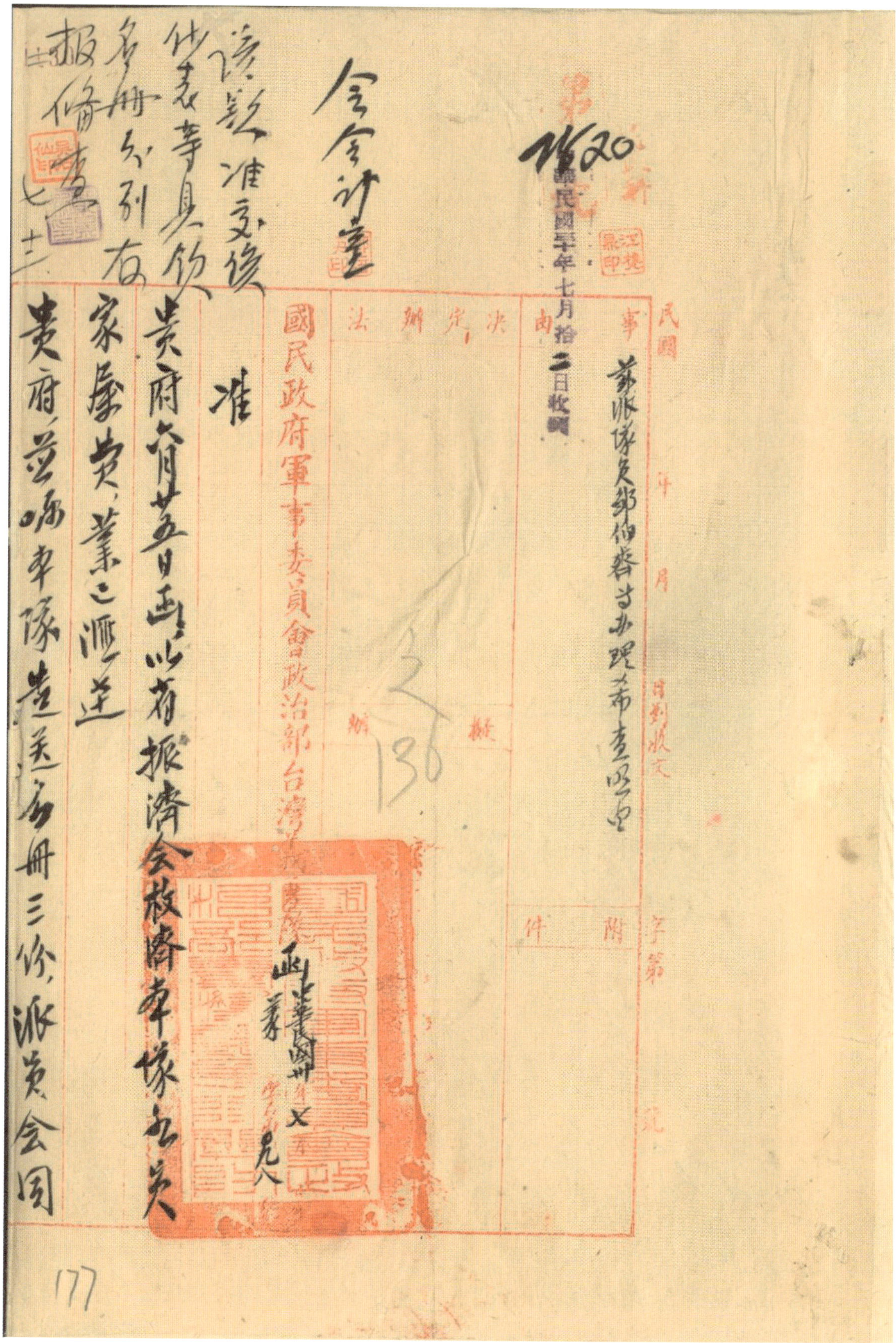

台湾义勇队关于派邹伯齐、蔡尤职前往办理拨发队属救济金给崇安县政府的函

一九四一年七月十二日

办理，等由，准此，兹派队员郑伯齐暨家属代表蔡尤戢负责在崇办理，其救济费共仟元希即交该员领取分配，至分配数量，计成人每月十二元，儿童每月八元，按月支给，相应附同名册函复，即希

查照为荷。

此致

崇安县县长吴

附名册二份

队长 李友邦

178

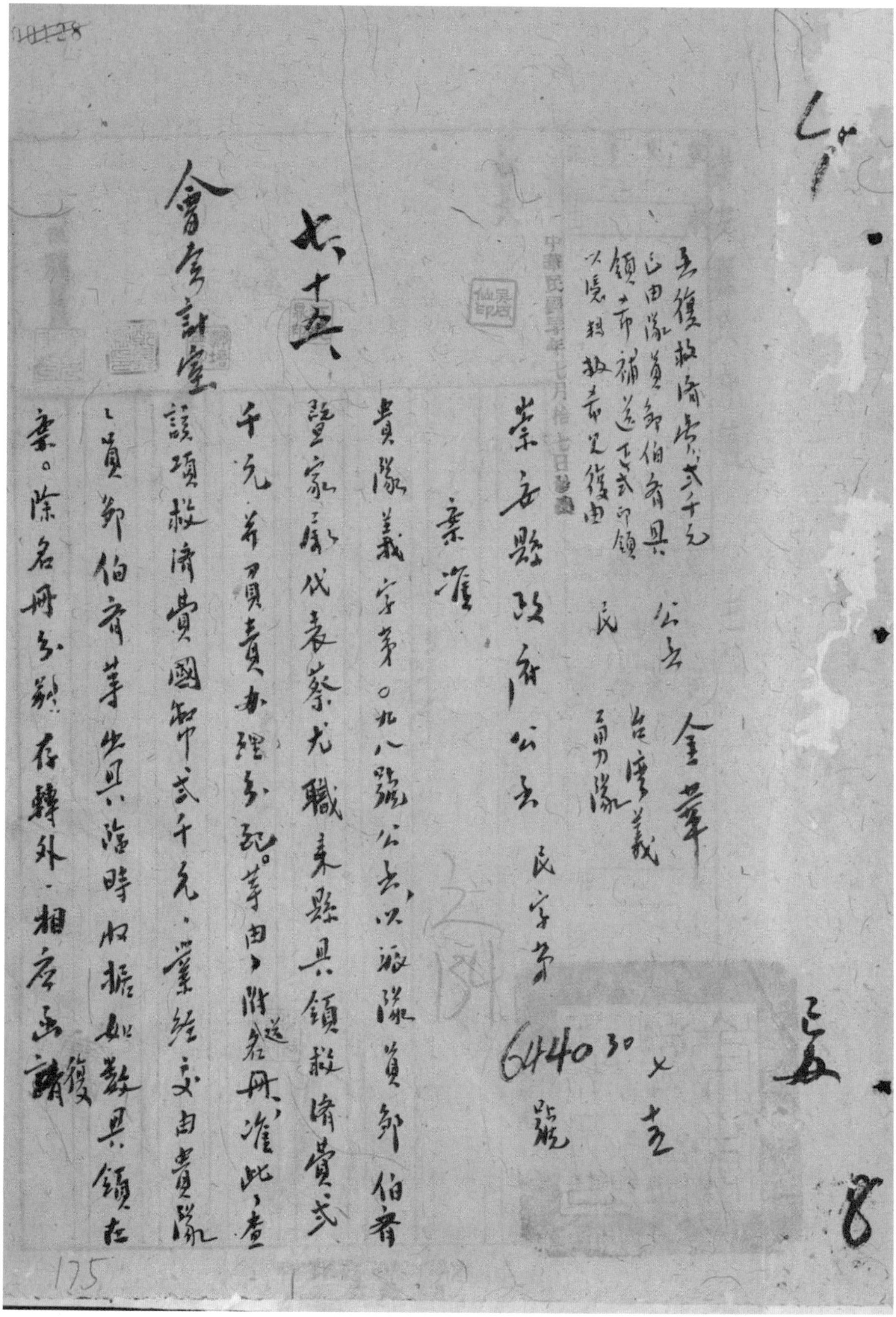
金華 台灣義勇隊 公函 民字第 6440 30 7 號

事由：為復救濟費式千元已由隊員鄭伯齊具領，希補送正式印領以憑核救希只復由

中華民國卅年七月拾七日發

崇安縣政府公函 民字第 號

貴隊義字第〇九八號公函，以該隊隊員鄭伯齊暨家屬代表蔡尤職來縣具領救濟費式千元，并負責办理各記等由，附送名冊，准此。查該項救濟費國幣式千元，業經交由貴隊隊員鄭伯齊等出具臨時收據如數具領在案。除名冊分類存轉外，相應函復，請

查照為荷。此致

長

會計室

崇安县政府关于请补送家属救济金正式印领给台湾义勇队的函　　一九四一年七月十七日

查照，希即補送正式印鑑（董委員、劉隊長及長官私章）送

府，以憑[illegible]、備核轉，仍希見復為荷！

此致

台灣義勇隊隊長李

縣長吳〇〇

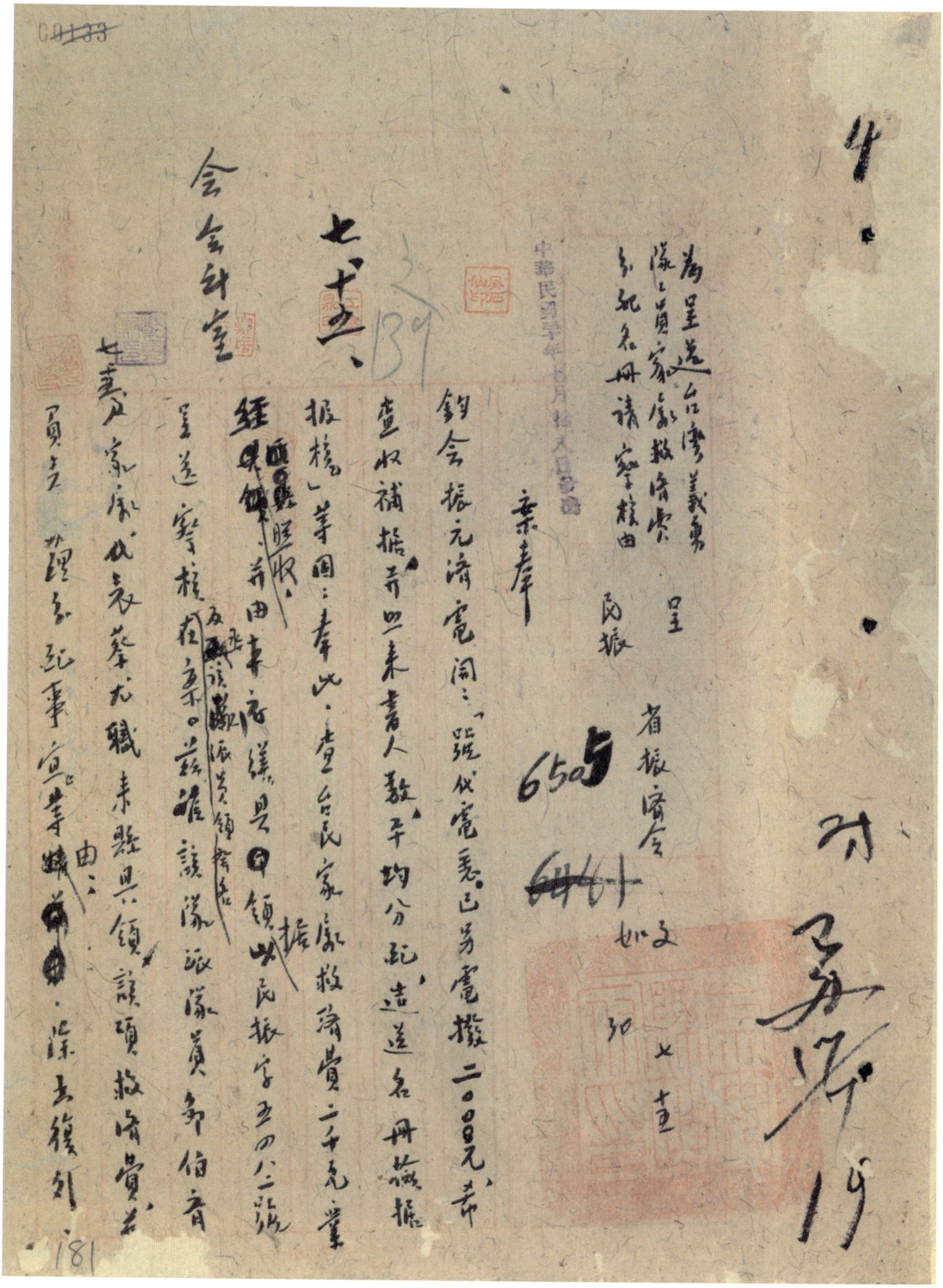

崇安县政府关于台湾义勇队队员家属救济费办理情形给福建省振济会的呈（附：台湾义勇队队员留崇家属花名册）

一九四一年七月十八日

理合檢同名冊二份，備文呈請

察核。

謹呈

福建省振濟會主任委員陳

附呈台灣義勇隊隊員家屬救濟名冊二份

崇安縣縣長吳〇〇

11135

國民政府軍事委員會政治部台灣義勇隊隊員眷屬花名册

存查 ×.十五.

3141

183

國民政府軍事委員會政治部台灣義勇隊隊員留崇家屬花名冊

姓名	性别	年齡	補助金額	備考
林淑美	女	五七	三七 七七美	
翁氏攤	女	三一	三七 七七美	
蔡攀鶯	男	八	三七 七七美	
蔡佩琼	女	六	三七 七七美	
蘇謹慎	女	三七	三七 七七美	
劉燕秋	女	八	三七 七七美	
劉燕玉	女	四	三七 七七美	
陳伴治	女	三	三七 七七美	

2142

鄧基碩	男	十一	三七	七二六
鄧新顏	男	八	三七	七二六
鄧高頌	男	六	三七	七二六
鄧安然	女	四	三七	七二六
黃啟明	男	六〇	三七	七二六
吳文敏	女	三〇	三七	七二六
黃玉燕	女	六	三七	七二六
陳　甜	女	三七	三七	七二六
曾啟祥	男	八	三七	七二六
曾啟宗	男	四	三七	七二六

185

1137

曾玉珠	女	十	三七	七二六
王氏京	女	七〇	三七	七二六
李秀錦	女	八	三七	七二六
李英華	男	六	三七	七二六
李秀欽	女	二	三七	七二六
曾雅華	女	七	三七	七二六
曾慧華	女	十五	三七	七二六
曾華明	男	六	三七	七二六
許淑娟	女	四	三七	七二六
黃宏輝	男	三	三七	七二六

之
143

186

黃宏仁	男	七	三七	七美
黃彩霞	女	四	三七	七美
蘇氏蕊	女	廿	三七	七美
林王氏	女	四九	三七	七美
林明珠	女	四五	三七	七美
蔡尤職	男	四六	三七	七美
顏鬆	女	二八	三七	七美
林秋蓮	女	四二	三七	七美
宋阿妹	女	三二	三七	七美
李家福	男	十	三七	七美

187

李秀鑾	女	九	三七	七二六
林淑惠	女	二九	三七	七二六
郭昆岳	男	九	三七	七二六
郭昆海	男	七	三七	七二六
郭燕英	女	三	三七	七二六
郭燕治	女	十六	三七	七二六
張約	女	三五	三七	七二六
黄月仙	女	十	三七	七二六
黄鍾亮	男	七	三七	七二六
李氏鑾	女	六二	三七	七二六

林美良	女	〃四	〃〃元七〇三六
鄧合宜	女	六	三七元七〇三六
鄧彩霞	女	五	三七元七〇三六
劉德炳	男	廿七	三七元七〇三六
劉蔣氏	女	四九	三七元七〇三六

以上每人應發給補助金三十七元七角零三分六厘

計五十三人共發二千元正。

189

中華民國三十年七月廿三日台湾義勇隊代表鄒伯奇
家屬代表秦允職 呈

145

190

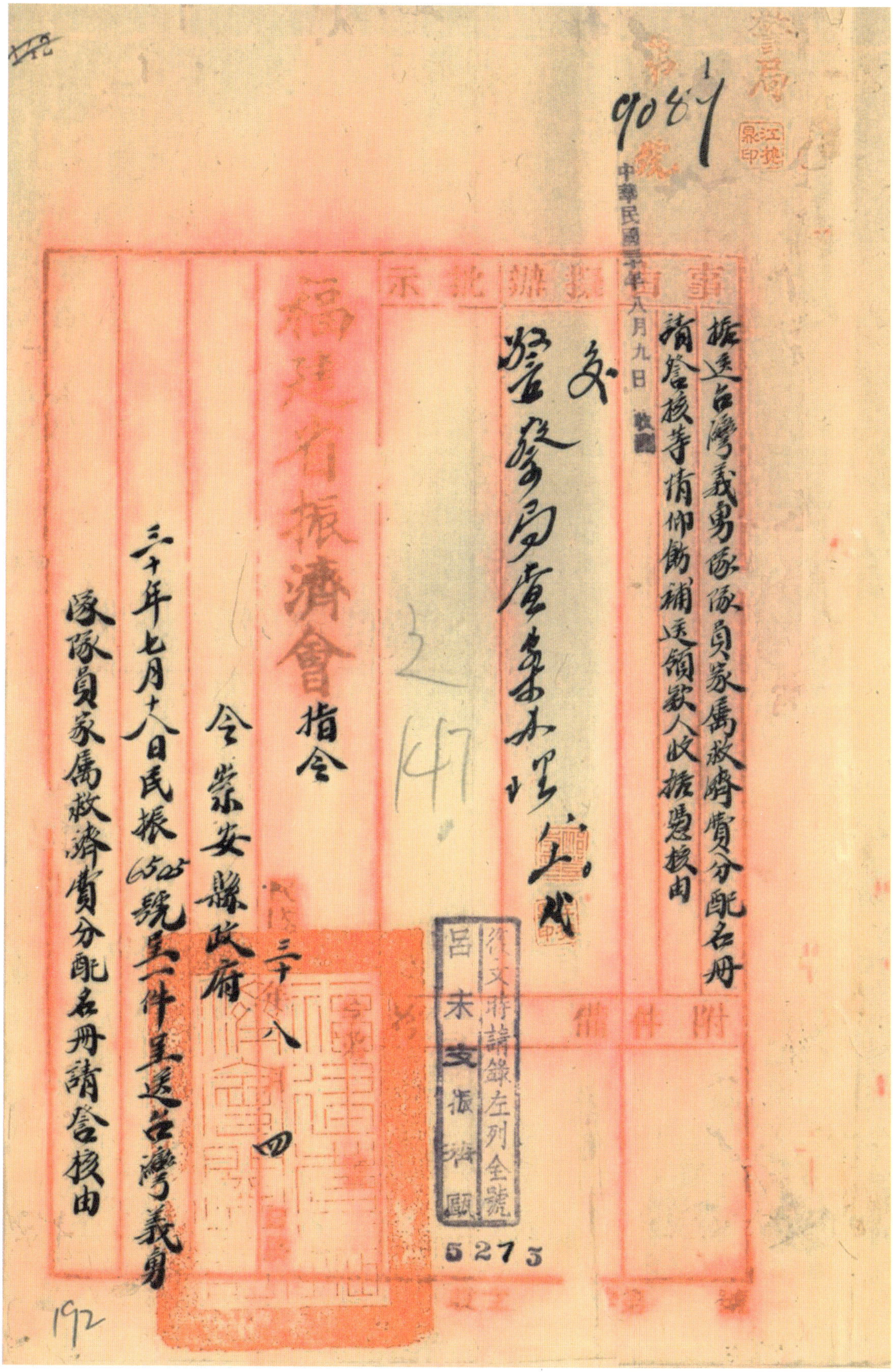
事由：振送台灣義勇隊隊員家屬救濟費分配名冊請答核等情仰飭補送領款人收據憑核由

中華民國三十年八月九日收

福建省振濟會指令

令崇安縣政府

三十年七月十八日民振6525號呈一件呈送台灣義勇隊隊員家屬救濟費分配名冊請答核由

三十 八 四

附件

從文時請錄左列全號

5273

福建省振济会关于补送台湾义勇队队员家属救济费领款人收据给崇安县政府的指令

一九四一年八月四日

呈件均悉。仰飭分别取具領款人收据呈會憑核件暫

存。此令。

兼主任委員 陳儀

校對 監印 薩兆玫

973

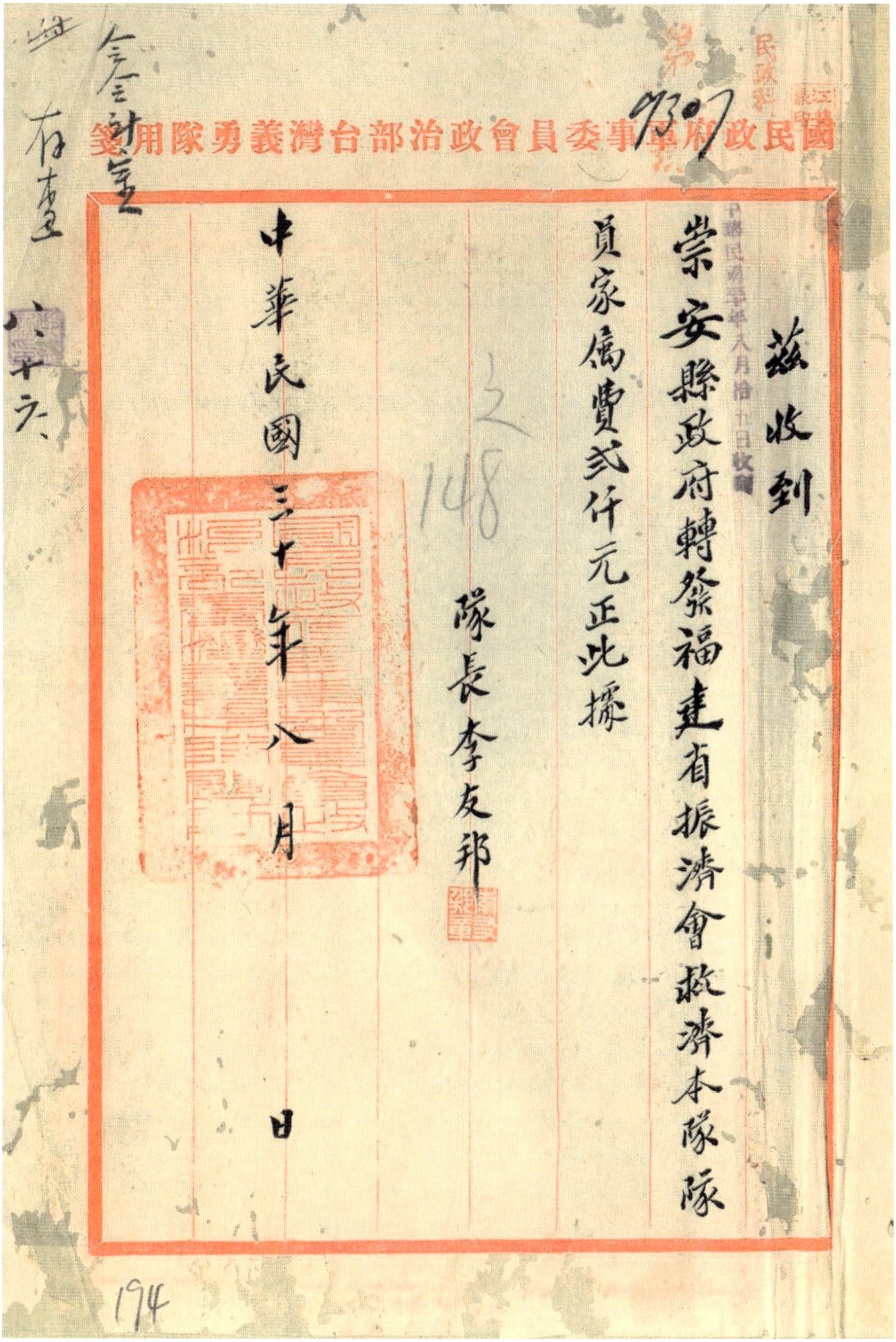

國民政府軍事委員會政治部台灣義勇隊用箋

茲收到

崇安縣政府轉發福建省振濟會救濟本隊隊員家屬費貳仟元正此據

隊長李友邦

中華民國三十年八月　日

台湾义勇队领到崇安县政府转发省振济会救济队员家属费二千元收据

一九四一年八月十五日

福建省第五区保安司令部及龙溪县政府关于台湾义勇队在龙溪县设立驻闽通讯处请予以协助的电、令

一九四二年一月

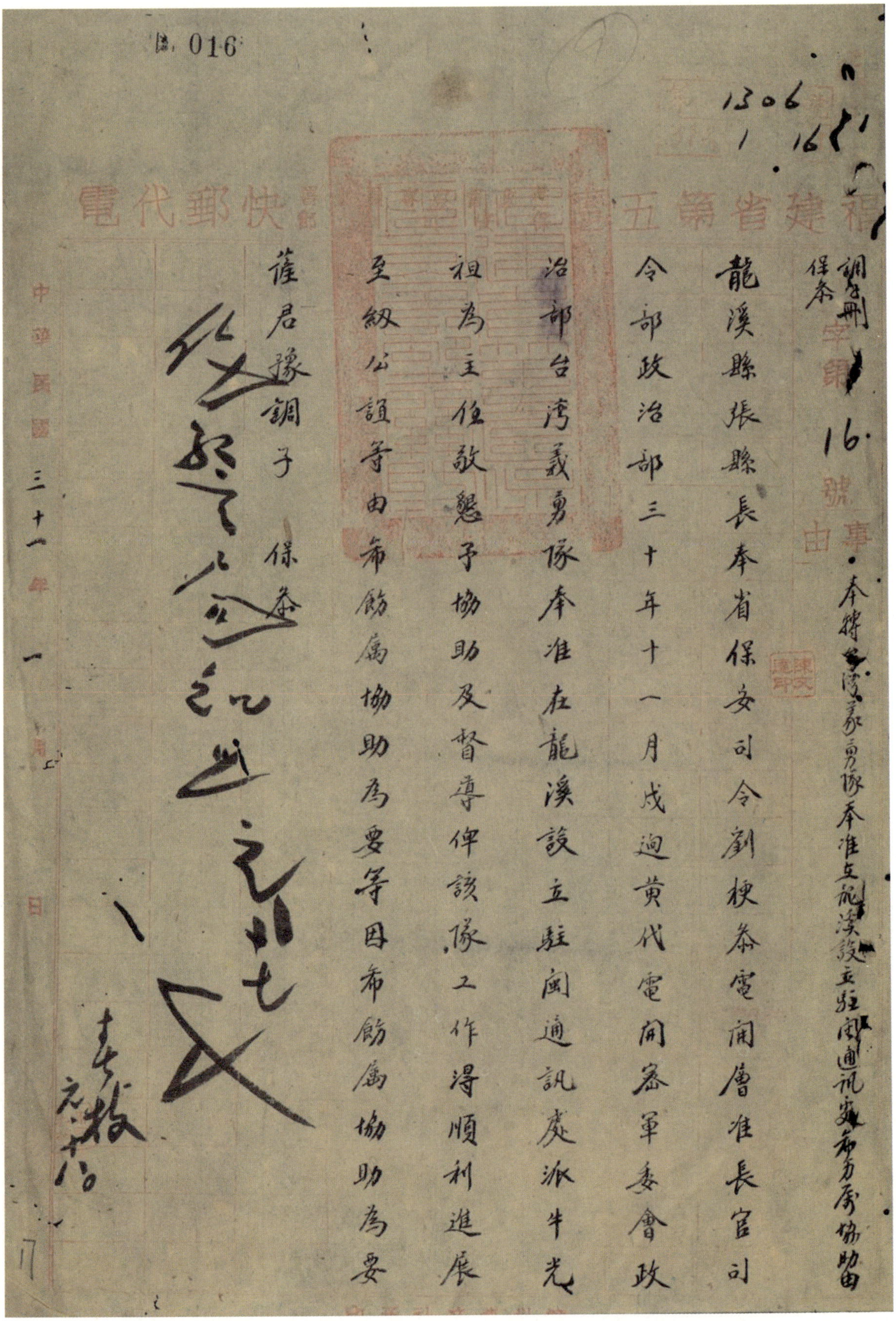

福建省第五區保安司令部快郵代電

調字第16號 保叅

事由：本據台灣義勇隊奉准在龍溪設立駐閩通訊處希予協助由

龍溪縣張縣長：奉省保安司令劉梗叅電開：「奉准長官司令部政治部三十年十一月戌迥黄代電開：『案准軍委會政治部台灣義勇隊奉准在龍溪設立駐閩通訊處，派牛光祖為主任，敬懇予協助及督導，俾該隊工作得順利進展，至級公誼』等由，希飭屬協助為要等因，希飭屬協助為要。」

薩君豫 調子 保叅

中華民國三十一年一月 日

福建省第五区保安司令部关于台湾义勇队在龙溪县设立驻闽通讯处请予以协助的代电

一九四二年一月十五日

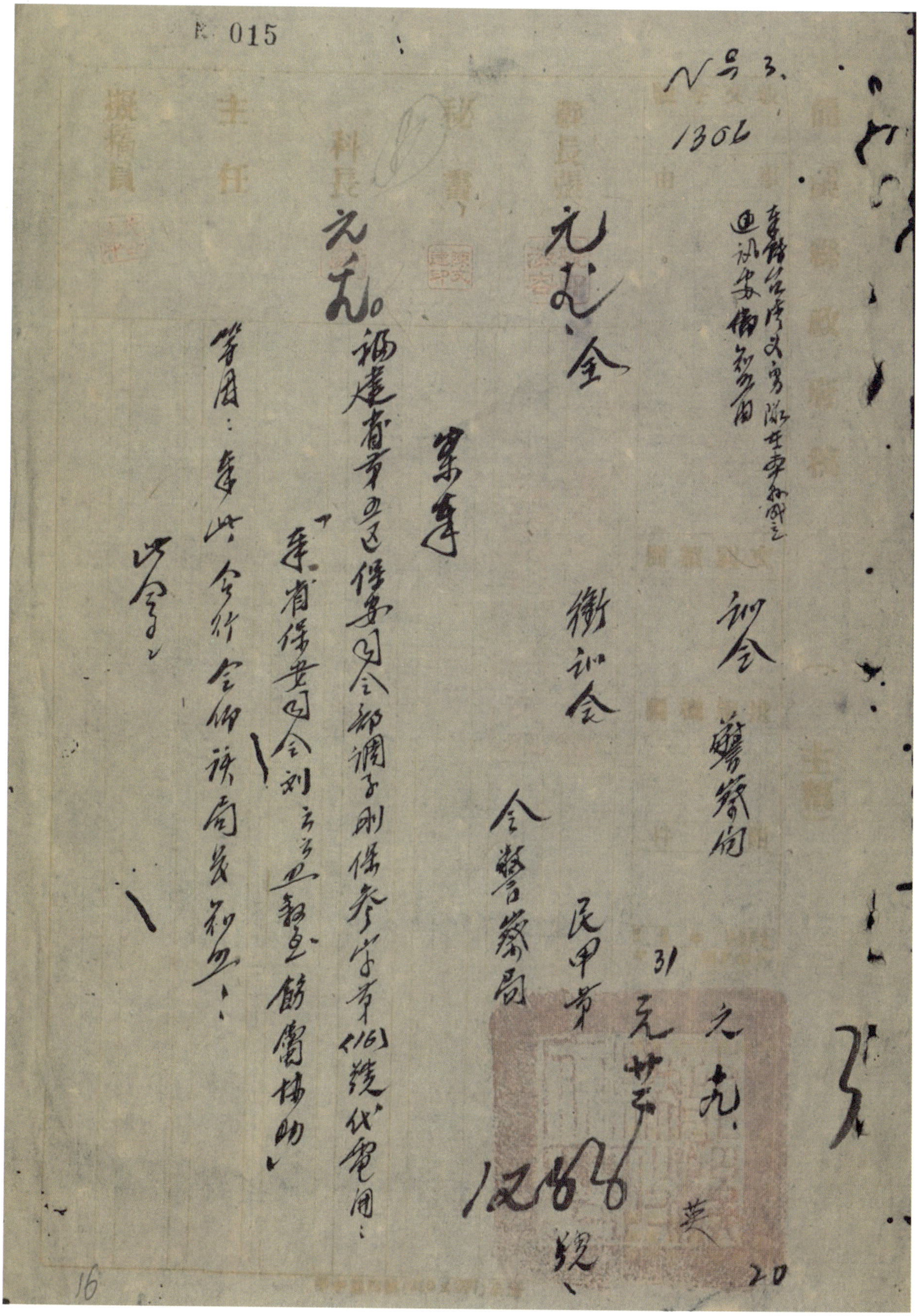

龙溪县政府关于台湾义勇队成立驻闽通讯处给龙溪县警察局的训令　　　一九四二年一月二十二日

福建省政府秘书处关于台湾义勇队队员眷属可否迁移永安给福建省保安处的函

一九四二年七月一日

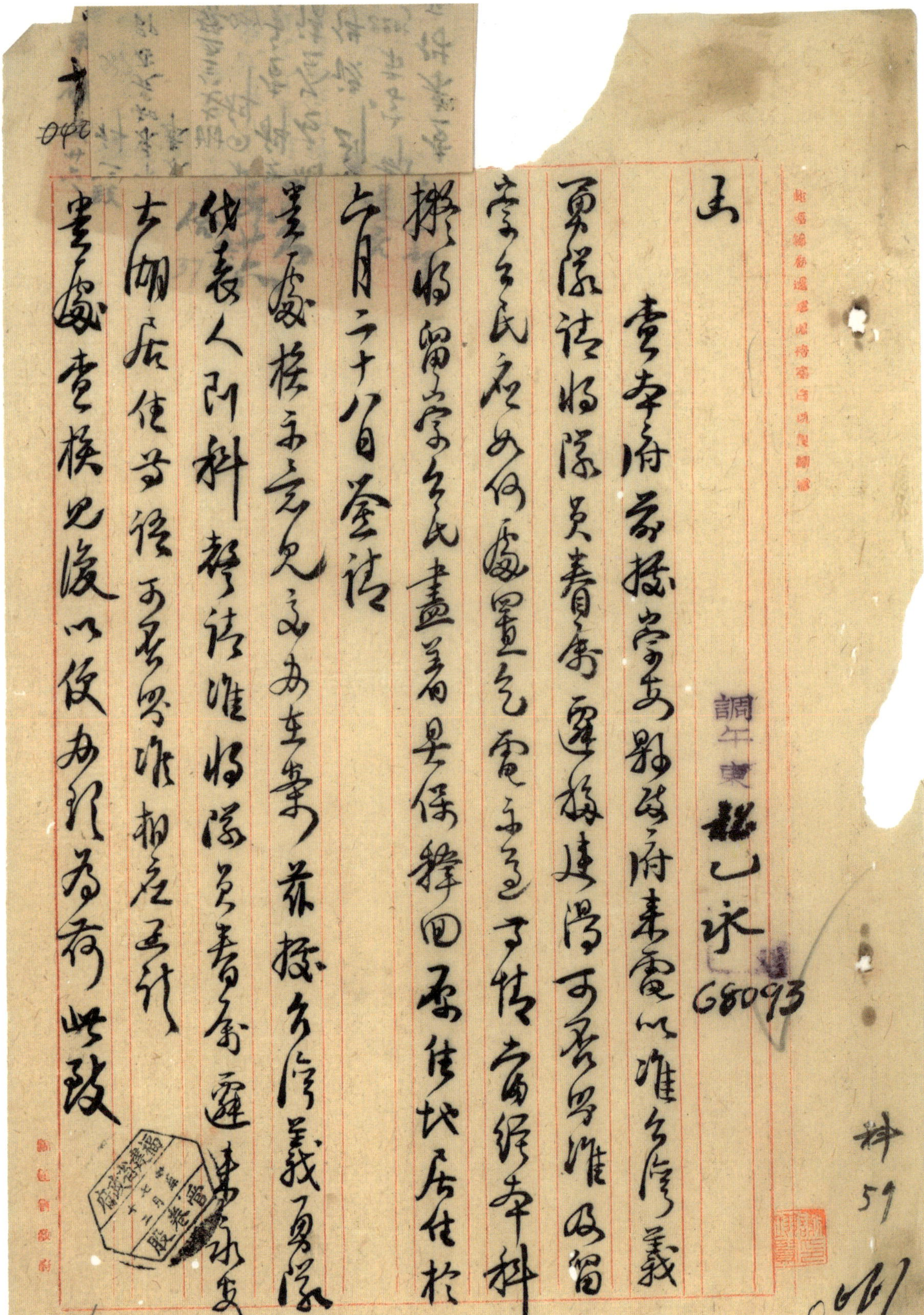

查本府前据崇安县政府来电以准台湾义
勇队请将队员眷属迁移建阳可否照准及留
崇台民应如何处置乞电示遵等情当经本科
拟将留崇台民尽着县保释回原住地居住於
六月二十日签请
贵处核示意见去后兹未奉复 兹据台湾义勇队
代表人所称 请准将队员眷属迁移永安
本府居住可否照准相应函请
贵处查核见复以便办理为荷 此致
王

调午东 秘 永
68093

福建省政府秘书处关于台湾义勇队队员眷属可否迁移永安给福建省保安处的函

一九四二年七月一日

迳

查本府前据台安县政府来电以准台湾义
勇队请将队员春甫逮捕送渝可否准予留
台民应如何处置乞电示等由当经本科
函复保释回原籍居住於
在案兹据台湾义勇队
准将队员春甫逮捕来渝
究作相应函达
贵处查核见复以便办理为荷此致

调午东 林 承
68093

科 57
0401

查来件所云四月十日治字第一二二〇五号代电，未论是否
贵室经办，相应签请
查示为荷。此致
府秘书室
附七八三五号收文一件
秘二科 启 五.廿六

阅来奉
发下未知是否即系所查之件相应签复此致
秘二科
秘四科 启 五.廿六

調午東 松山 永 G8093

王

贵本府前据台安县政府来电以准台湾义

勇队请将队员黄奋远移送漳州可否照准及留

台之民众如何处置乞电示遵等情当经本科

[illegible]是否系释回原籍居住於

[illegible]在案兹据台湾义勇队

[illegible]准将队员黄奋远东移交

[illegible]即作相应函复

贵府查核见复以凭办理为荷 此致

查来件所云四月十一日治智
一部字第2205號代電本科未
奉到该件系由何处承办

本件所云四月十一日治智一部字第2205號代電查收文挂號簿並無登記此件惟於五月五日曾收重慶郵政信箱第二零一號之六未函一件經將原封呈
閲未奉
發下未知是否即係所查之件相應答復此致
秘二科
秘四科啟 五卅六

科 57

0401

36

王

調午東 總 收 68093

貴本府前據崇安縣政府來電以准台灣義
勇隊請將該隊員青年處羅遠擔速湯可否予准及留
崇安民居如何處置乞電示遵等情當經本科
[illegible]以為是係釋回原住地居住於
[illegible]在案並據台灣義勇隊
[illegible]惟將該隊員青年處羅遠東[illegible]永安
本明居住可否予准相應函請
貴處查核見復以便辦理為荷此致

查一來件所云四月十一日佔福一部字第2205號代電，本科未見到，該件係台灣何處承办，應簽請
本科查示為荷此致
第四科
卅七七八三五號收文一件 秘二科啓 五/五

科 59

0421

36

047

保安处

秘书处第二科（谢南光印）启 卅、七、六

40

崇安县垦务所关于处理台民前往金华参加台湾义勇队等异动给督垦员及崇安县政府的指令、函

一九四二年七月七日

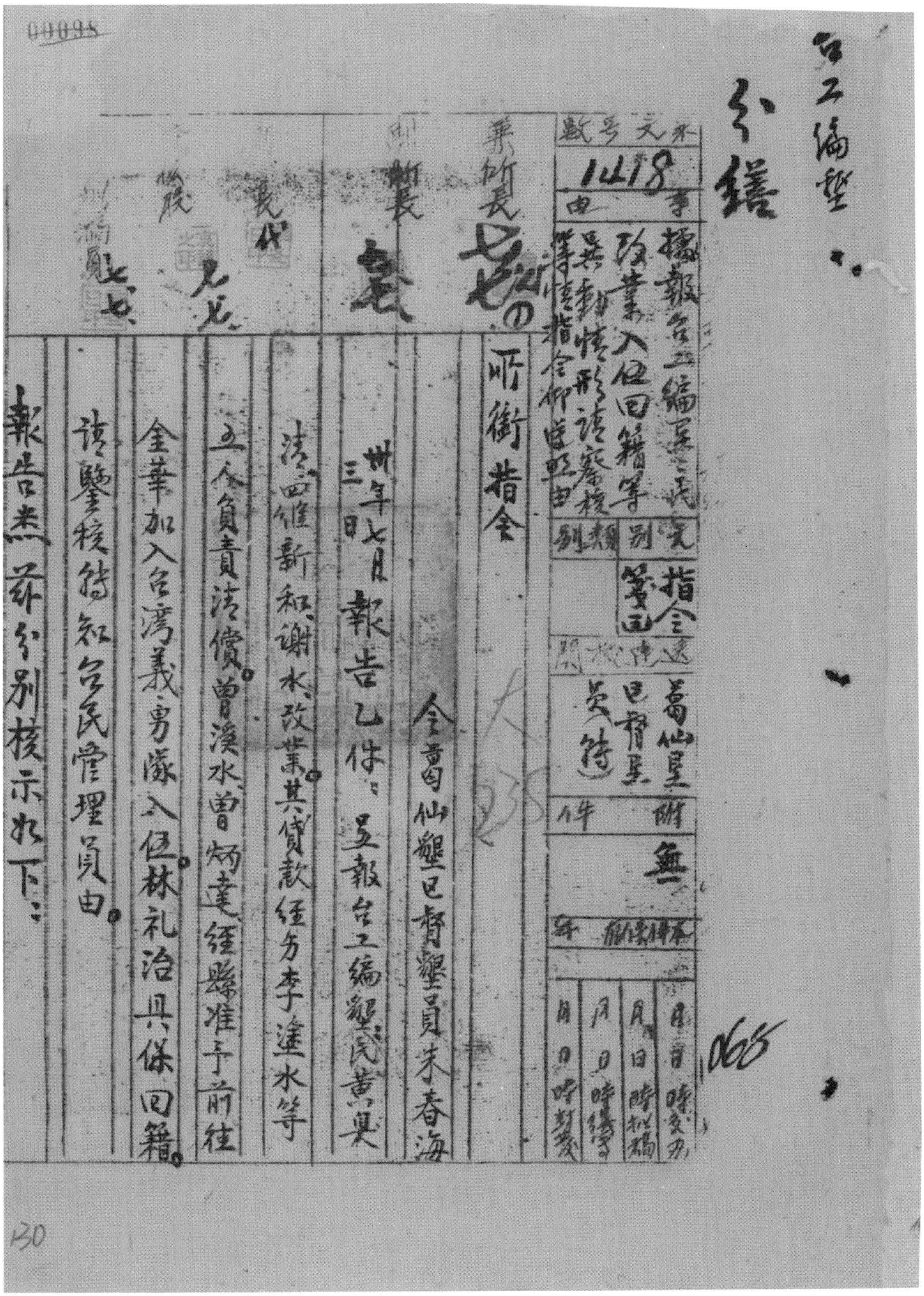

崇安县垦务所关于处理台民前往金华参加台湾义勇队等异动给督垦员及崇安县政府的指令、函

一九四二年七月七日

奠清等三人自願退還敵業應予照准其貸款姑准李

逢水等五人負責清償仰飭令出具連環保結限期負

責清還並將保結呈副備案

2. 曹溪水曾炳達等愛國心切經聯核准前往金華參加台

灣義勇隊入伍應准備查所貸款項仰將處理情形另案

呈報以憑核辦

3. 准函知台民管理員予

以上三點仰即遵照為令。二

（二）

又訪衛箋函（箋函不錄由）

逕啓者茲據本訪督導員朱春海七月三報告稱：

131

查本墾區台工編組之民黃奥清、羅維秋、和謝水等三人耕作能力薄弱，退墾改業，曾溪水、曾炳達經崇安縣政府准予前往金華加入台灣義勇隊，又何林礼治具請回籍請鑒核事，関台籍擬請准予轉知台民管理處」

等情，據此，應准照辦，并指令知照外，相應轉請查照為荷。

此致

崇安縣政府 [illegible]

銜

○月○日

福建省政府、台湾义勇队等关于保释陈秋云的函、令

一九四二年十一月

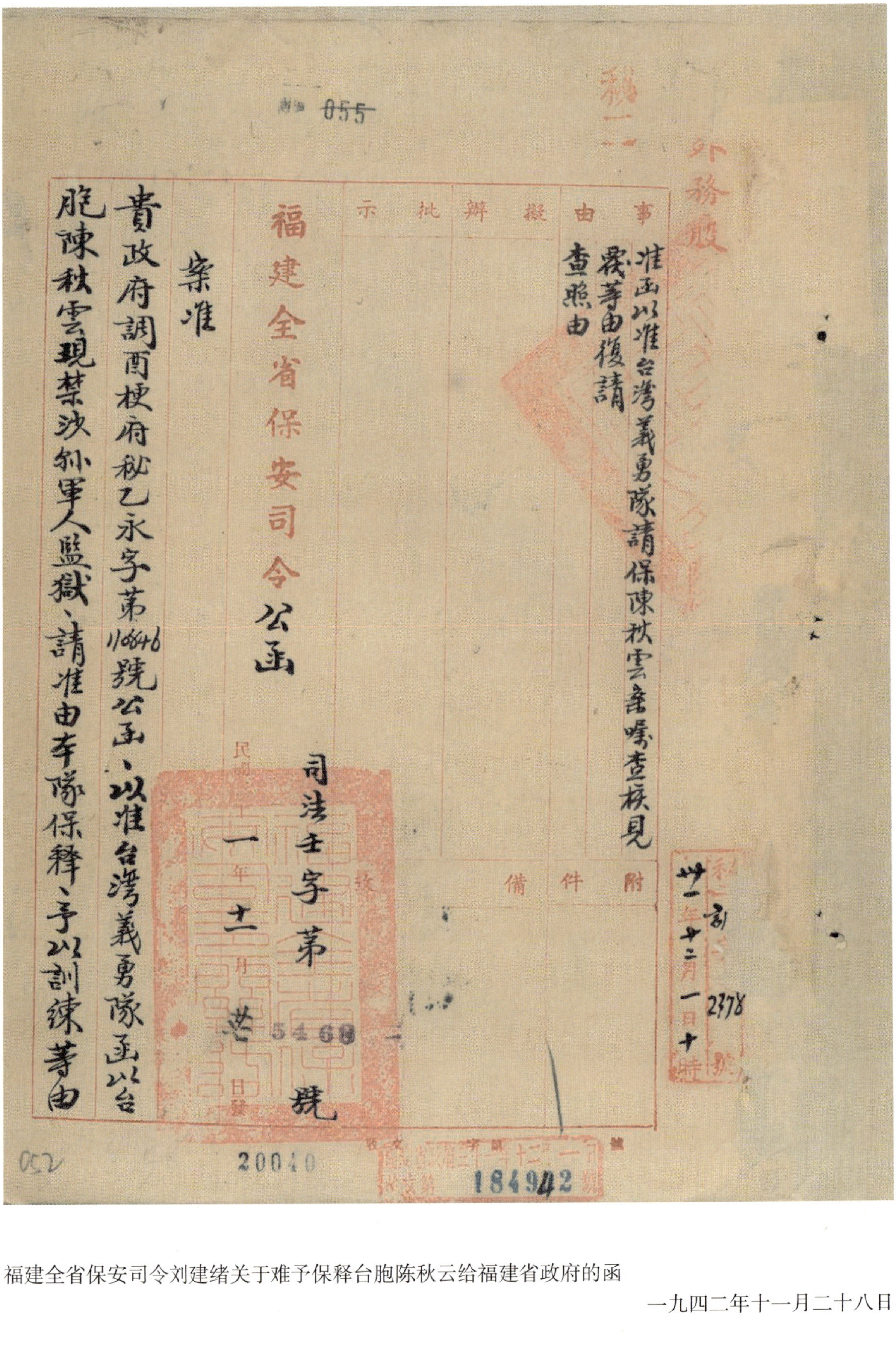
外務股
秘一一
055

事由	准函以准台灣義勇隊請保陳秋雲查核見覆等由復請查照由
擬辦	
批示	
附件	
備	

福建全省保安司令公函 司法壬字第 號
民國卅一年十一月 日發
5468

案准
貴政府調酉梗府秘乙永字第11646號公函，以准台灣義勇隊函以台胞陳秋雲現禁洪㳌軍人監獄，請准由本隊保釋，予以訓練等由

卅一年十二月一日十時 2378
20040
184942
052

福建全省保安司令刘建绪关于难予保释台胞陈秋云给福建省政府的函

一九四二年十一月二十八日

〻函囑查核办理見覆等由〻准此、查該陳秋雲前因刺探軍情、於二十七年七月二十三日經前駐閩綏靖主任公署發交保安處轉送軍人監獄監禁、俟抗戰完畢後再行核办在案、自難准予保釋、相應備函復請

查照！此致

福建省政府

兼司令 劉建緒

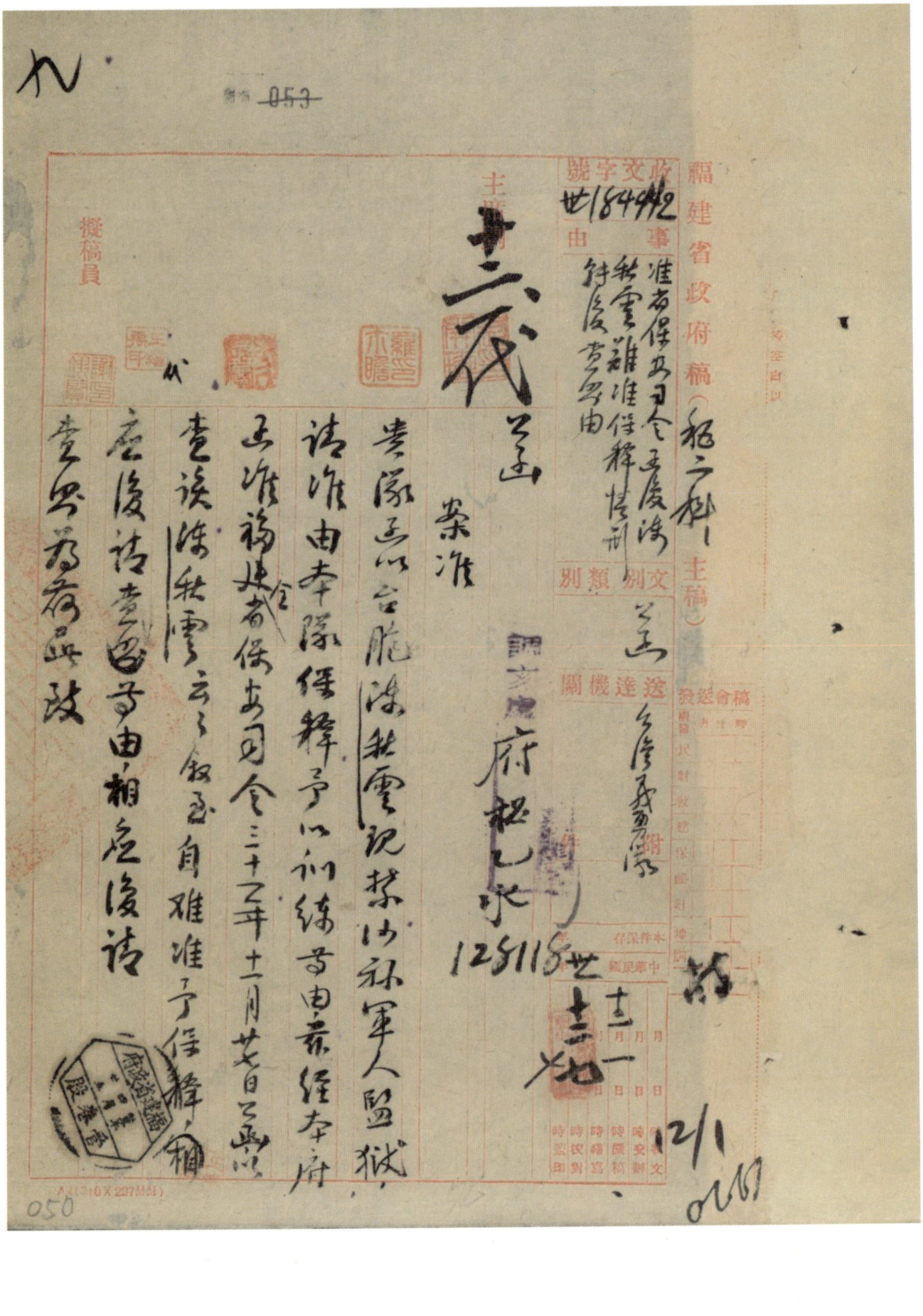
福建省政府稿（秘六科主稿）
政文字号：世18494(2)
事由：准省保安司令函复陈秋云难准保释情形转复查照由
文别：函
送达机关：台湾义勇队
府秘乙永 1251115世
十二 七

十二代函
案准
贵队函以台胞陈秋云现拘押补充军人监狱，请准由本队保释予以训练等由，兹经本府函准福建省保安司令（全衔）三十一年十一月廿日函以：查该陈秋云一案，函自难准予保释，相应复请查照等由，相应复请
查照为荷。此致

福建省政府关于台胞陈秋云难准保释情形给台湾义勇队的函

一九四二年十二月七日

054

國民政府軍事委員會政治部台灣義勇隊

福建省政府

051

台湾义勇总队吴青东的委任文件

一九四三年一月—一九四九年六月

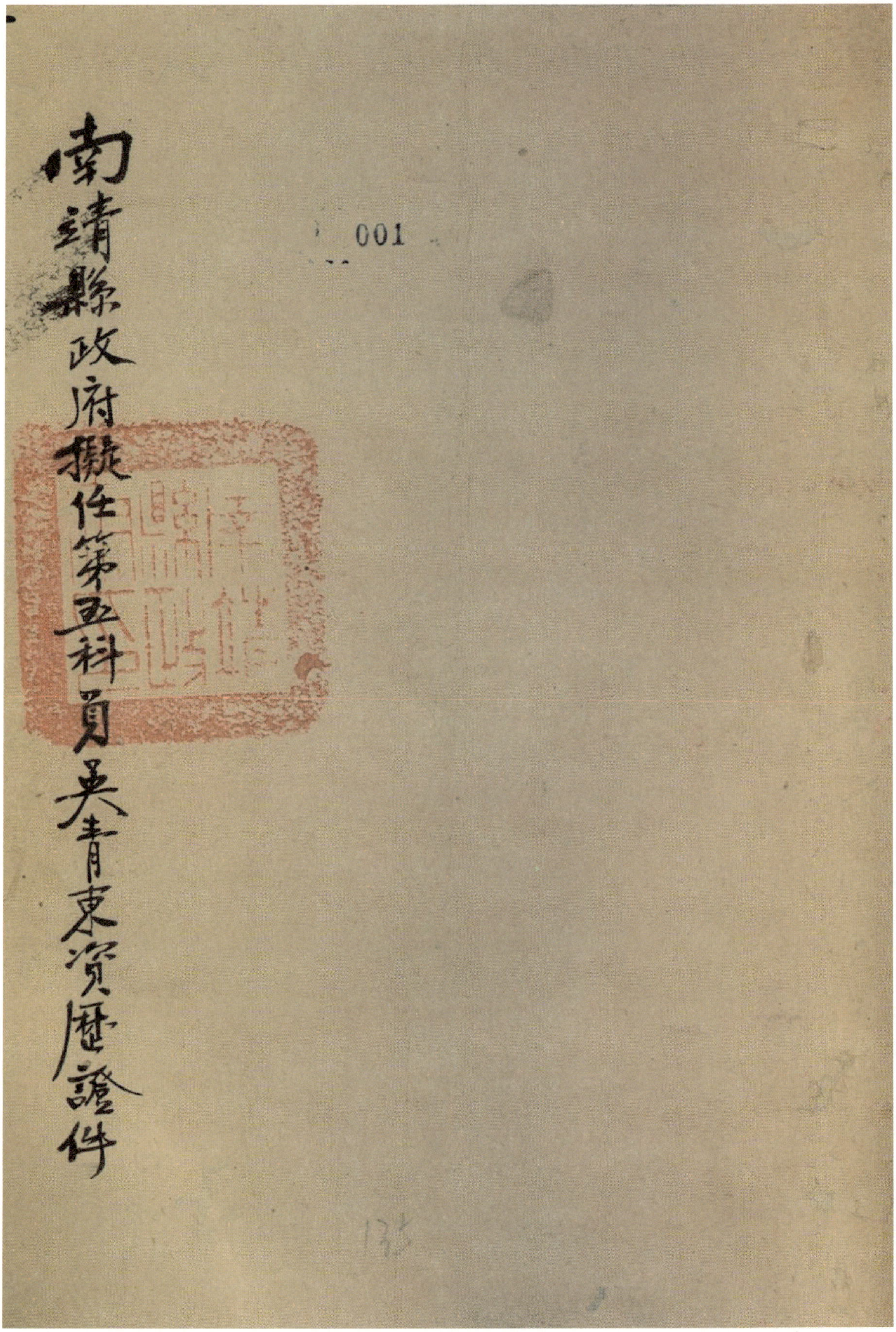
南靖縣政府擬任第五科科員吳青東資歷證件

001

南靖县政府拟任第五科科员吴青东资历证件　　一九四三年一月一日

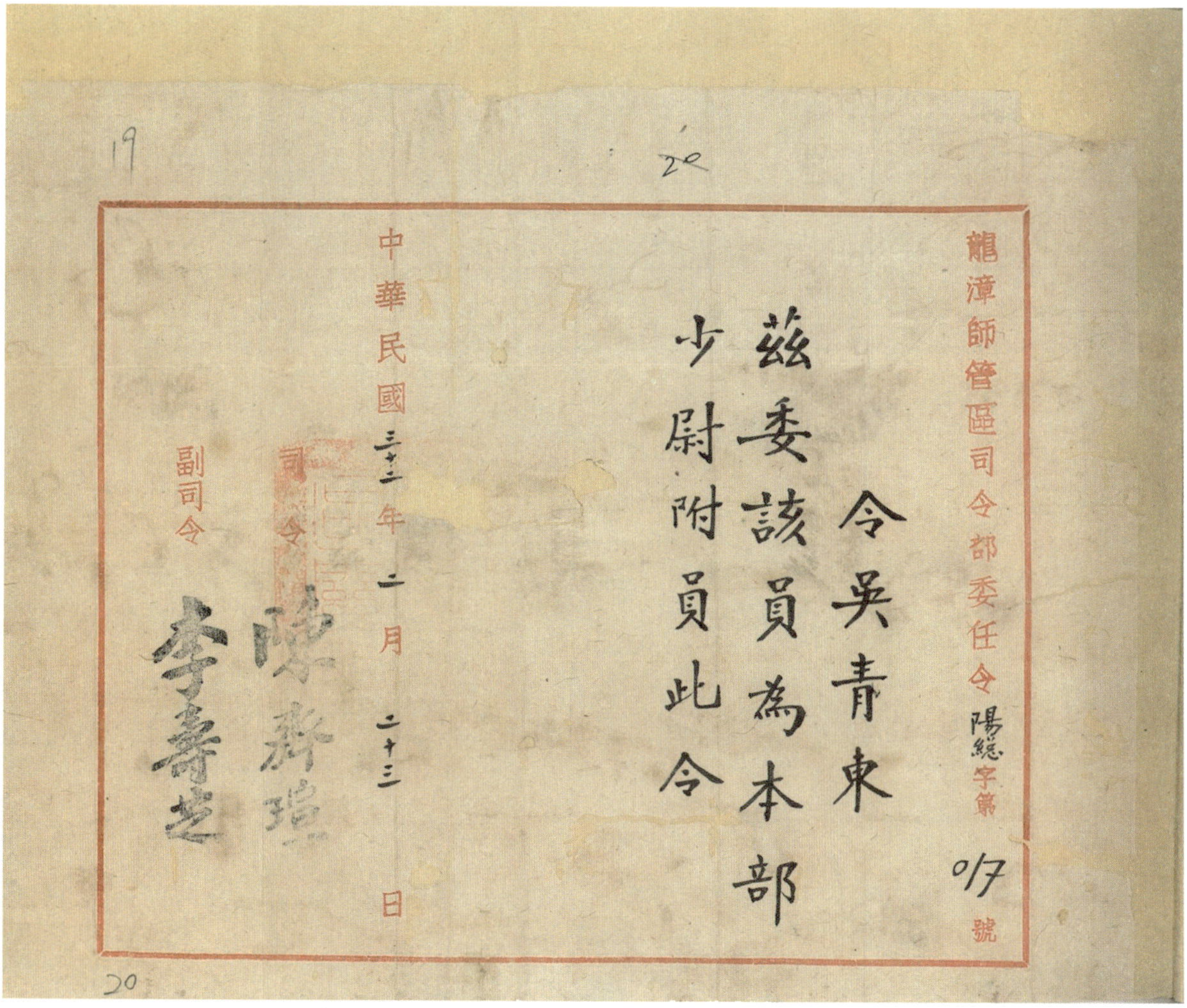
龍漳師管區司令部委任令 陽總字第017號

令吳青東

茲委該員為本部

少尉附員此令

司令 陳霽瑄

副司令 李壽芝

中華民國三十二年二月二十三日

龙漳师管区司令部出具吴青东担任少尉副员委任令　　一九四三年二月二十三日

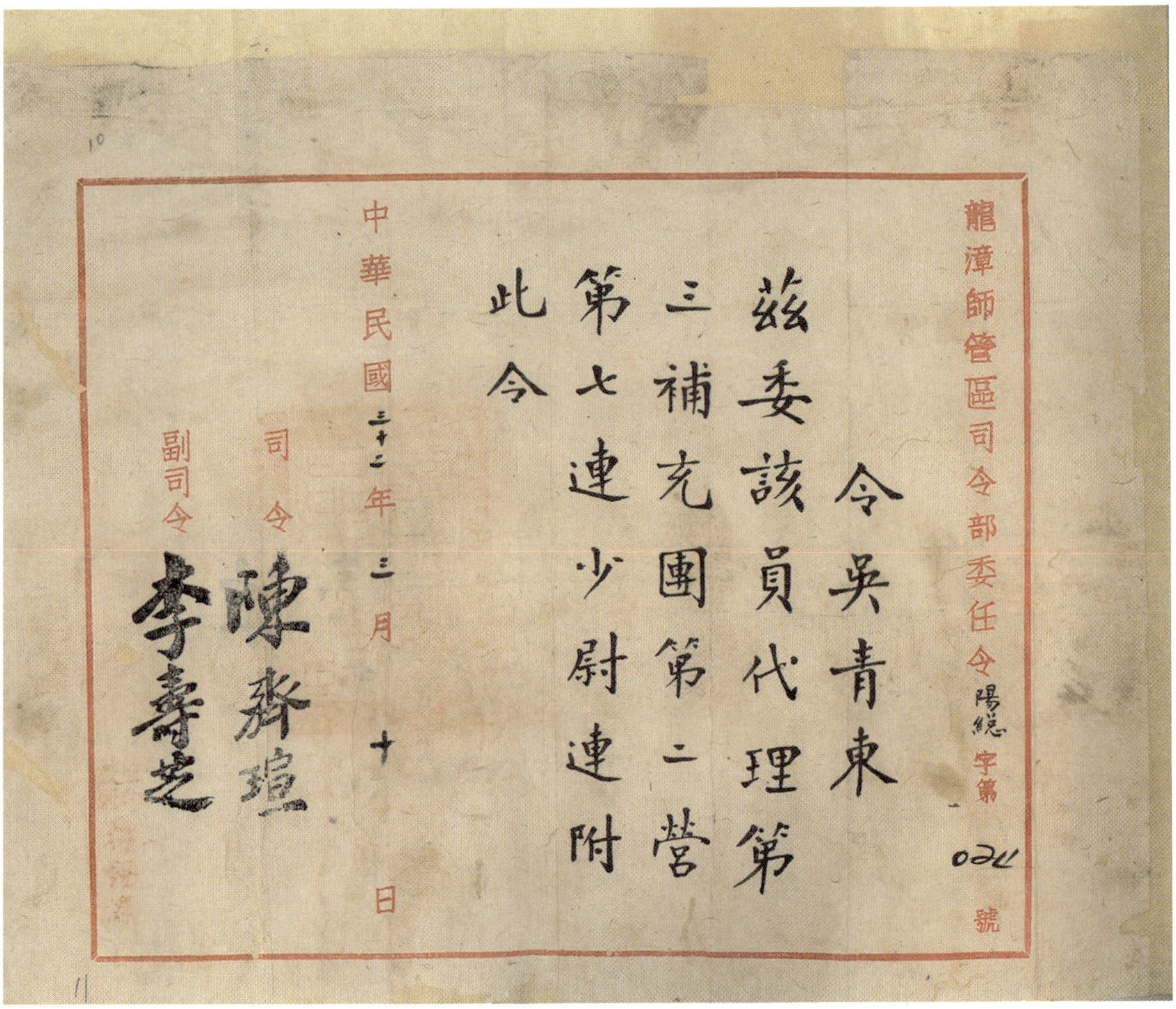

龍漳師管區司令部委任令 陽總字第0221號

令吳青東

茲委該員代理第三補充團第二營第七連少尉連附

此令

司令 陳齊瑄

副司令 李壽芝

中華民國三十二年三月十日

龙漳师管区司令部出具吴青东代理少尉连副委任令　　一九四三年三月十日

龍漳師管區司令部委任令 陽総字第070號

令吴青東

茲委該員以少尉級代理第三補充團第二營中尉副官此令

司令 陳壽瑄

副司令 李壽芝

中華民國卅二年八月十日

龙漳师管区司令部出具吴青东代理第三补充团第二营中尉副官委任令 一九四三年八月十日

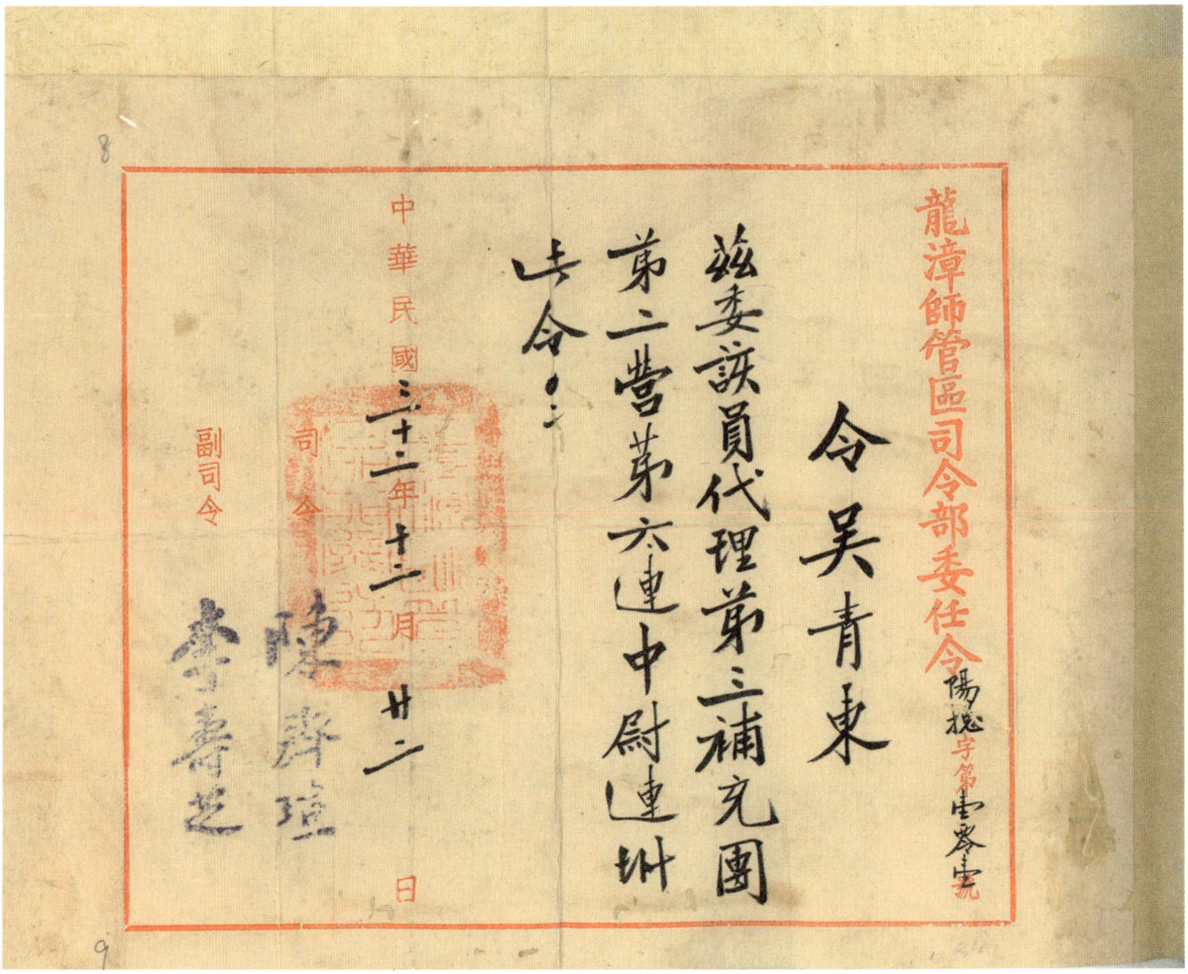
龍漳師管區司令部委任令 陽字第 號

令吳青東

茲委該員代理第三補充團第二營第六連中尉連附

此令。

中華民國三十二年十二月廿二日

司令 陳壽瑄

副司令 李壽芝

龙漳师管区司令部出具吴青东代理第三补充团第二营第六连中尉连副委任令

一九四三年十二月二十二日

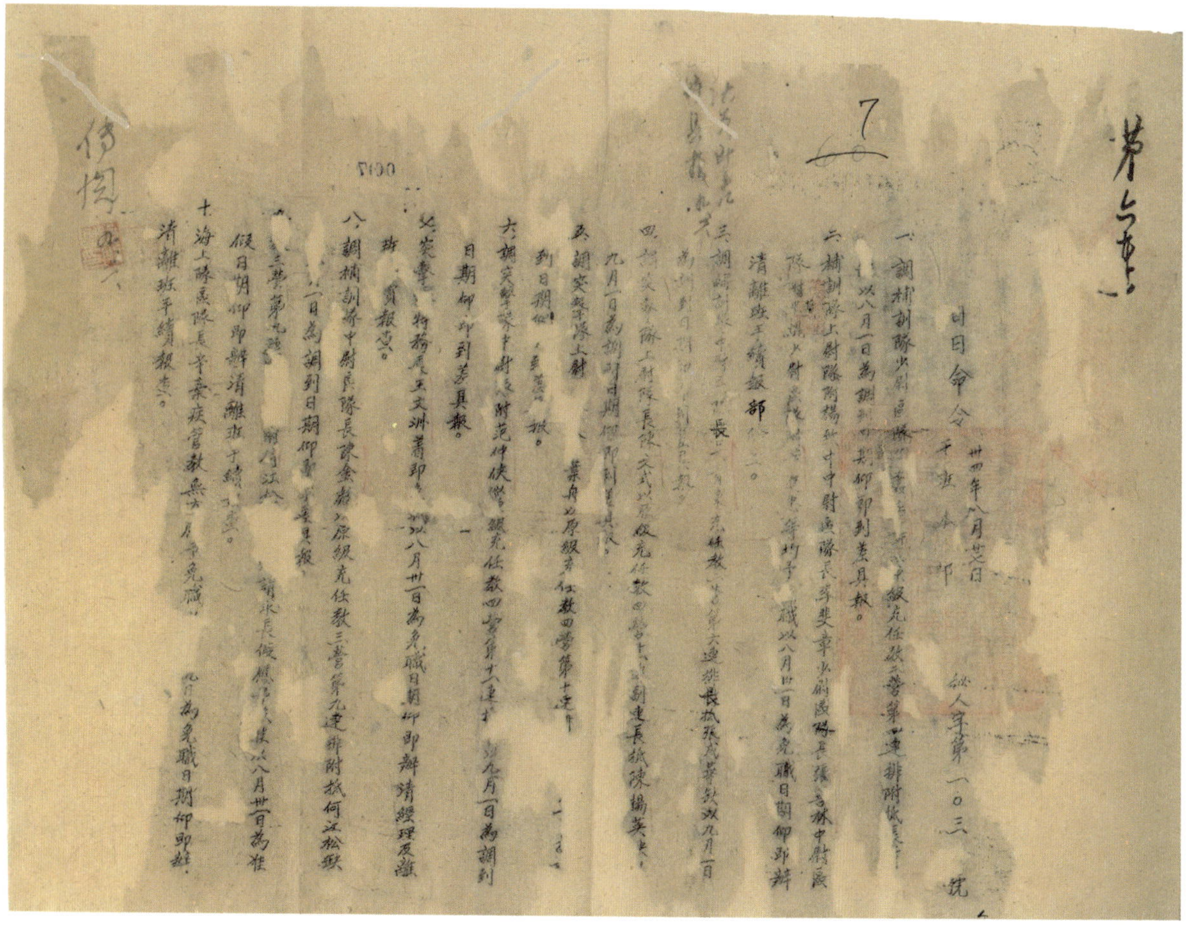

关于调补训队中尉区队长吴青东充任教二营第六连排长的日日命令

一九四五年八月二十七日

十一、海上隊奉令改編該隊區隊長附陳清輝方則榮陳琼章特務長郭長源陳水果隊士順等均予免職以八月　日為免職日期仰即辦清交班手續報令。

十二、補訓隊區隊長黃爾彬區隊長附　　、謝良基金漢民郭始華司書林水盛海上隊區隊附李真等六員應即來班報到聽候派遣工作。

十三、派張德同為班本部上尉　務員仰即補具表冊報憑彙轉。

此令。

第 008 長達

主任 戴笠

副主任 陳達元

當 鎮鏤

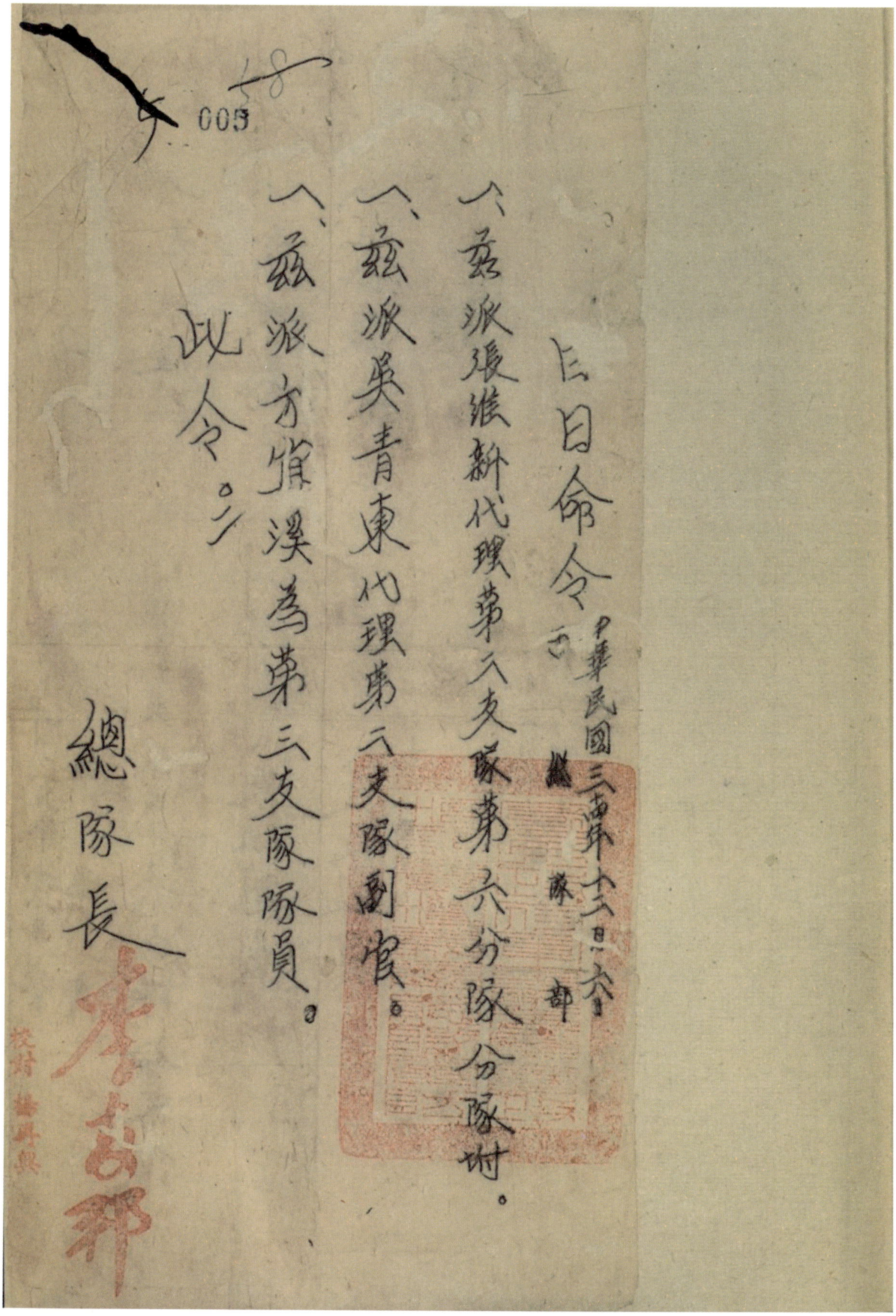
日日命令 二〇

中華民國三十四年十二月六日 於總隊部

一、茲派張繼新代理第二支隊第六分隊分隊附。

二、茲派吳青東代理第二支隊副官。

三、茲派方傢溪為第三支隊隊員。

此令。

總隊長 李友邦

台湾义勇总队关于委派吴青东代理第二支队副官的日日命令　　一九四五年十二月六日

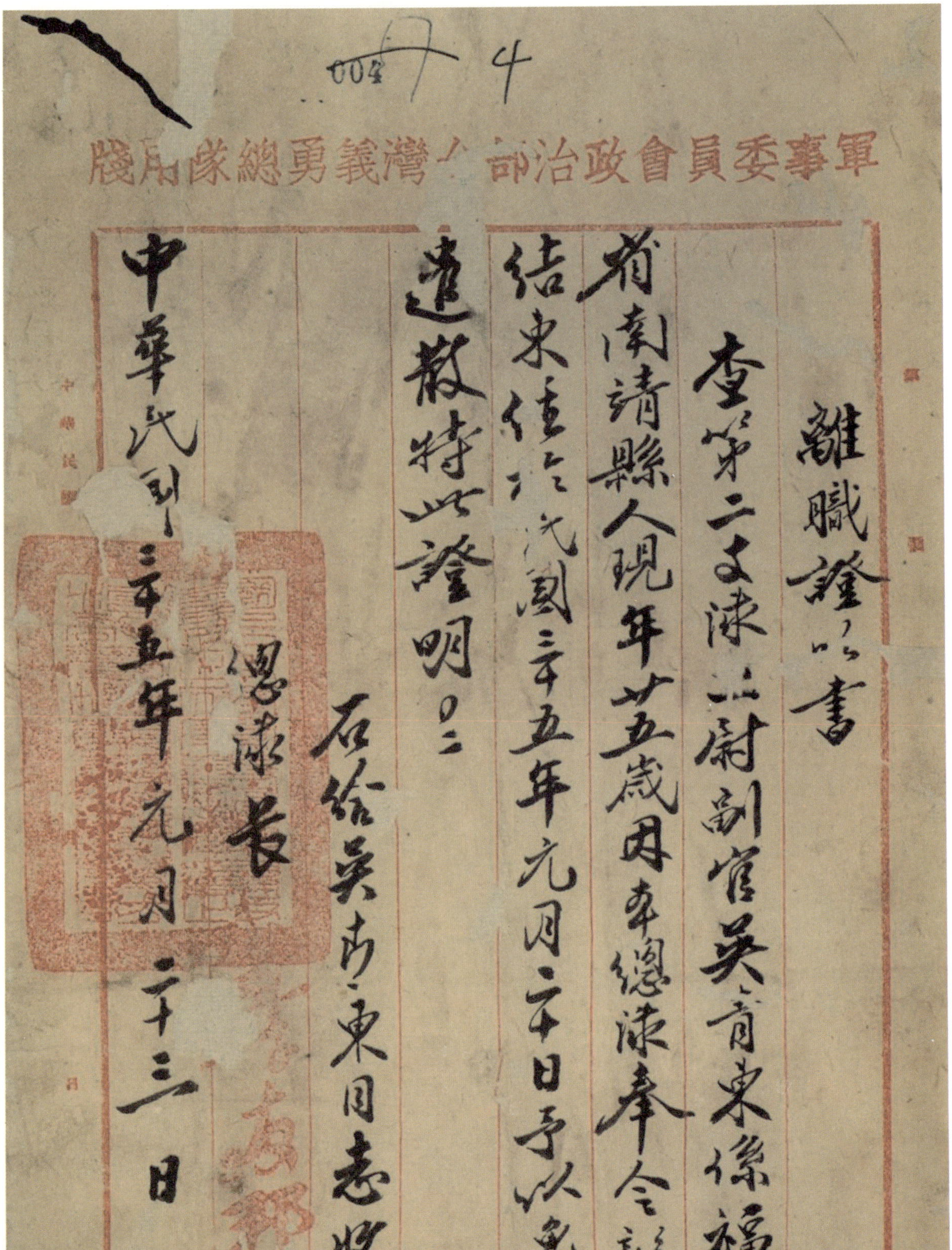

軍事委員會政治部台灣義勇總隊用箋

離職證明書

查第二支隊上尉副官吳青東係福建省南靖縣人現年廿五歲因本總隊奉令辦理結束經於民國三十五年元月二十日予以免職遣散特此證明

右給吳青東同志收執

總隊長

中華民國三十五年元月二十三日

台湾义勇总队出具第二支队上尉副官吴青东离职证明书　　一九四六年一月二十三日

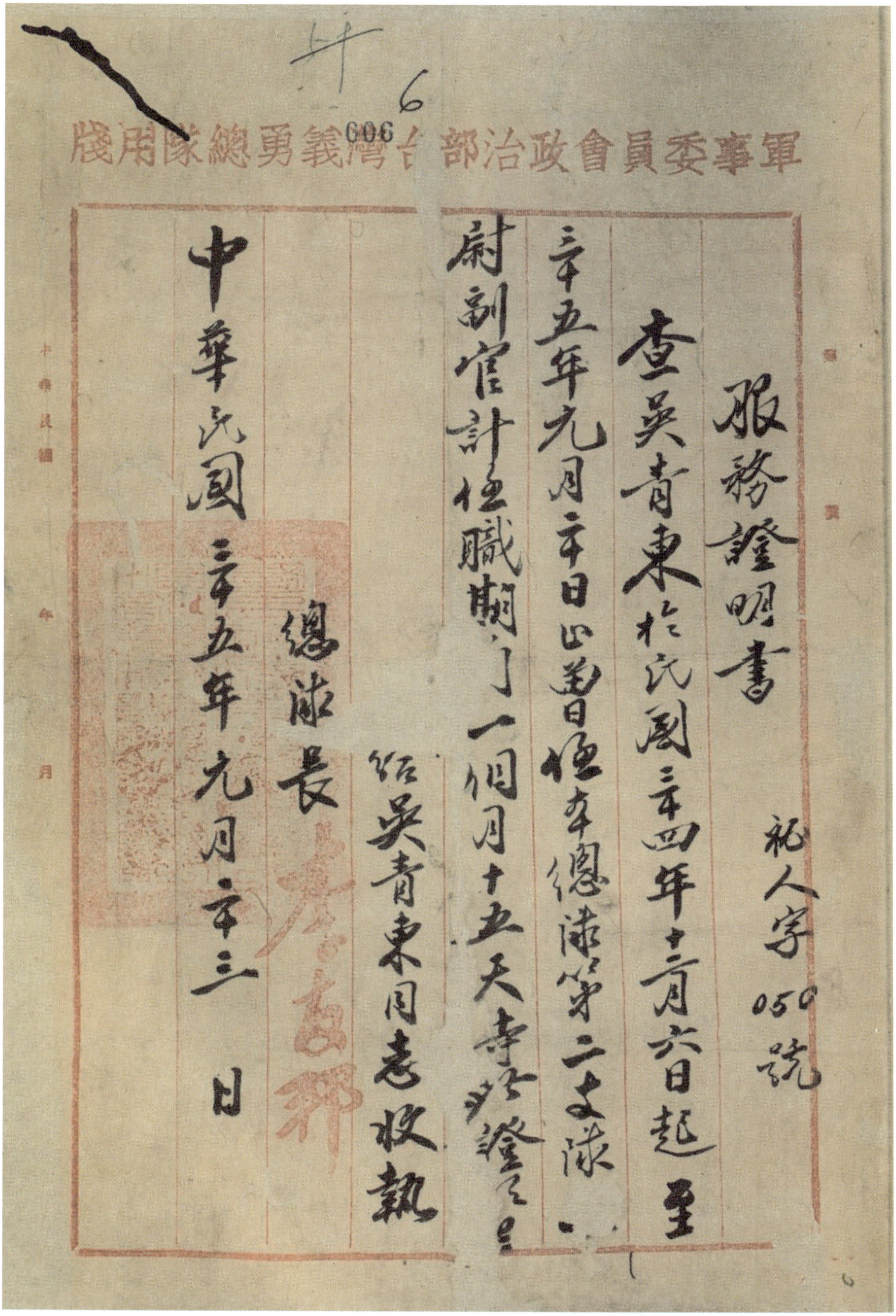
軍事委員會政治部台灣義勇總隊用箋

服務證明書　祕人字050號

查吳青東於民國三十四年十一月六日起至三十五年九月二十日止擔任本總隊第二支隊上尉副官計任職期間一個月十五天專此證明

給吳青東同志收執

總隊長　李友邦

中華民國三十五年九月二十三日

台湾义勇总队出具吴青东担任第二支队上尉副官服务证明书　　一九四六年一月二十三日

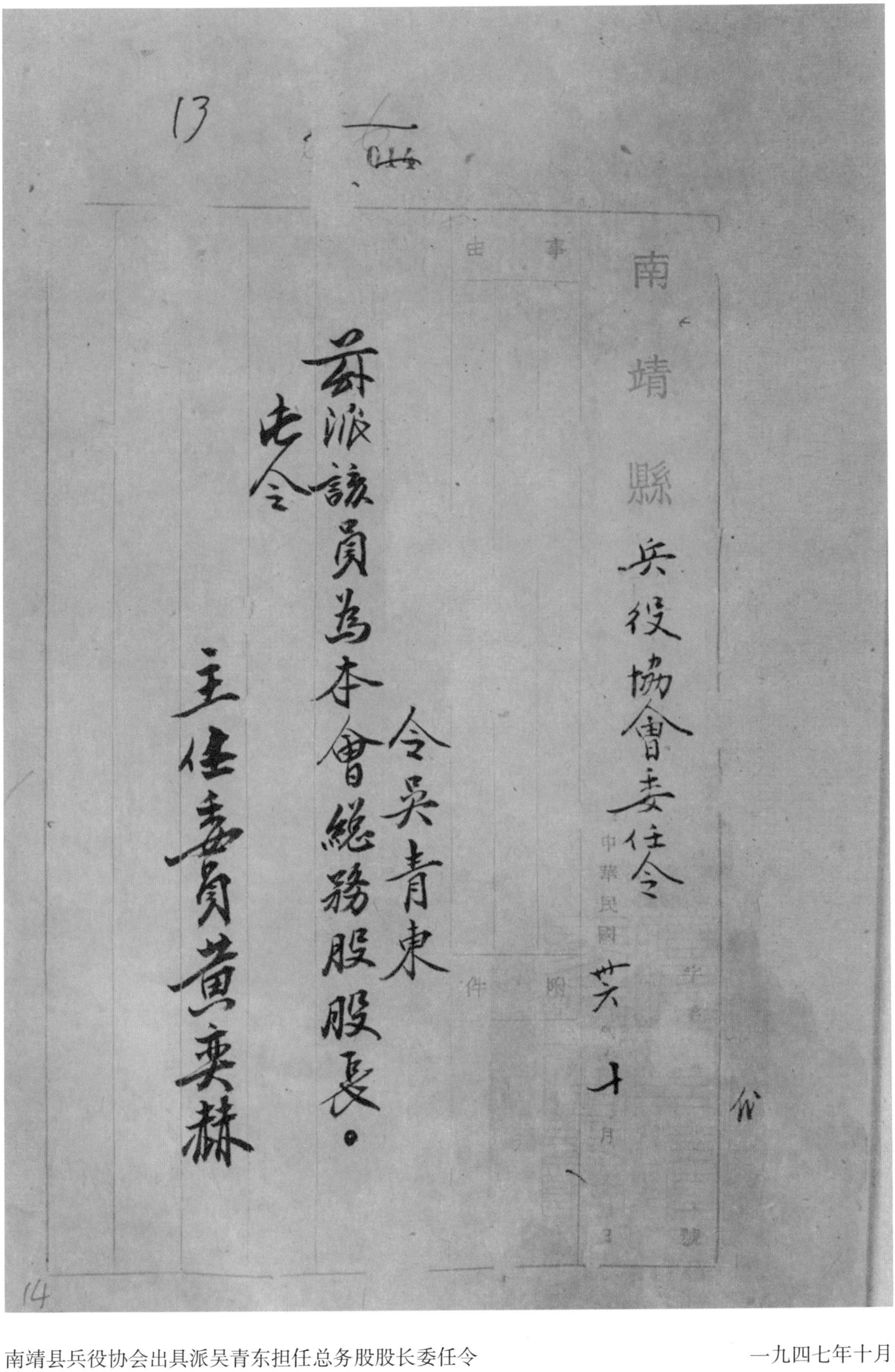

南靖縣兵役協會委任令

中華民國卅六年十月　日　字第　號

令吳青東

茲派該員為本會總務股股長。

此令

主任委員黃奕赫

南靖县兵役协会出具派吴青东担任总务股股长委任令　　一九四七年十月

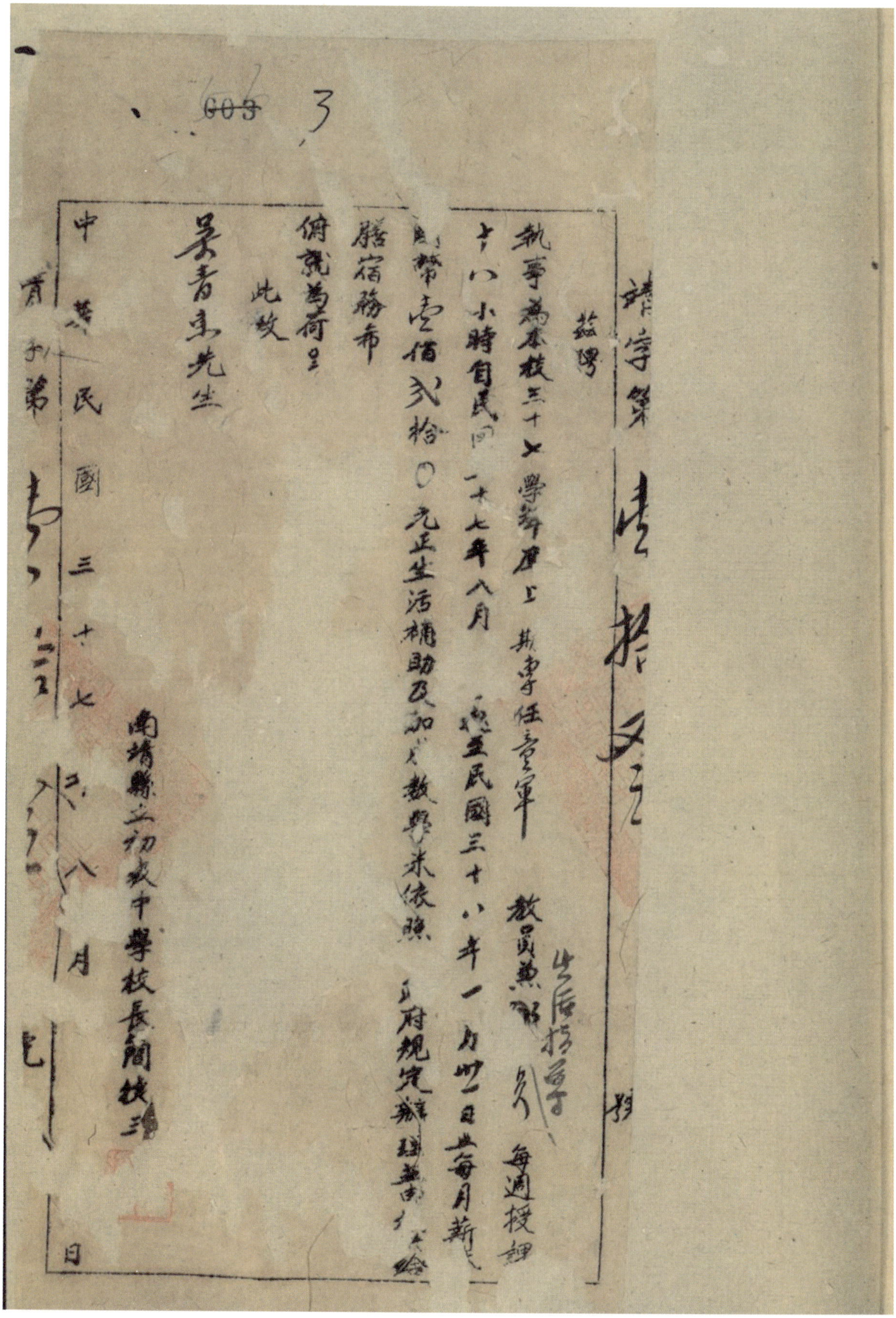
聘字第　號

茲聘

執事為本校三十七學年度上期童子軍教員兼生活指導員每週授課十八小時自民國三十七年八月起至民國三十八年一月卅一日止每月薪俸幣壹佰弍拾〇元正生活補助及加成數照米依照政府規定辦理並由本校供給膳宿務希

俯就為荷

此致

吳青東先生

南靖縣立初級中學校長簡枝三

中華民國三十七年八月　日

南靖县立初级中学聘请吴青东担任童军教员兼生活指导员　　一九四八年八月

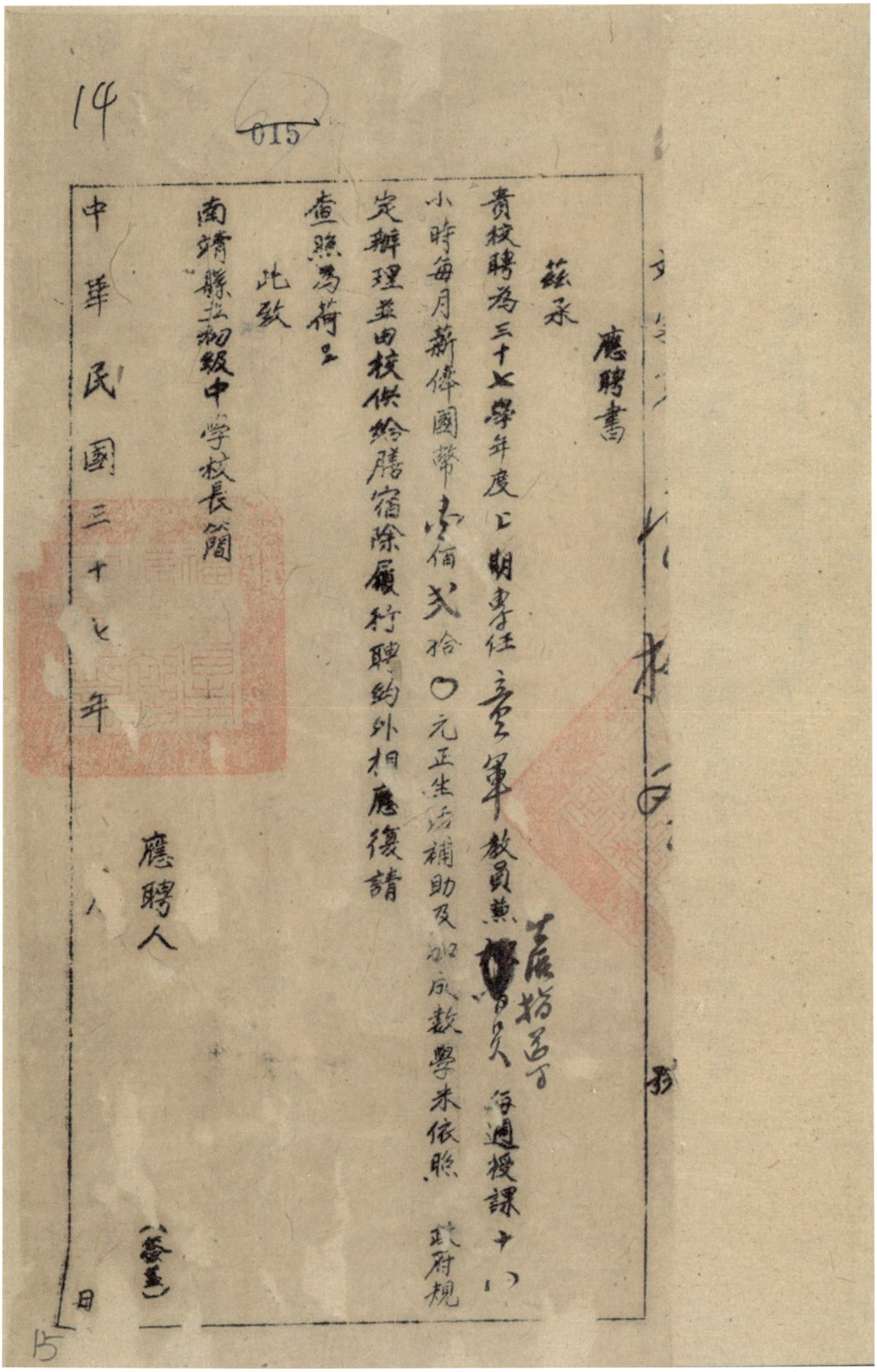

14

015

應聘書

茲承

貴校聘為三十七學年度上期專任童軍教員兼生活指導員 每週授課十[illegible]

小時每月薪俸國幣[illegible]佰貳拾○元正生活補助及加成數悉依照 政府規

定辦理並由校供給膳宿除履行聘約外相應復請

查照為荷之

此致

南靖縣立初級中學校長簡

應聘人 （簽蓋）

中華民國三十七年 月 日

15

吴青东应聘南靖县立初级中学童军教员兼生活指导员　　一九四八年八月

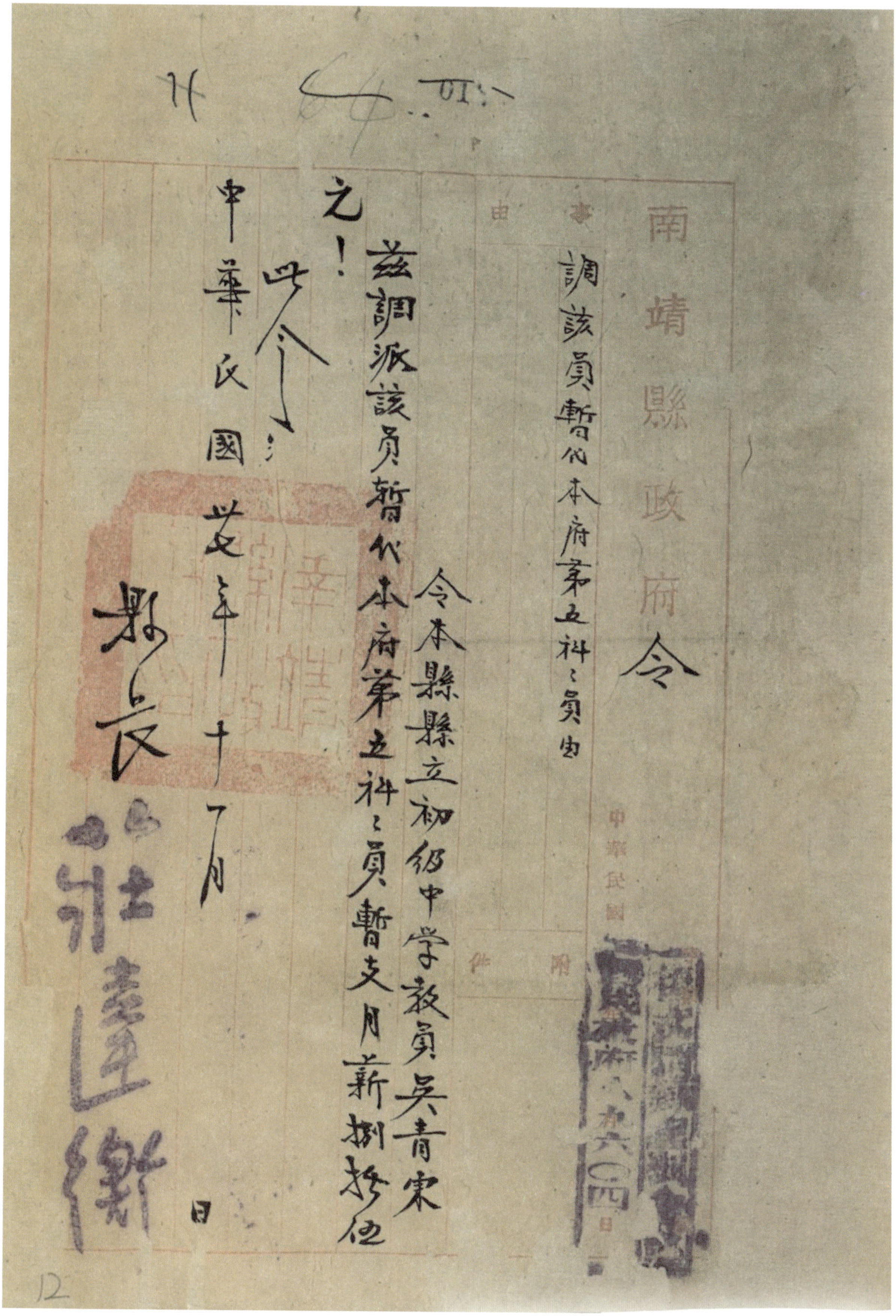

南靖縣政府令

事由：調該員暫代本府第五科科員由

令本縣縣立初級中學教員吳青東

茲調派該員暫代本府第五科科員，暫支月薪捌拾伍元，仰即遵照到職為要！

此令！

中華民國卅七年十一月　日

縣長　莊達衛

南靖县政府关于调派县立初级中学教员吴青东暂代第五科科员的令　　一九四八年十一月

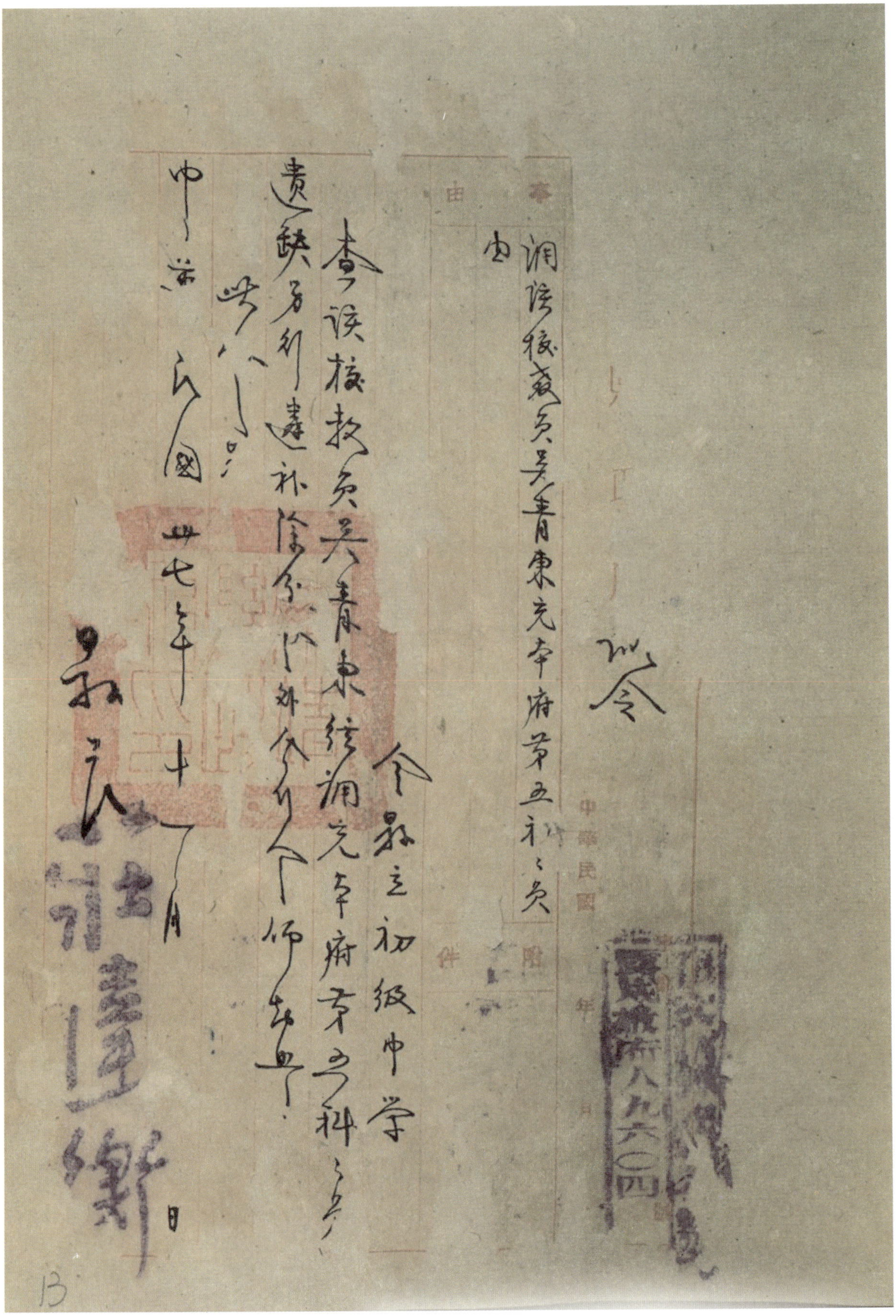

训令

事由　调该校教员吴青东充本府第五科科员

令县立初级中学

查该校教员吴青东经调充本府第五科科员，所遗缺另行遴补，除分令外，合行令仰知照。

此令。

中华民国卅七年十一月　日

县长

南靖县政府关于吴青东调充县政府第五科科员给县立初级中学的训令　一九四八年十一月

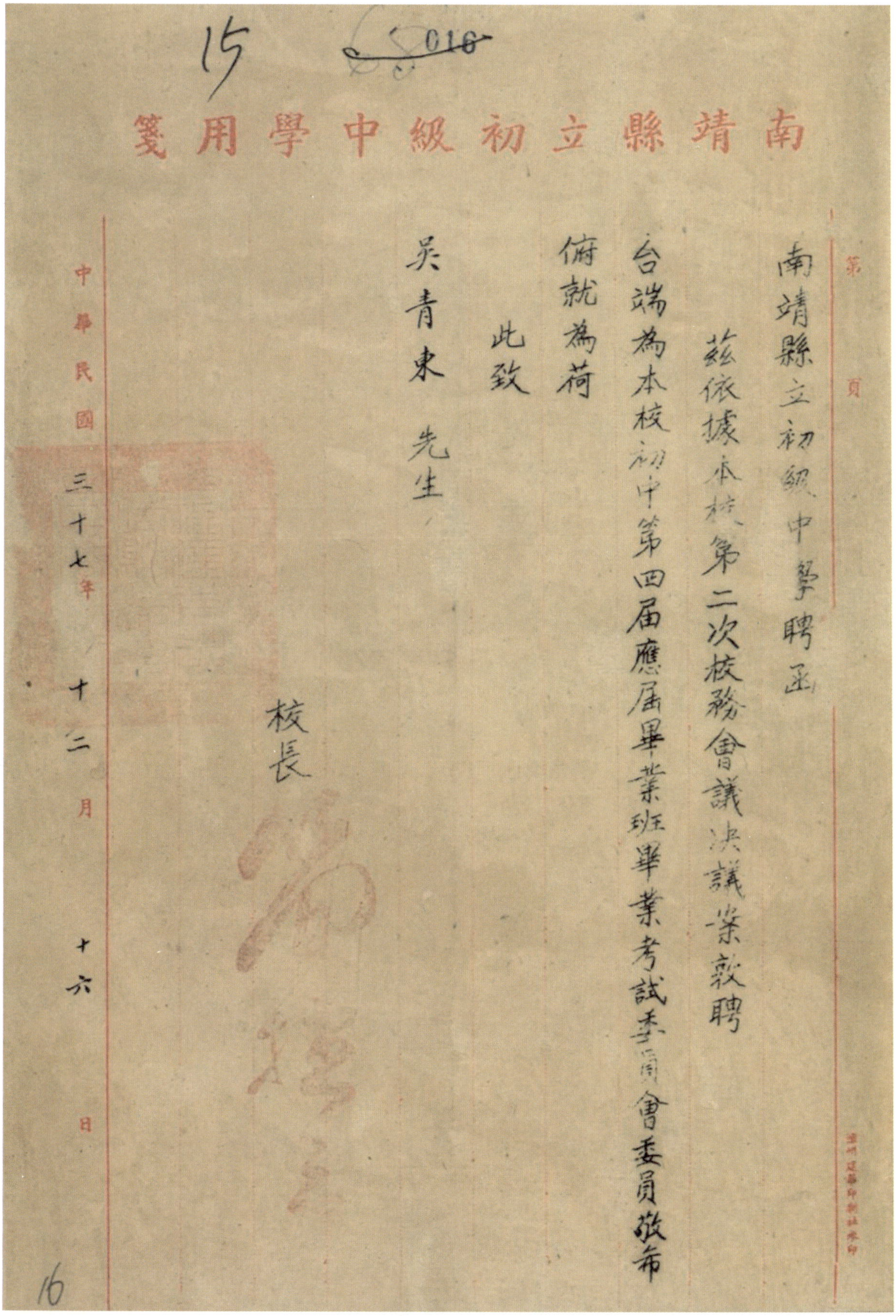
15 016

南靖縣立初級中學用箋

第　頁

南靖縣立初級中學聘函

茲依據本校第二次校務會議決議案敦聘
台端為本校初中第四屆應屆畢業班畢業考試委員會委員敬希
俯就為荷
此致
吳青東　先生

校長

中華民國三十七年十二月十六日

16

南靖县立初级中学聘请吴青东担任毕业考试委员会委员的函　一九四八年十二月十六日

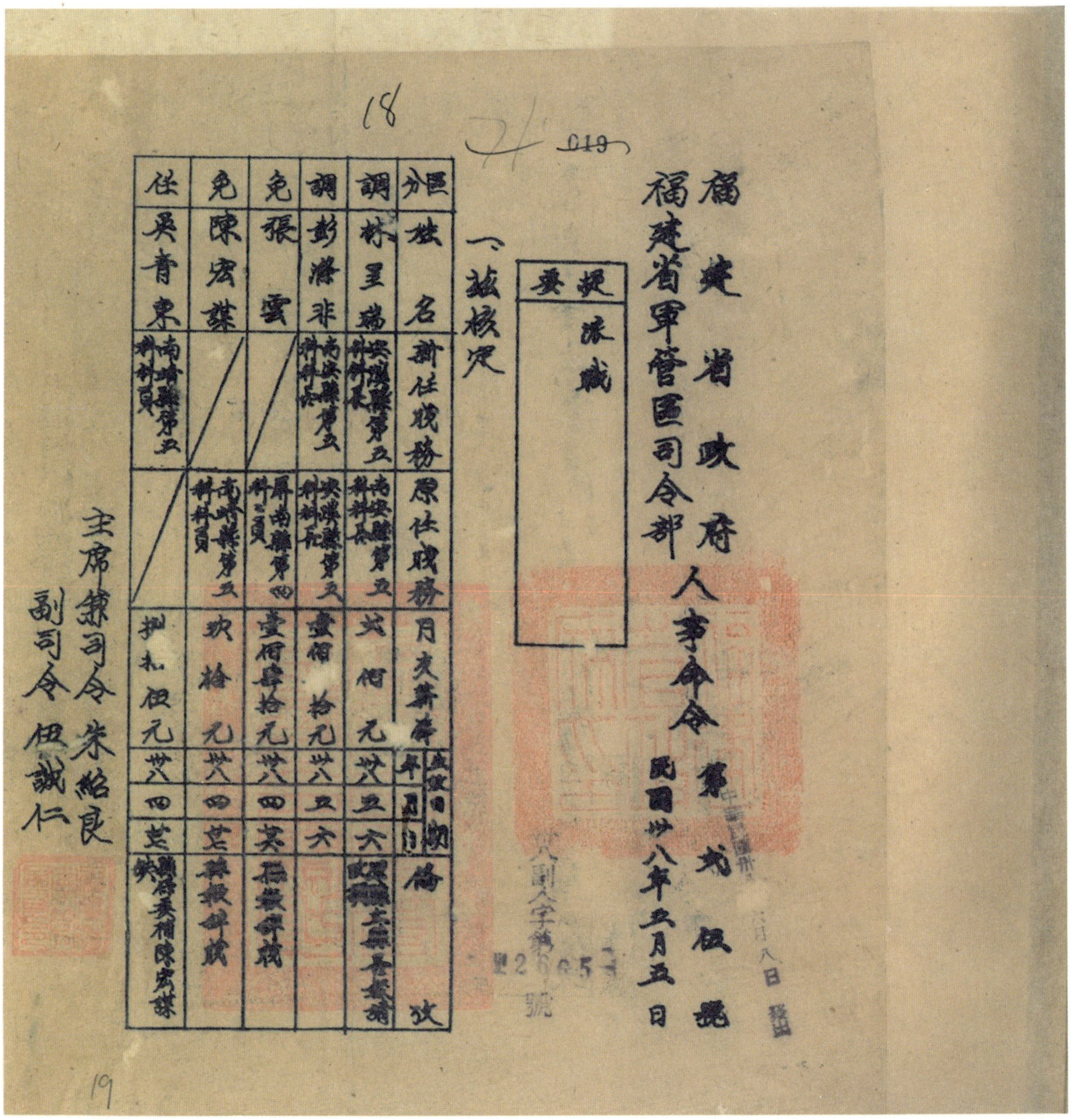

福建省政府
福建省軍管區司令部 人事命令 第 號
民國卅八年五月五日

事由
派職

一、茲核定

區分	姓名	新任職務	原任職務	月支薪俸	生效日期 年	月	日	備考
調	林呈瑞	安溪縣第五科科長	南安縣第五科科長	六佰元	卅八	五	六	[illegible]
調	彭滌非	南安縣第五科科長	安溪縣第五科科長	壹佰拾元	卅八	五	六	
免	張雲		屏南縣第四科科員	壹佰肆拾元	卅八	四	廿	[illegible]辭職
免	陳宏謀		南靖縣第五科科員	玖拾元	卅八	四	廿	[illegible]辭職
任	吳青東	南靖縣第五科科員		捌拾伍元	卅八	四	廿	[illegible]陳宏謀遺缺

主席兼司令 朱紹良
副司令 伍誠仁

福建省政府、福建省军管区司令部关于委任吴青东为南靖县第五科科员的人事命令

一九四九年五月五日

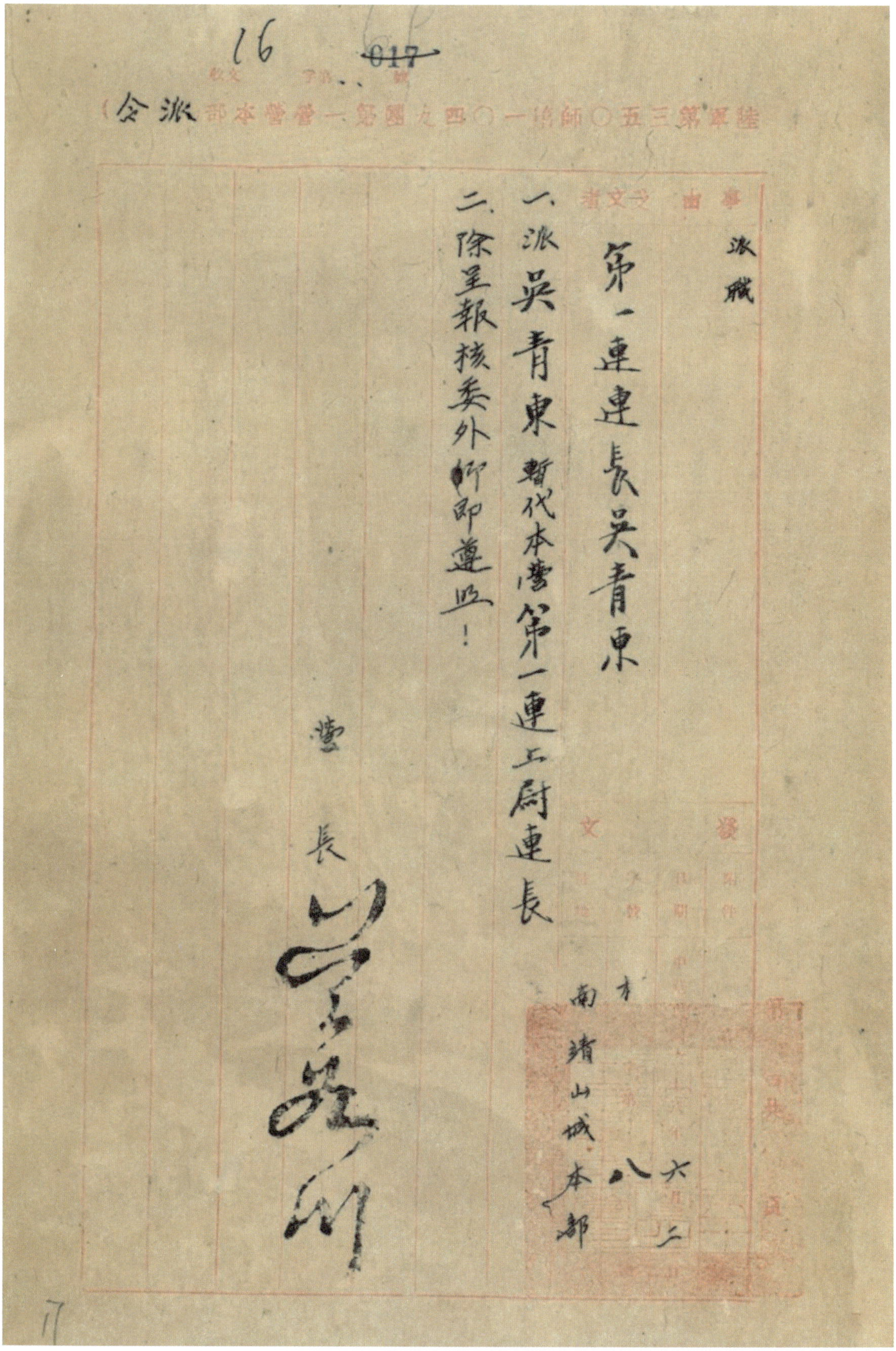
16 ~~017~~

陸軍第三五〇師第一〇四九團第一營營本部（派令）

事由 令文者

派職 第一連連長吴青東

一、派吴青東暫代本營第一連上尉連長

二、除呈報核委外仰即遵照！

營長

南靖山城本部

六月二日

陆军第三五〇师第一〇四九团第一营营本部关于派吴青东暂代第一连上尉连长的派令

一九四九年六月二日

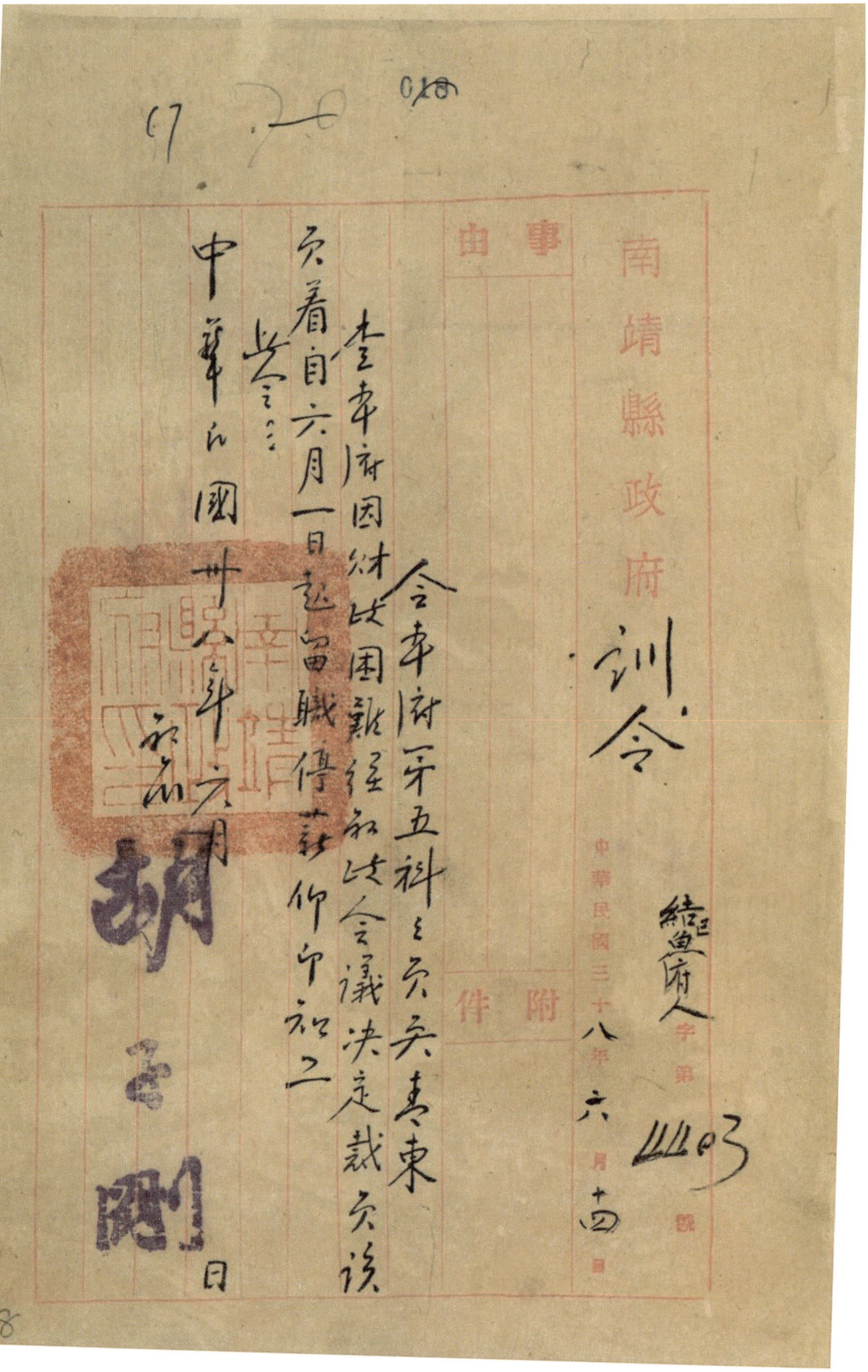
南靖縣政府 訓令

結邑府人字第 4403 號

中華民國三十八年六月十四日

事由

附件

令本府第五科科員吳青東

查本府因財政困難經縣政會議決定裁員該員着自六月一日起留職停薪仰即知之

此令

中華民國卅八年六月 日

縣長 胡[illegible][illegible]剛

南靖县政府关于吴青东留职停薪的训令

一九四九年六月十四日

福建省政府关于《台湾青年》申请登记发行及注销与内政部、国民党福建省执委会、龙岩县政府的来往文电

一九四三年五月——一九四六年十月

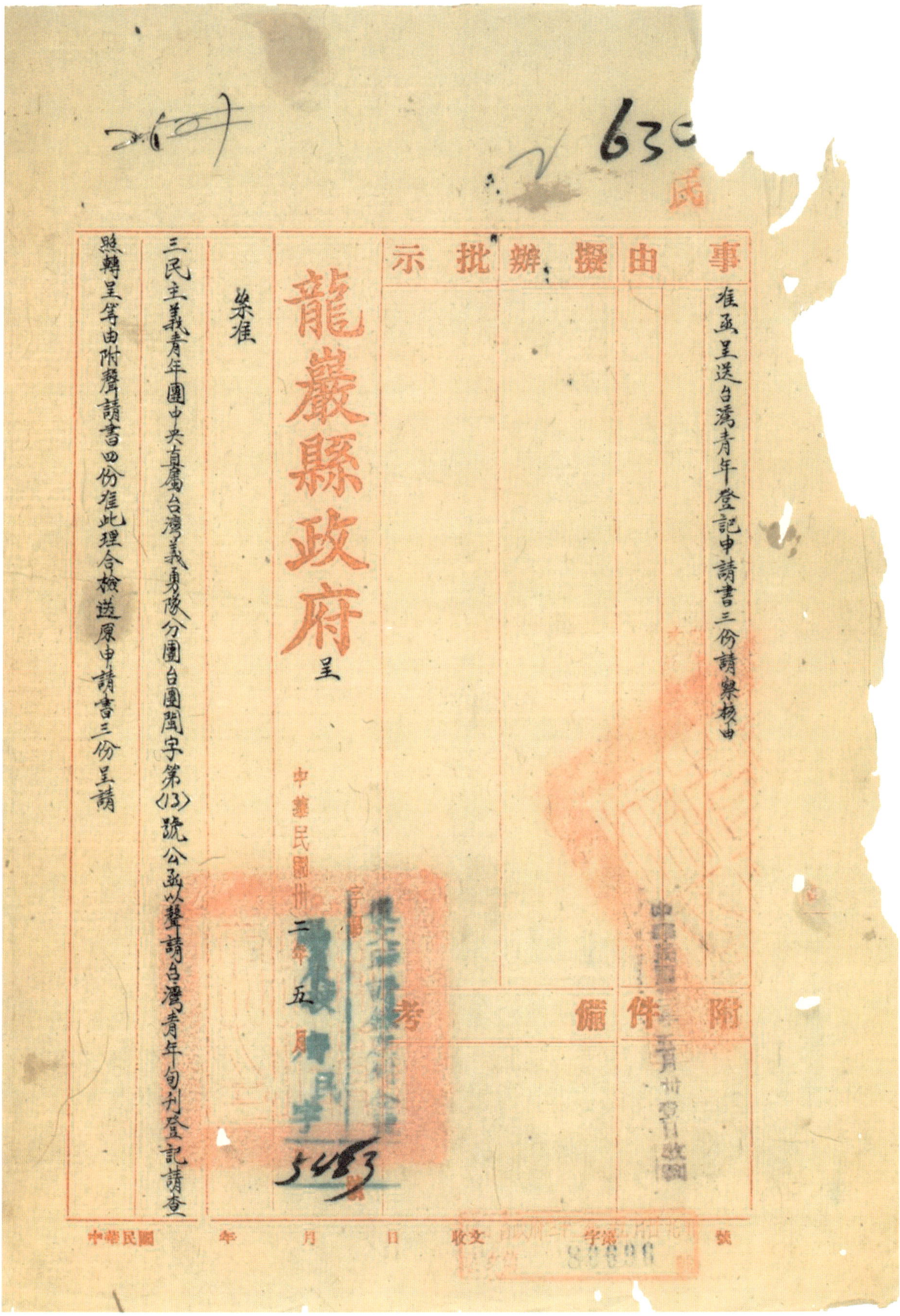

事由：准函呈送台湾青年登记申请书三份请汇核由

拟办

批示

案准

三民主義青年團中央直屬台灣義勇隊分團台團閩字第〈13〉號公函以聲請台灣青年旬刊登記請查照轉呈等由附聲請書四份准此理合檢送原申請書三份呈請

龍巖縣政府 呈

中華民國卅二年五月

附件

備考

中華民國　年　月　日　收文　字第　號

龙岩县政府关于报送《台湾青年》登记申请书给福建省政府的呈　　一九四三年五月二十三日

察核！

謹呈

福建省政府主席劉

附呈原申請書三份

龍巖縣縣長林詩旦

詩旦印

3

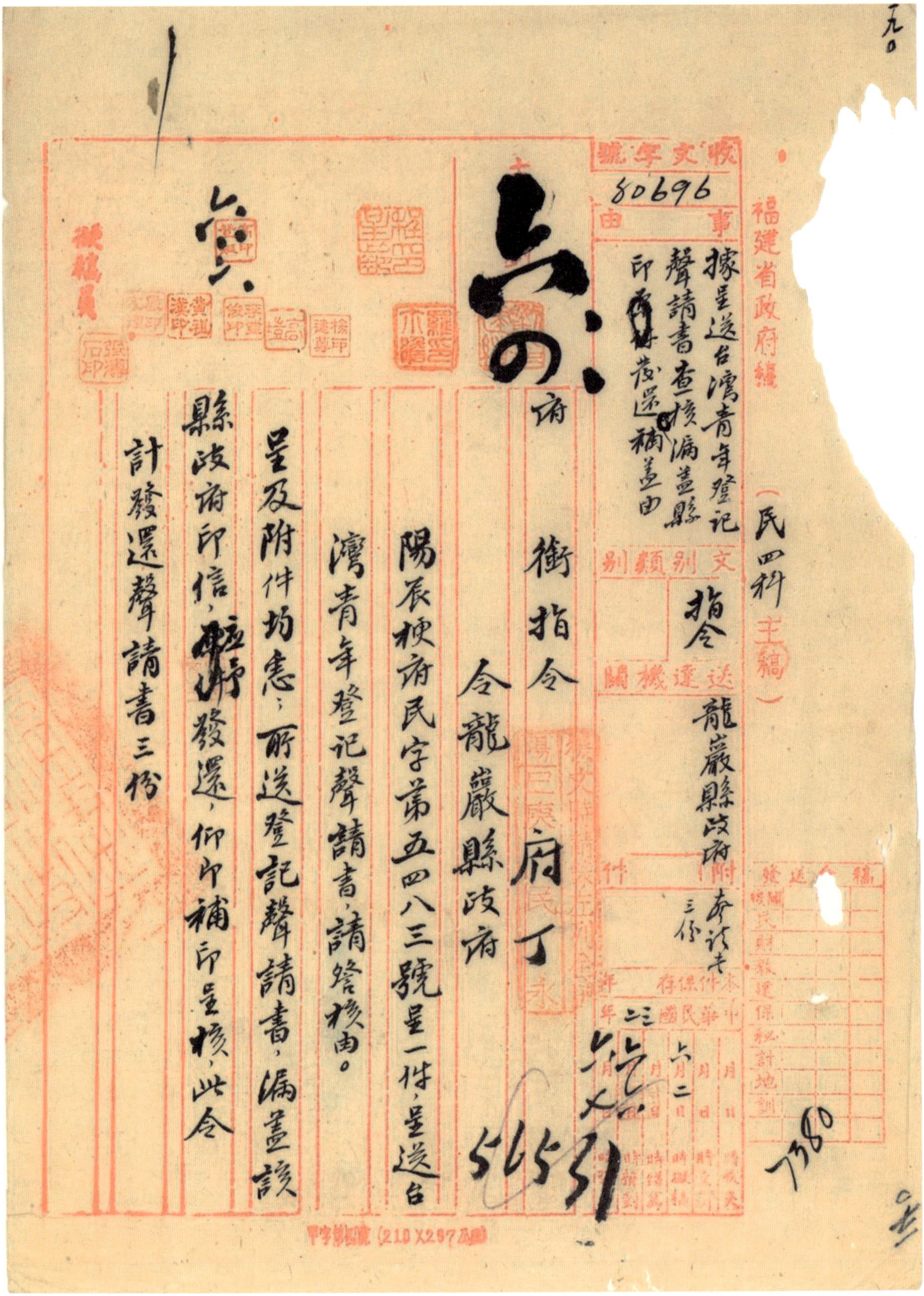

福建省政府稿 （民四科 主稿）

收文字號 80696

事由 據呈送台灣青年登記聲請書查核漏蓋縣印，准予發還補蓋由

文別類別 指令

送達機關 龍巖縣政府

附件 本件三份

府衛指令 丁

令龍巖縣政府

陽辰梗府民字第五四八三號呈一件，呈送台灣青年登記聲請書，請贊核由。

呈及附件均悉。所送登記聲請書，漏蓋該縣政府印信，應予發還，仰即補印呈核，此令

計發還聲請書三份

福建省政府关于《台湾青年》登记申请书补盖县印给龙岩县政府的指令　　一九四三年六月八日

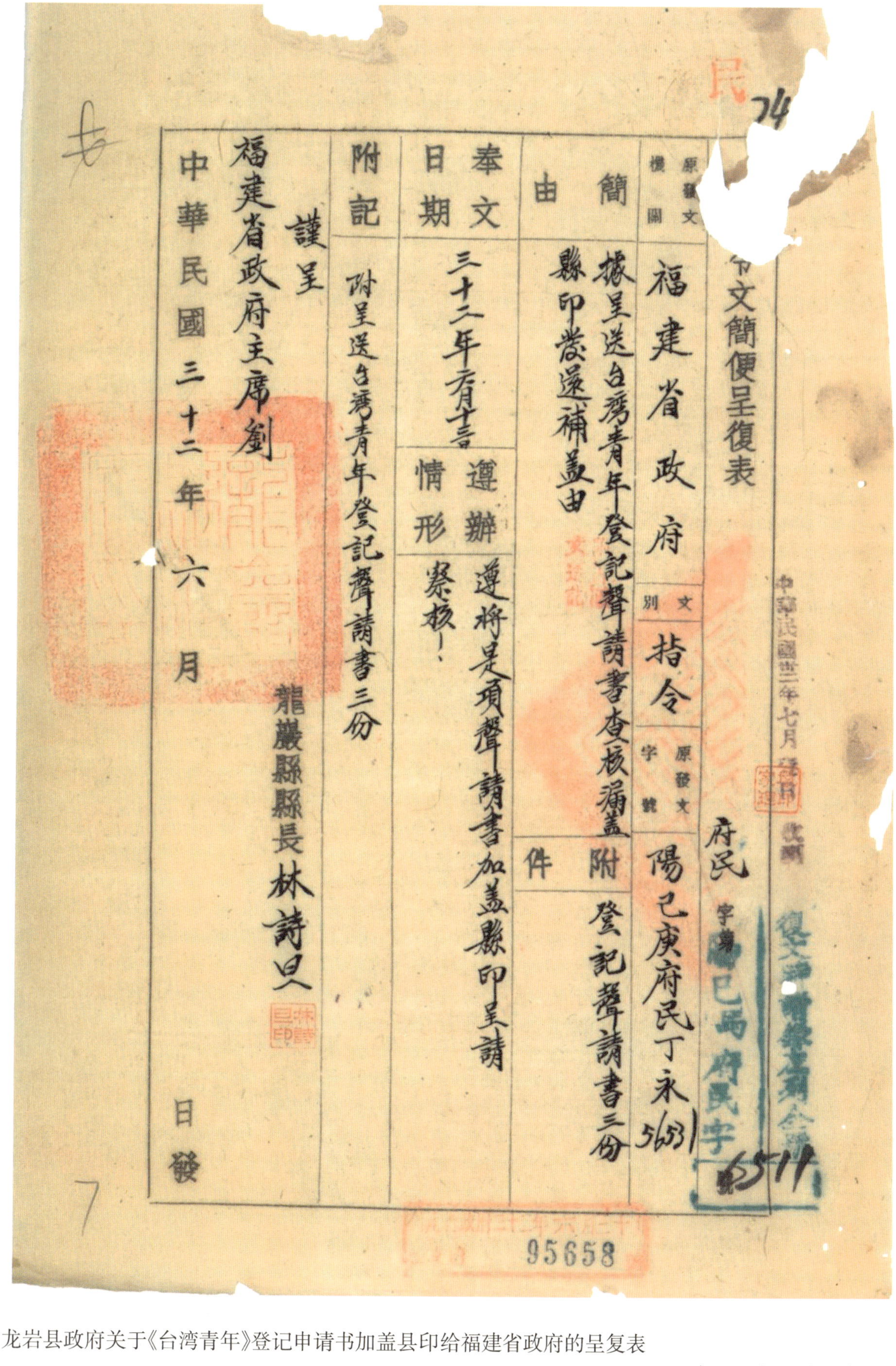
文簡便呈復表

原發文機關	福建省政府	文別	指令	原發文字號	府民 字第 陽巳庚府民丁永5631
簡由	據呈送台灣青年登記聲請書查核漏蓋縣印發還補蓋由			附件	登記聲請書三份
奉文日期	三十二年六月十三	遵辦情形	遵將是項聲請書加蓋縣印呈請察核！		
附記	附呈送台灣青年登記聲請書三份				

謹呈
福建省政府主席劉
龍巖縣縣長林詩旦
中華民國三十二年六月　日發

龍岩县政府关于《台湾青年》登记申请书加盖县印给福建省政府的呈复表

一九四三年六月二十一日

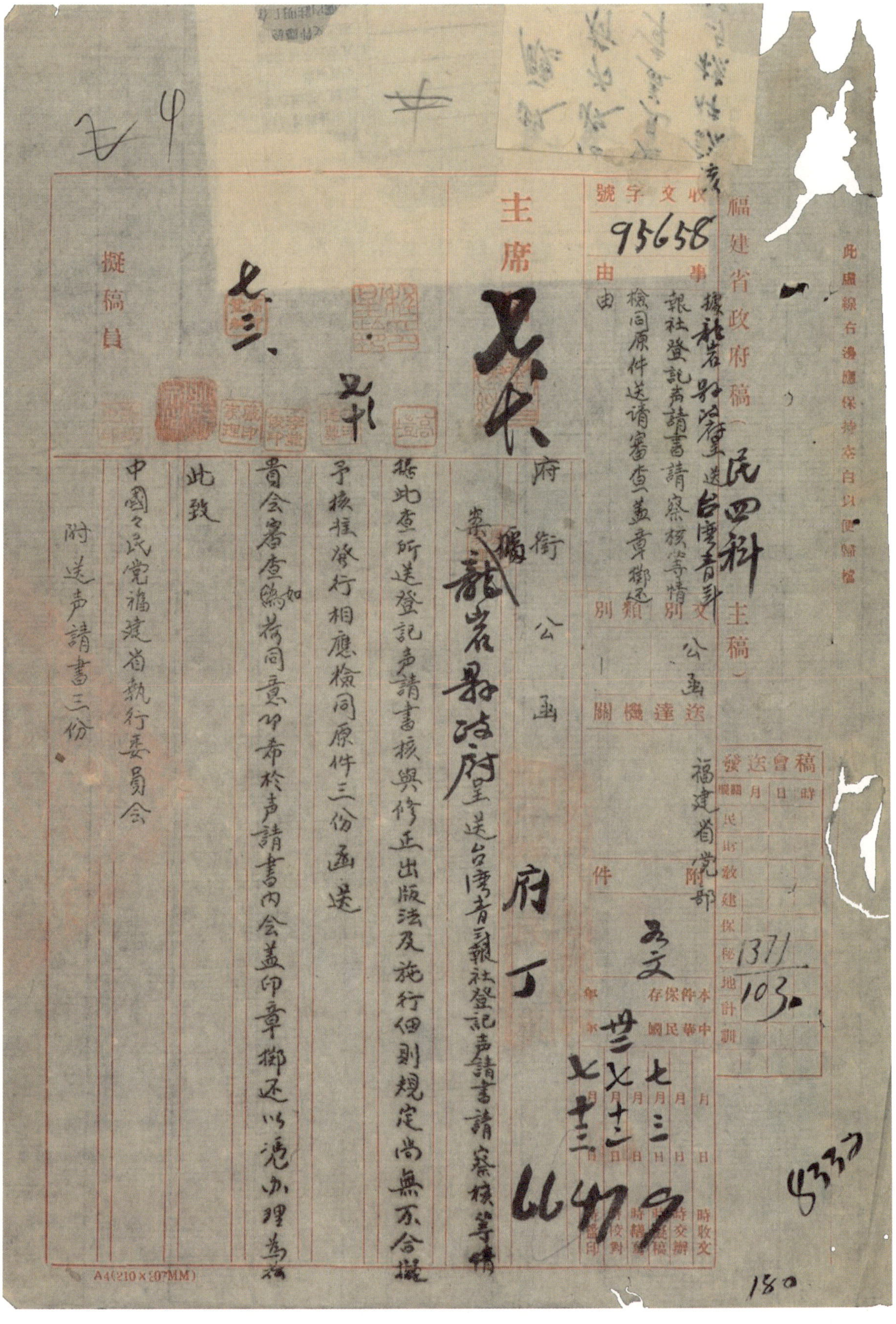

福建省政府稿（民四科主稿）

事由：據龍岩縣府呈送台湾青年報社登記声請書請察核等情檢同原件送請審查蓋章擲还由

文别：公函

送達機關：福建省党部

府衛 公函

案據龍岩縣政府呈送台湾青年報社登記声請書請察核等情據此查所送登記声請書核與修正出版法及施行細則規定尚無不合擬予核准發行相應檢同原件三份函送

貴会審查如荷同意即希於声請書内会蓋印章擲还以憑办理為荷

此致

中國國民党福建省執行委員会

附送声請書三份

福建省政府关于检送《台湾青年》登记申请书给国民党福建省执委会的函

一九四三年七月十三日

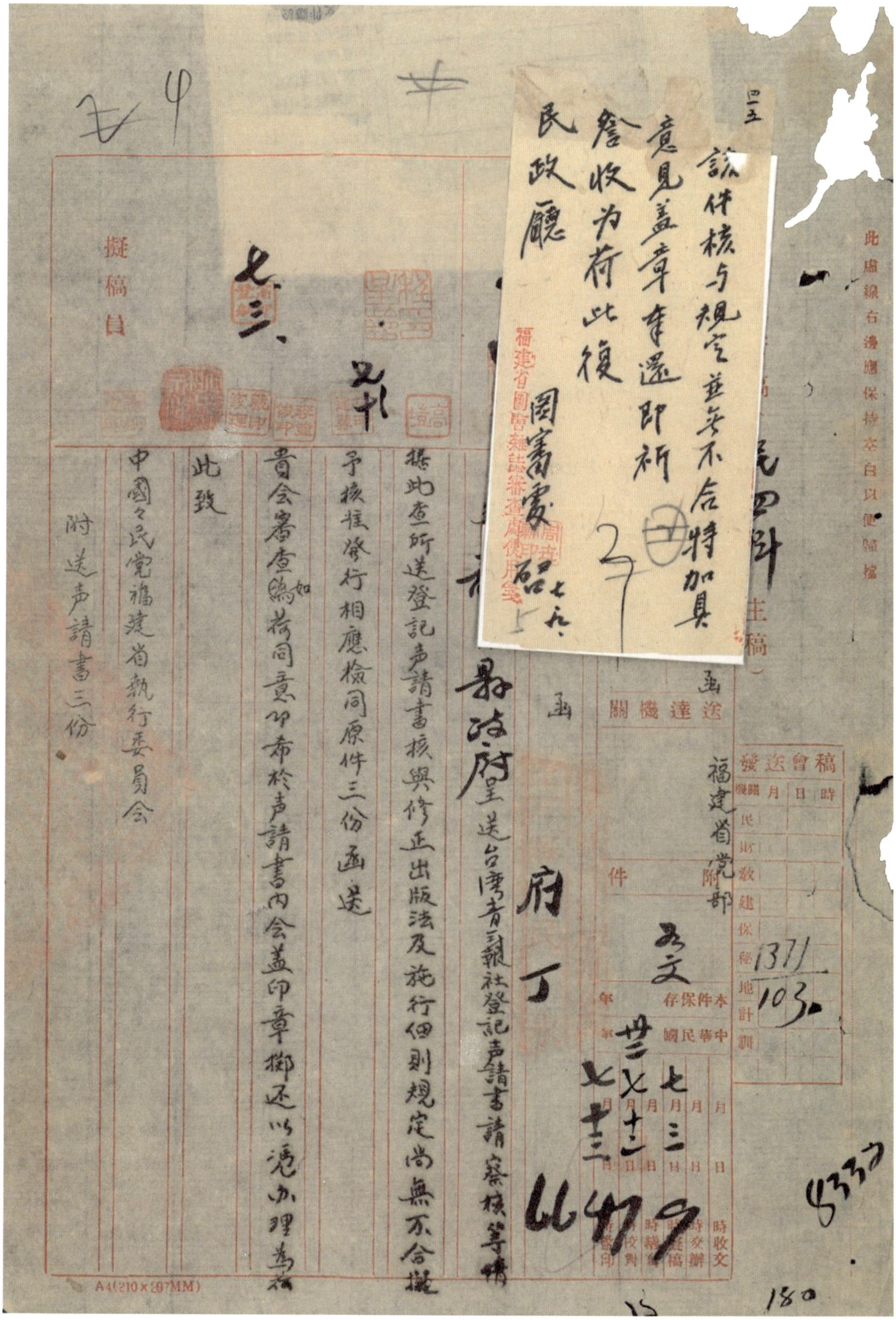

稿會送發 福建省党部 附件 函

民政廳 主稿

函 福建省政府 呈送台湾青年報社登記声請書請察核等情

據此查所送登記声請書核與修正出版法及施行細則規定尚無不合擬予核准發行相應檢同原件三份函送

貴会審查如荷同意即希於声請書内会蓋印章擲還以憑办理為荷

此致

中國國民党福建省執行委員会

附送声請書三份

該件核与規定並無不合特加具意見蓋章奉還即祈詧收為荷此復

民政廳

圖審處 七、六

福建省圖書雜誌審查處便用箋

此處線右邊應保持空白以便騎縫

福建省政府公文銷號單

95658

收文號數	月日	六卅
收文	月日	
文呈閱	月日	
簽示	月日	
簽查	月日	
擬稿	月日	
核判	月日	
繕寫	月日	
校對	月日	
蓋印	月日	
發文	月日	
發文	總號	
承辦	科室	四
備考		

注意

1. 每一收文均由府總收發室粘貼此單一紙於本件辦畢時送交文書股銷號後彙送秘四科檢核
2. 各項處理月日由經辦人於處理時切實填寫
3. 凡存查及併案辦理之文件應於備考欄內註明「存查」或「與某號收文併辦」等字樣送交文書股銷號彙送秘四科
4. 本件收文如移送他機關辦理時應另填移送通知單通知文書股

6

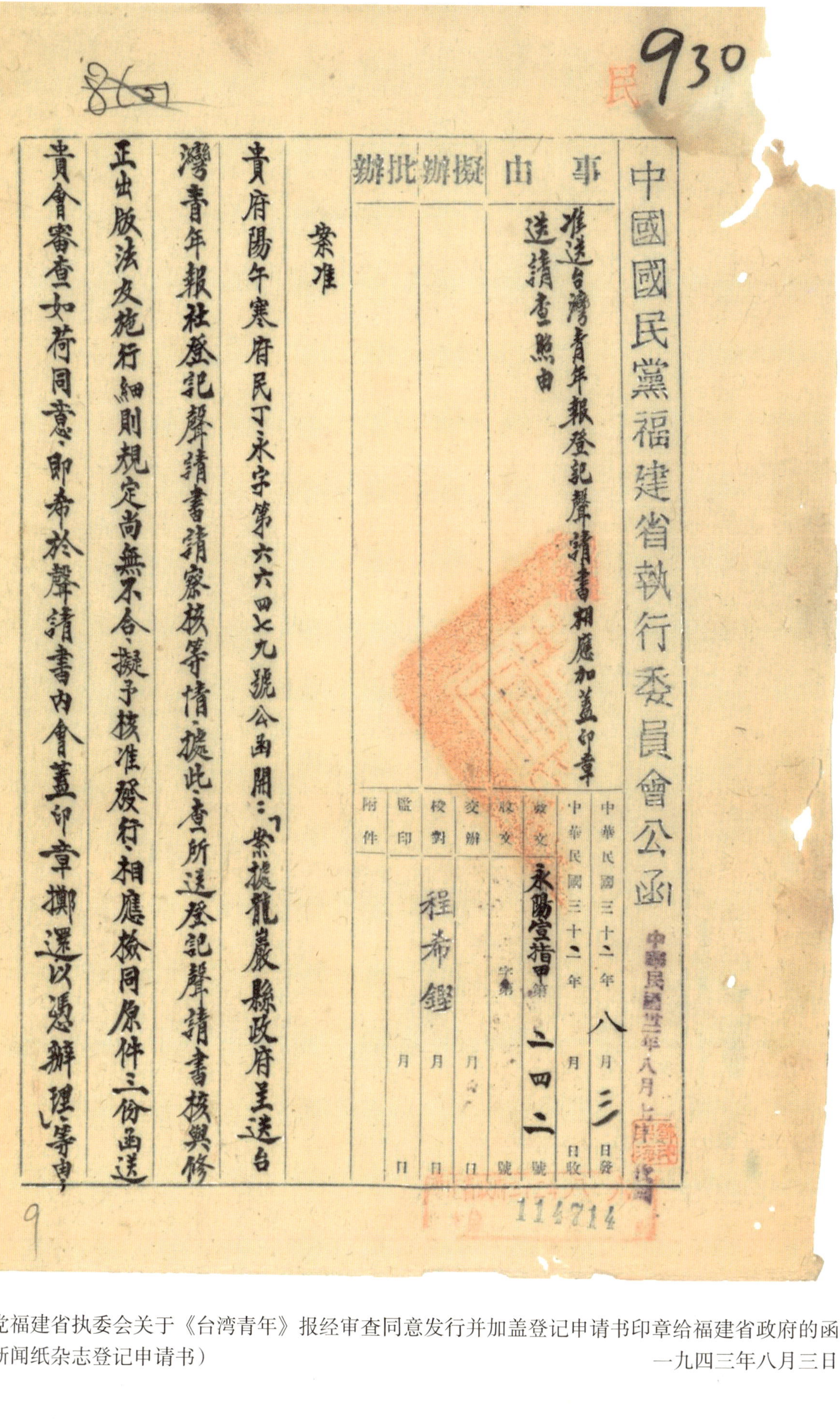

930

中國國民黨福建省執行委員會公函

事由	准送台灣青年報登記聲請書請應加蓋印章送請查照由
擬辦	
批辦	

中華民國三十二年八月三日發	
中華民國三十二年 月 日收	
發文	永陽宣指甲字第二四二號
收文	字第 號
交辦	月 日
校對	程希鏗 月 日
監印	月 日
附件	

案准

貴府陽午寒府民丁永字第六六四七九號公函開：「案據龍巖縣政府呈送台灣青年報社登記聲請書請察核等情，據此，查所送登記聲請書核與修正出版法及施行細則規定尚無不合，擬予核准發行，相應檢同原件三份函送

貴會審查，如荷同意，即希於聲請書內會蓋印章擲還，以憑辦理」等由，

114714

9

国民党福建省执委会关于《台湾青年》报经审查同意发行并加盖登记申请书印章给福建省政府的函（附：新闻纸杂志登记申请书）

一九四三年八月三日

准此，经核尚合，相应将原件加盖印章送请

查照为荷！

此致

福建省政府

附还登记声请书三份

主任委员 陈庚英

10

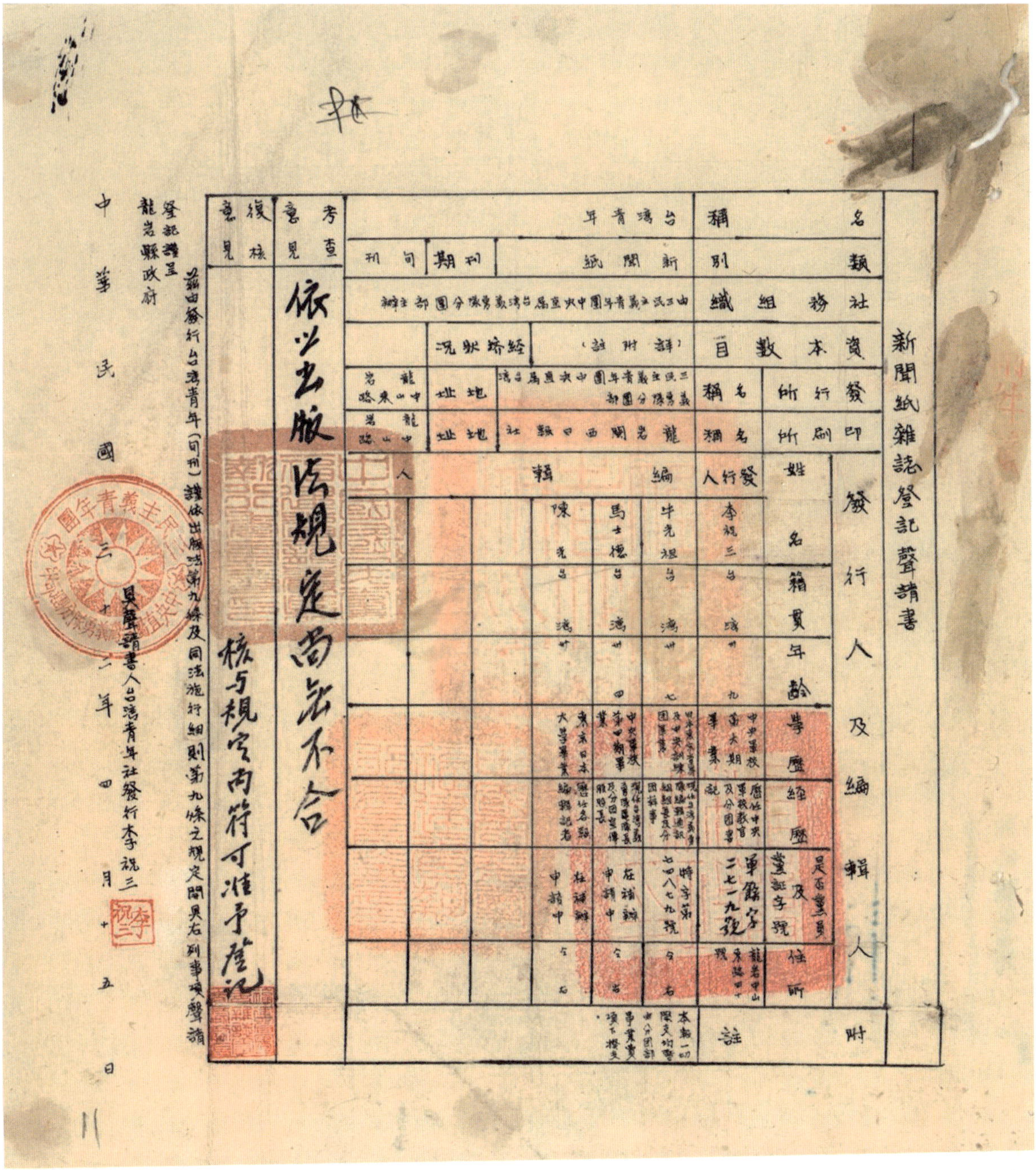

新聞紙雜誌登記聲請書

名稱	台灣青年		
類別	新聞紙	刊期	旬刊
社務組織	由三民主義青年團中央直屬台灣義勇隊分團部主辦		
資本數目	（詳附註）	經濟狀況	
發行所 名稱	三民主義青年團中央直屬台灣義勇隊分團部	地址	龍岩中山東路
印刷所 名稱	龍岩閩西日報社	地址	龍岩中山路

發行人及編輯人	發行人	編輯人				
姓名	李祝三	牛先祖	馬士德	陳[illegible]		
籍貫	台灣	台灣	台灣	台灣		
年齡	卅九	卅七	卅四	卅		
學歷	中央軍校高大期畢業	日本東京[illegible]及中央訓練團畢業	中央軍校第四期畢業	東京日本大學畢業		
經歷	歷任中央軍校教官及分團書記	現任台灣義勇隊編輯通訊組長及分團書事	現任台灣義勇隊副隊長及分團宣傳股股長	歷任各報編輯記者		
是否黨員及黨證字號	黨錄字二七一九號	特字第七四八七九號	在補辦中	在補辦中		
住所	龍岩中山東路四十號	仝右	仝右	仝右		

附註	本報一切開支均由分團部事業費項下撥支。
查考意見	依照出版法規定尚屬不合
復核意見	核与規定尚符可准予登記

茲由發行台灣青年（旬刊）謹依出版法第九條及同法施行細則第九條之規定開具右列事項聲請

登記謹呈

龍岩縣政府

具聲請書人台灣青年社發行人李祝三

中華民國三十二年四月十五日

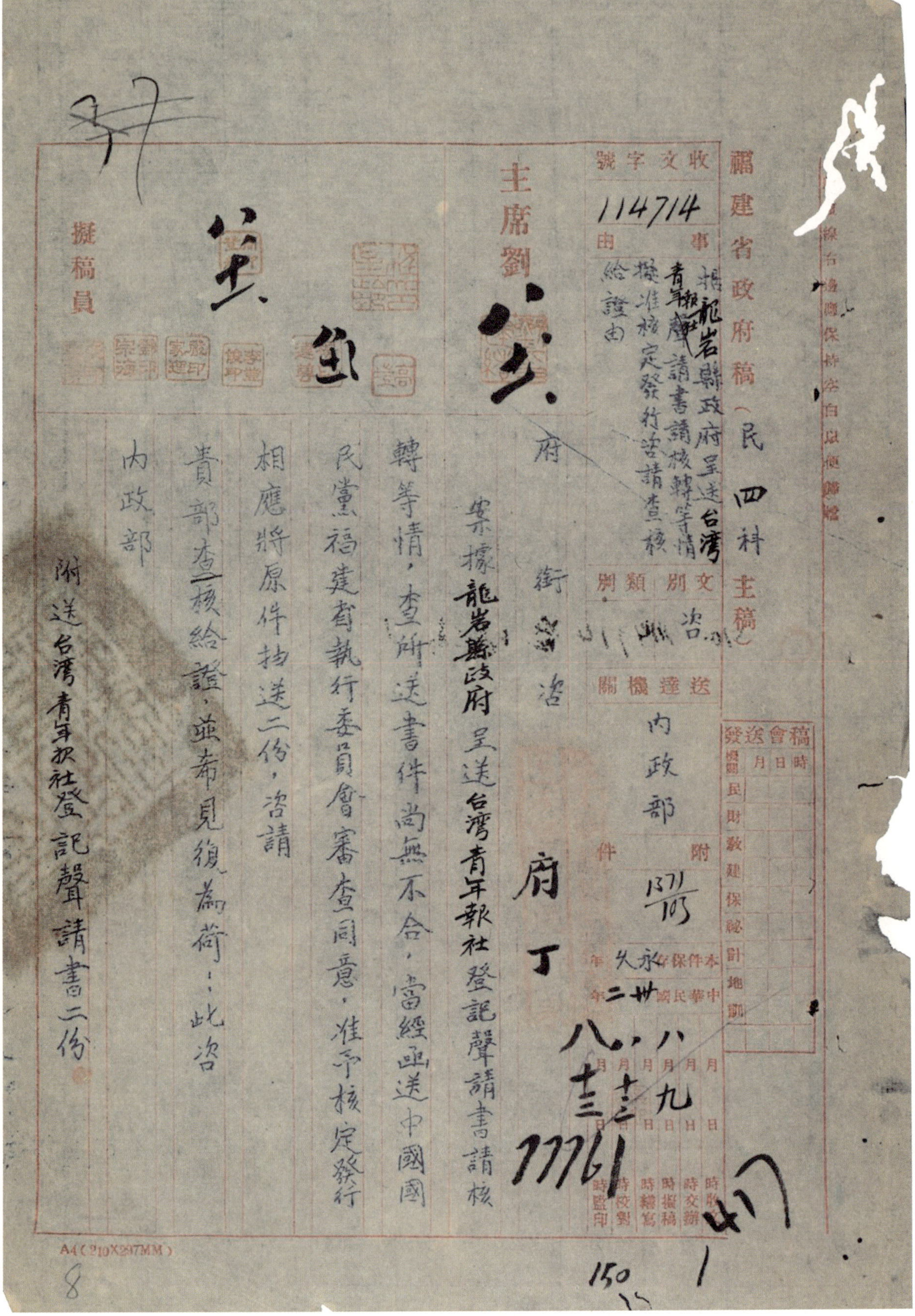

福建省政府稿（民 四 科主稿）

收文字號 114714

事由 據龍岩縣政府呈送台灣青年報社登記聲請書請核轉等情擬准核定發行咨請查核給證由

文別 咨

送達機關 內政部

附件 1371/105

主席劉

府銜 咨

案據龍岩縣政府呈送台灣青年報社登記聲請書請核轉等情，查所送書件尚無不合，當經函送中國國民黨福建省執行委員會審查同意，准予核定發行，相應將原件抄送二份，咨請貴部查核給證，並希見復為荷！此咨

內政部

附送台灣青年報社登記聲請書二份

福建省政府关于请核准《台湾青年》发行给证给内政部的咨　　一九四三年八月十三日

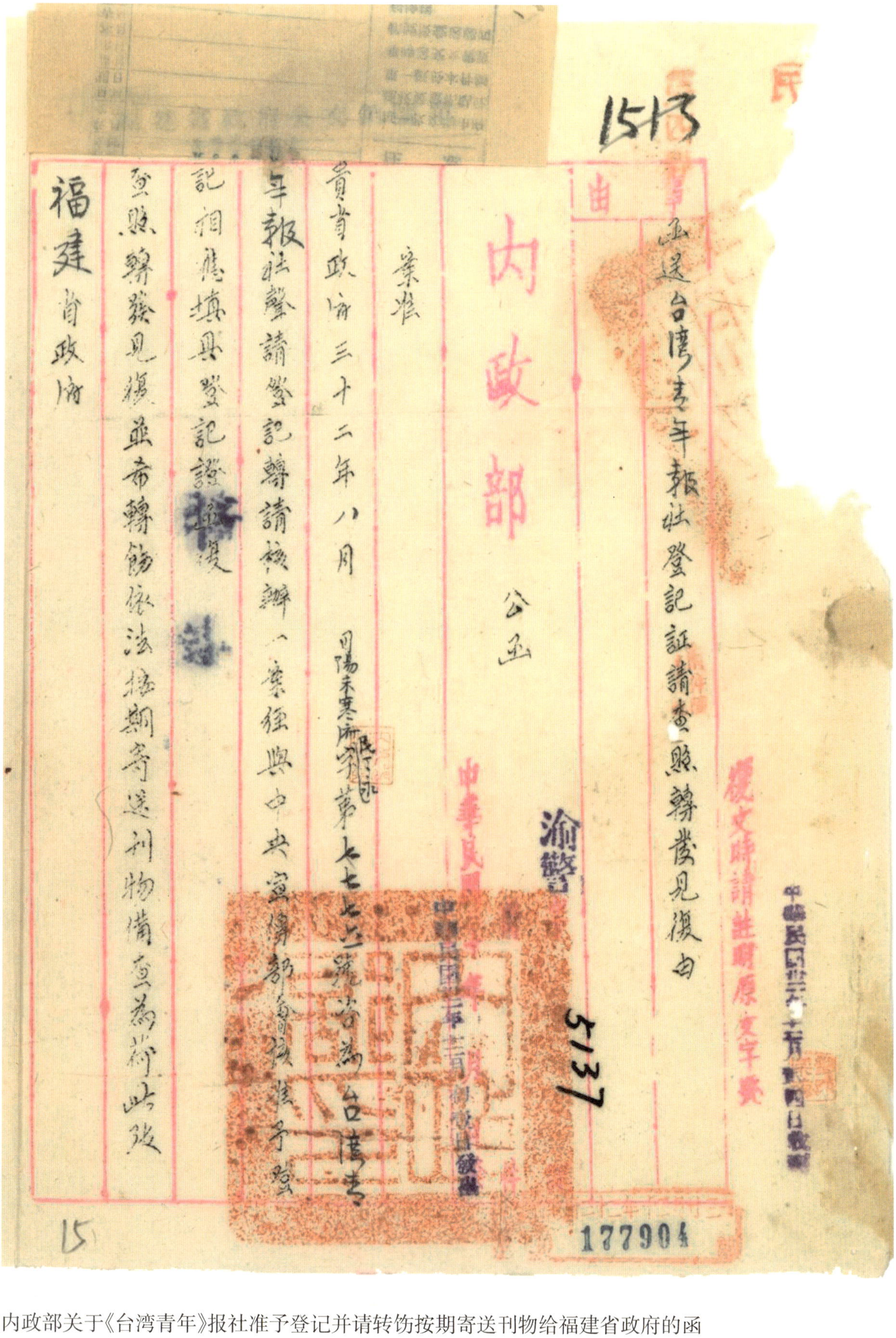

1513

由：函送台湾青年報社登記証請查照轉發見復由

內政部 公函

渝警

案准
貴省政府三十二年八月日陽未寒府秘第七七七六三號咨為台湾青年報社聲請登記轉請核辦一案經與中央宣傳部會核准予登記相應填具登記證
查照轉發見復並希轉飭依法按期寄送刊物備查為荷此致
福建省政府

5137

177904

15

内政部关于《台湾青年》报社准予登记并请转饬按期寄送刊物给福建省政府的函

一九四三年十二月一日

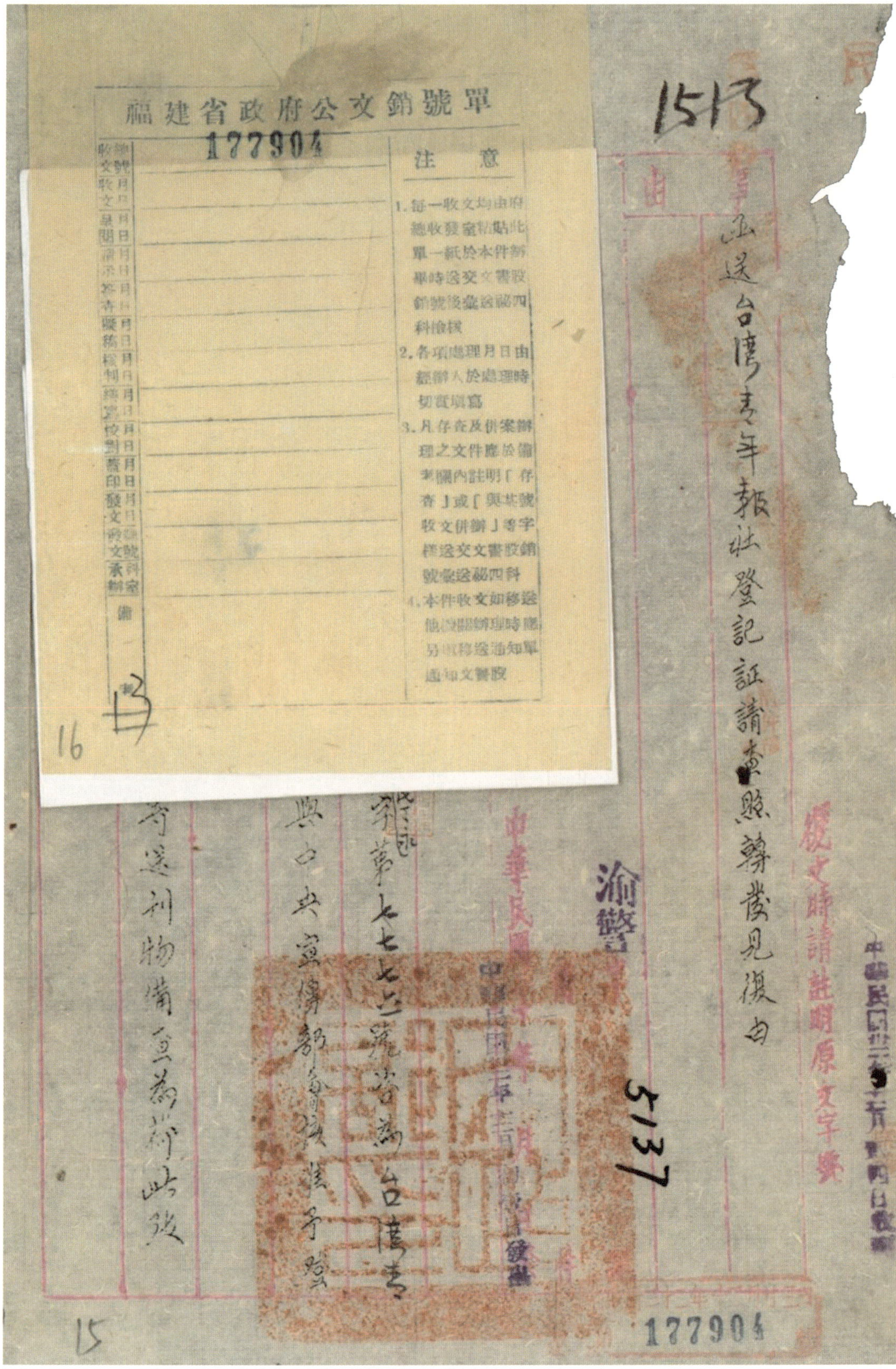
1513
由
函送台湾青年報社登記証請查照轉發見復由
收文時請註明原文字號
渝警
第七七二號咨為台湾青
與中央宣傳部會核准予照
寄送刊物備查為荷此致
5137
177904
15
福建省政府公文銷號單
177904
收文號數
收文月日
呈閱月日
簽示月日
擬稿月日
核判月日
繕寫月日
校對月日
蓋印月日
發文月日
發文號數
承辦科室
備考
注意
1.每一收文均由府總收發室粘貼此單一紙於本件辦畢時送交文書股銷號後彙送第四科檢核
2.各項處理月日由經辦人於處理時切實填寫
3.凡存查及併案辦理之文件應於備考欄內註明「存查」或「與某號收文併辦」等字樣送交文書股銷號彙送第四科
4.本件收文如移送他機關辦理時應另填移送通知單通知文書股
16

計填送登記證一份

部長 周鍾嶽

監印 李文垣

校對 夏郁周

17

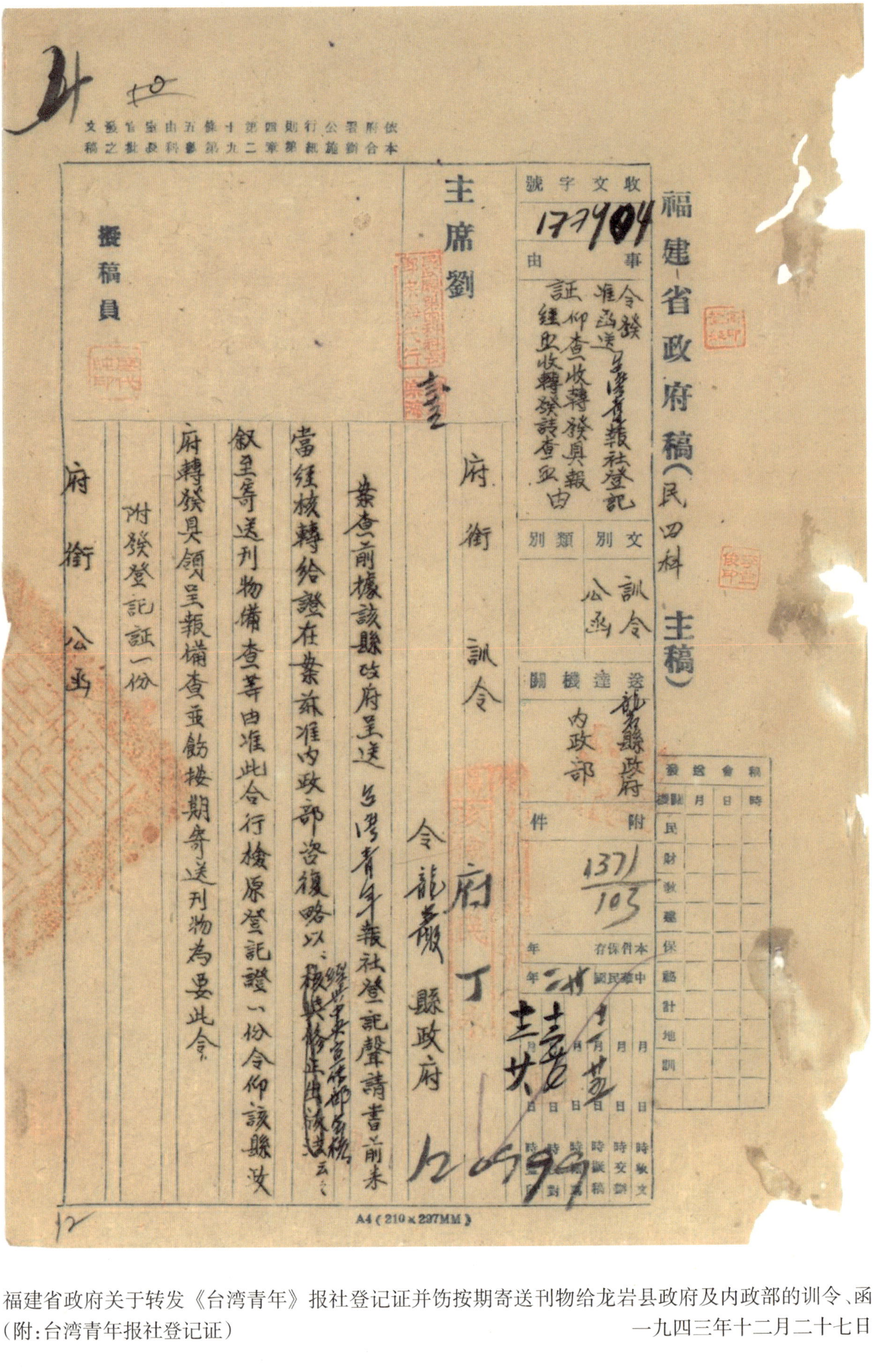

福建省政府稿（民四科 主稿）

收文字號：1727904

事由：令發、函送台灣青年報社登記證，仰查收轉發具報，並函達查照由

文別：訓令、公函

送達機關：龍岩縣政府、內政部

附件：1371/103

主席劉

府衛 訓令

令龍岩縣政府

案查前據該縣政府呈送台灣青年報社登記聲請書前來，當經核轉，給證在案。茲准內政部咨復略以：……等由，准此，合行檢原登記證一份，令仰該縣政府轉發具領呈報備查，並飭按期寄送刊物為要。此令。

附發登記證一份

府衛 公函

A4（210×297MM）

福建省政府关于转发《台湾青年》报社登记证并饬按期寄送刊物给龙岩县政府及内政部的训令、函（附：台湾青年报社登记证）

一九四三年十二月二十七日

案准

貴部卅二年十二月一日渝警字六三七號函送台灣青年報社登記證

請查照轉發等由，附送登記證一枚；准此，除令發具領並飭按期寄送刊物

外，相應復請

查照為荷！此致

內政部

（登記證須抄一份粘存）

福建省政府

A4(210×297M.M.)

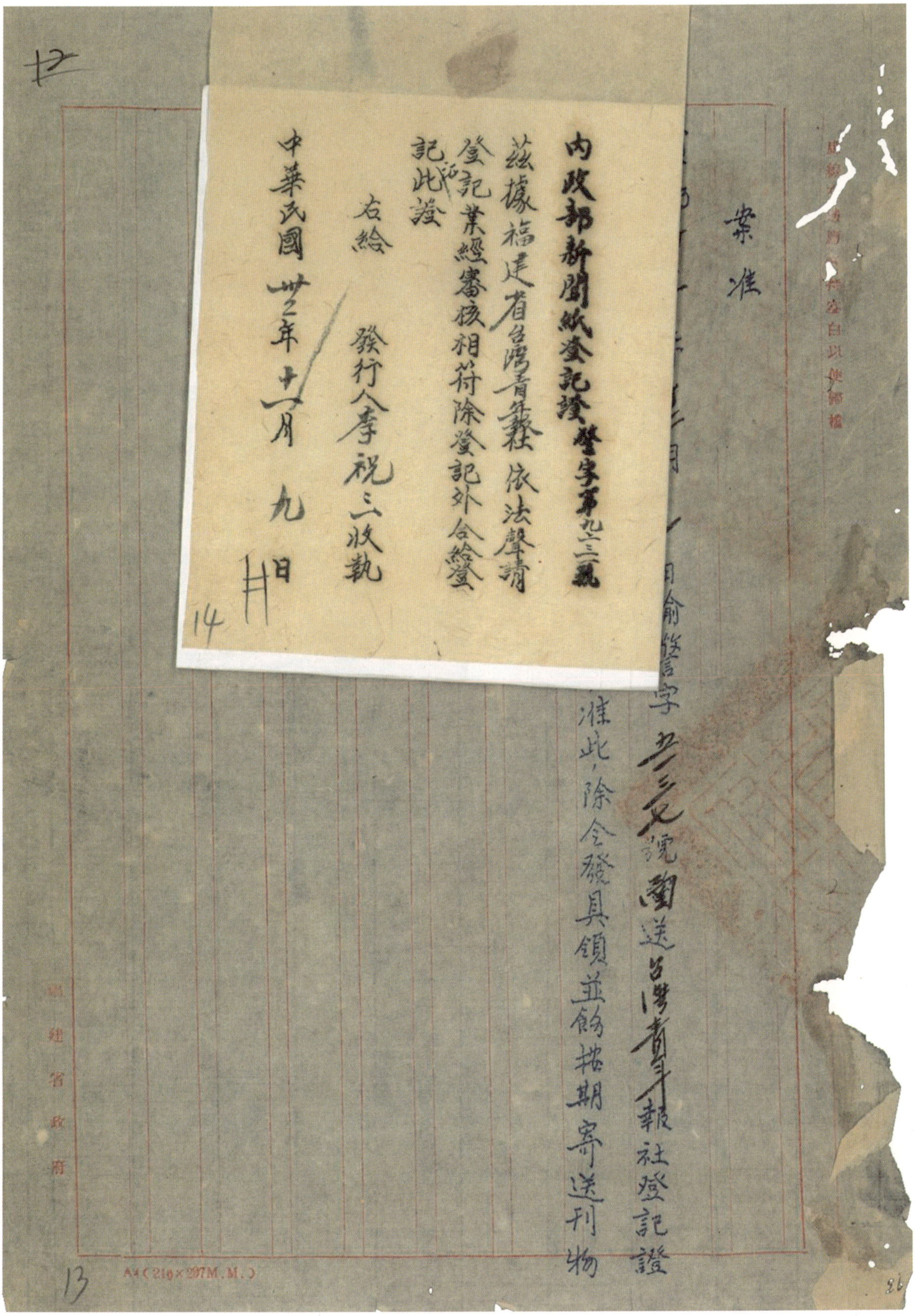

内政部新聞紙登記證警字第九六三號

茲據福建省台灣青年報社依法聲請登記業經審核相符除登記外合給登記此證

右給

發行人李祝三收執

中華民國卅二年十一月九日

案准

……渝警字第九六三號函送台灣青年報社登記證

准此，除令發具領並飭按期寄送刊物

福建省政府

A4(210×297M.M.)

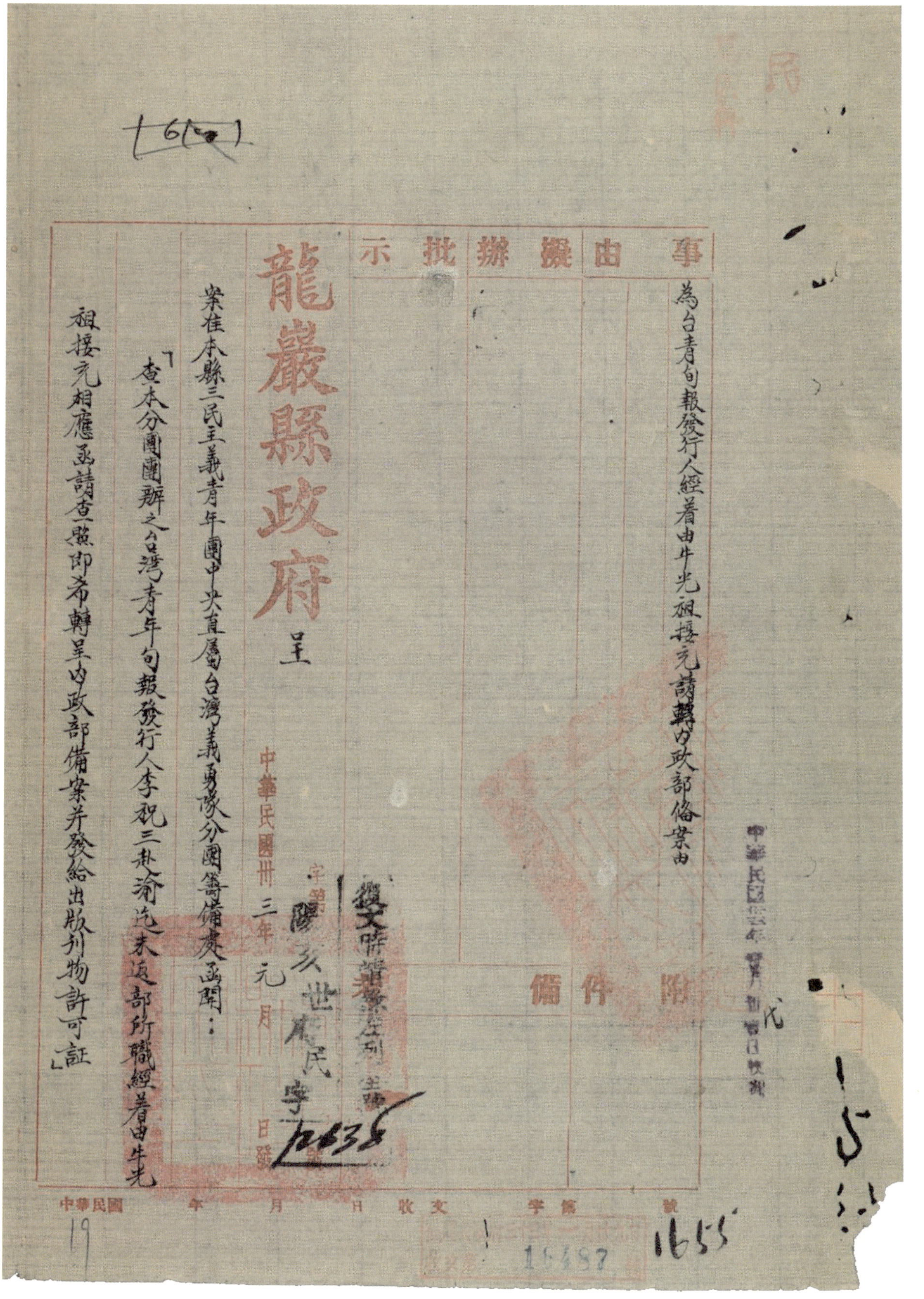

事由：為台青旬報發行人經着由牛光祖接充請轉內政部備案由

附件

龍巖縣政府 呈

中華民國卅三年元月 日 發 字第 號

案准本縣三民主義青年團中央直屬台灣義勇隊分團籌備處函開：「查本分團團辦之台灣青年旬報發行人李祝三赴渝迄未返部所職經着由牛光祖接充相應函請查照即希轉呈內政部備案并發給出版刊物許可証」

中華民國 年 月 日收文 字第 號

龙岩县政府关于《台湾青年》旬报发行人变更请转内政部核备给福建省政府的呈

一九四三年十二月三十一日

等由准此查該報申請登記手續業經本府以揚辰梗府五四八三號呈轉請轉內政部登記在案茲

准前由理合呈請

鑒核轉請備查并乞迅賜發給許可證

謹呈

福建省政府主席劉

龍巖縣縣長林詩旦

福建省龍巖縣雜民征屬商店出品

20

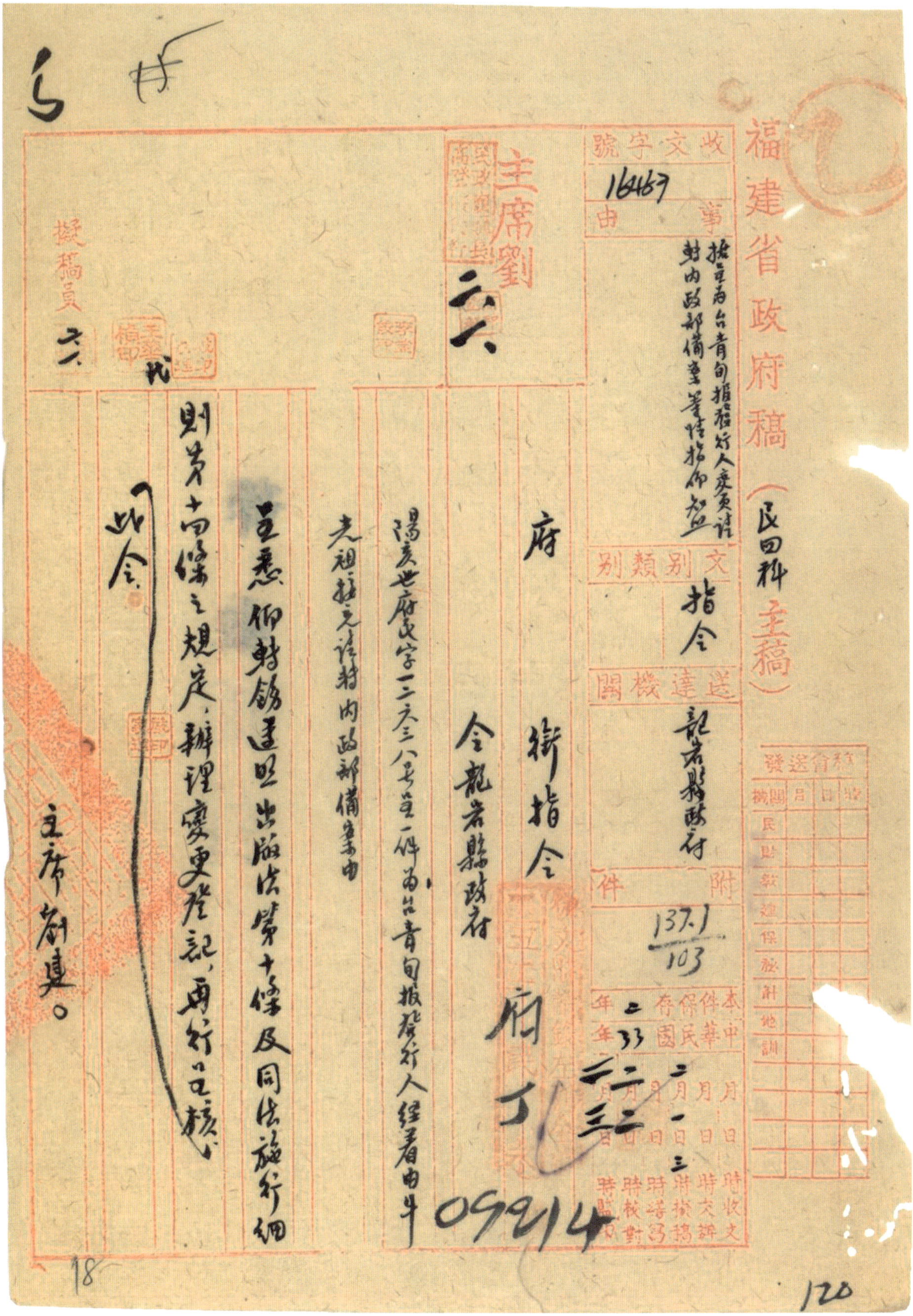

福建省政府稿（民四科 主稿）

收文字號：16487

事由：據呈為台青旬報發行人變更請轉內政部備案等情指令知照

文別類別：指令

送達機關：龍岩縣政府

附件：137.1/103

中華民國三十三年 二月 一日 收文 二月 二日 三時

主席劉 六六

擬稿員 六六

府 衔 指令

令龍岩縣政府

湯處世府民字一二六三八號呈一件為台青旬報發行人經着由牛光祖接充請轉內政部備案由

呈悉。仰飭遵照出版法第十條及同法施行細則第十四條之規定，辦理變更登記，再行呈核。

此令。

主席劉建。

府 09214

福建省政府关于办理《台湾青年》旬报发行人变更登记给龙岩县政府的指令

一九四四年二月三日

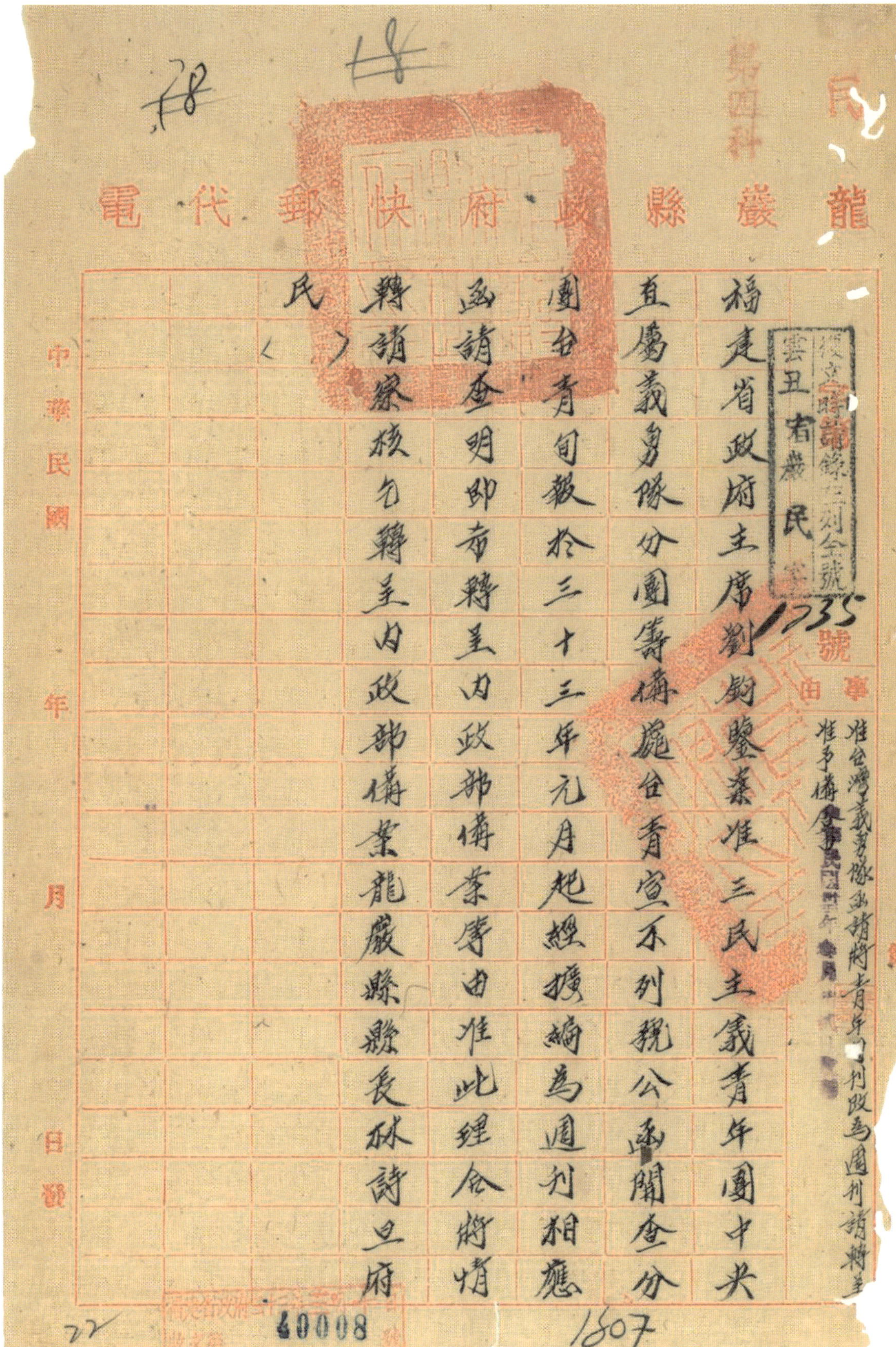

龍巖縣政府快郵代電

民

第四科

事由：准台灣義勇隊函請將青年旬刊改為週刊請轉呈

准予備案

第 1235 號

復文時請錄列全號 民丑 雲 省巖 民 字

福建省政府主席劉鈞鑒：案准三民主義青年團中央直屬義勇隊分團籌備處台青宣不列號公函開：查分團台青旬報於三十三年元月起經擴編為週刊，相應函請查明即希轉呈內政部備案等由，准此，理合將情轉請察核，乞轉呈內政部備案。龍巖縣縣長林詩旦府民（一）〈 〉

中華民國 年 月 日發

40008

1807

22

龙岩县政府关于《台湾青年》由旬刊改为周刊请转呈内政部核备给福建省政府的代电

一九四四年二月二十六日

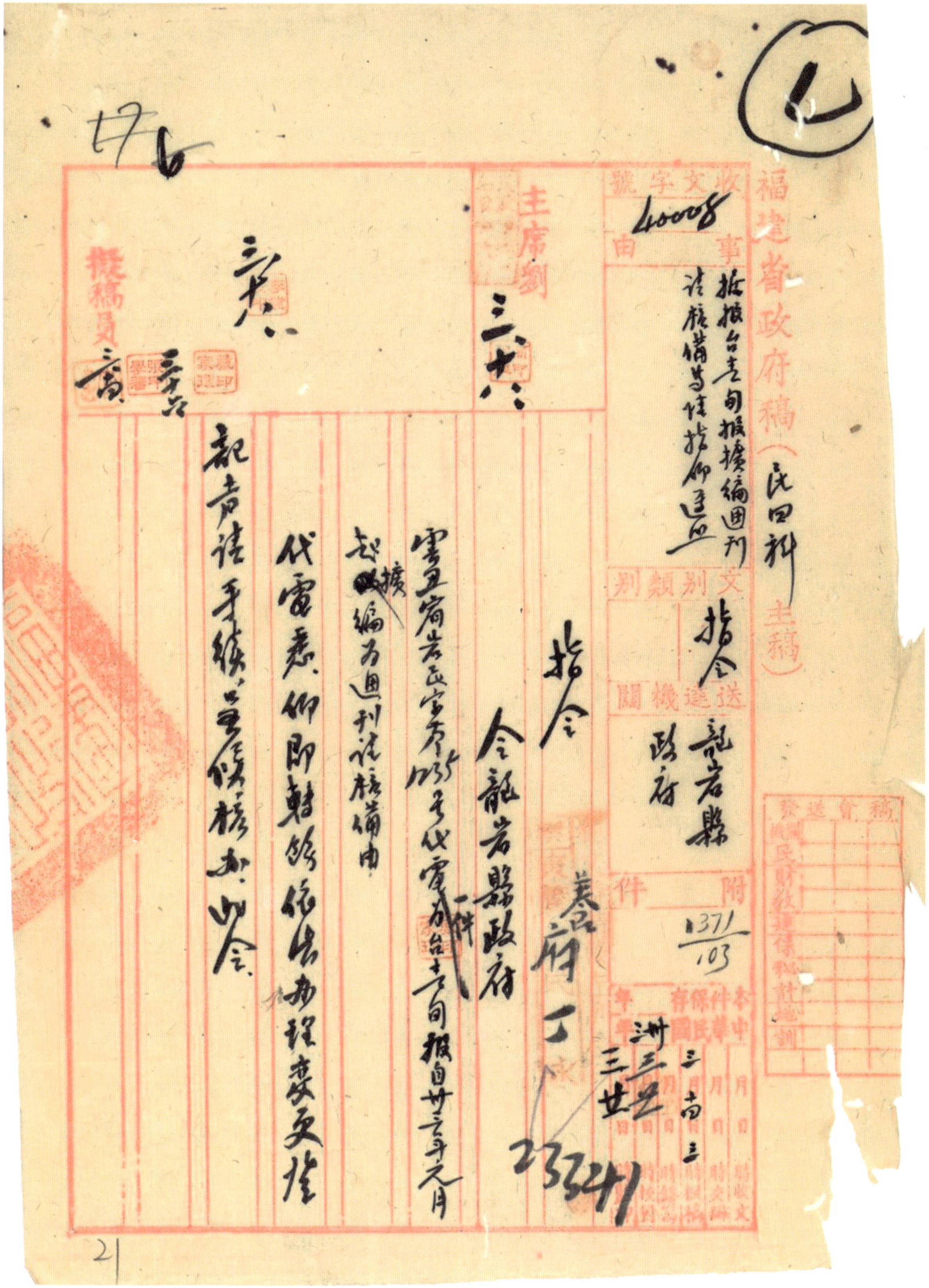
福建省政府稿（民四卅）主稿
收文字号 40008
事由 据报台湾青年旬报扩编周刊请核备等情指仰遵照
文别类别 指令
送达机关 龙岩县政府
附件 1371/103
主席刘
指令
令龙岩县政府
寅支府岩民字第1235号代电为台湾青年旬报自卅三年元月起扩编为周刊请核备由
代电悉。仰即转饬依法办理变更登记手续，并候核办。此令。
三十三年三月廿一日
232411

福建省政府关于办理《台湾青年》旬刊扩编为周刊登记手续给龙岩县政府的指令

一九四四年三月二十二日

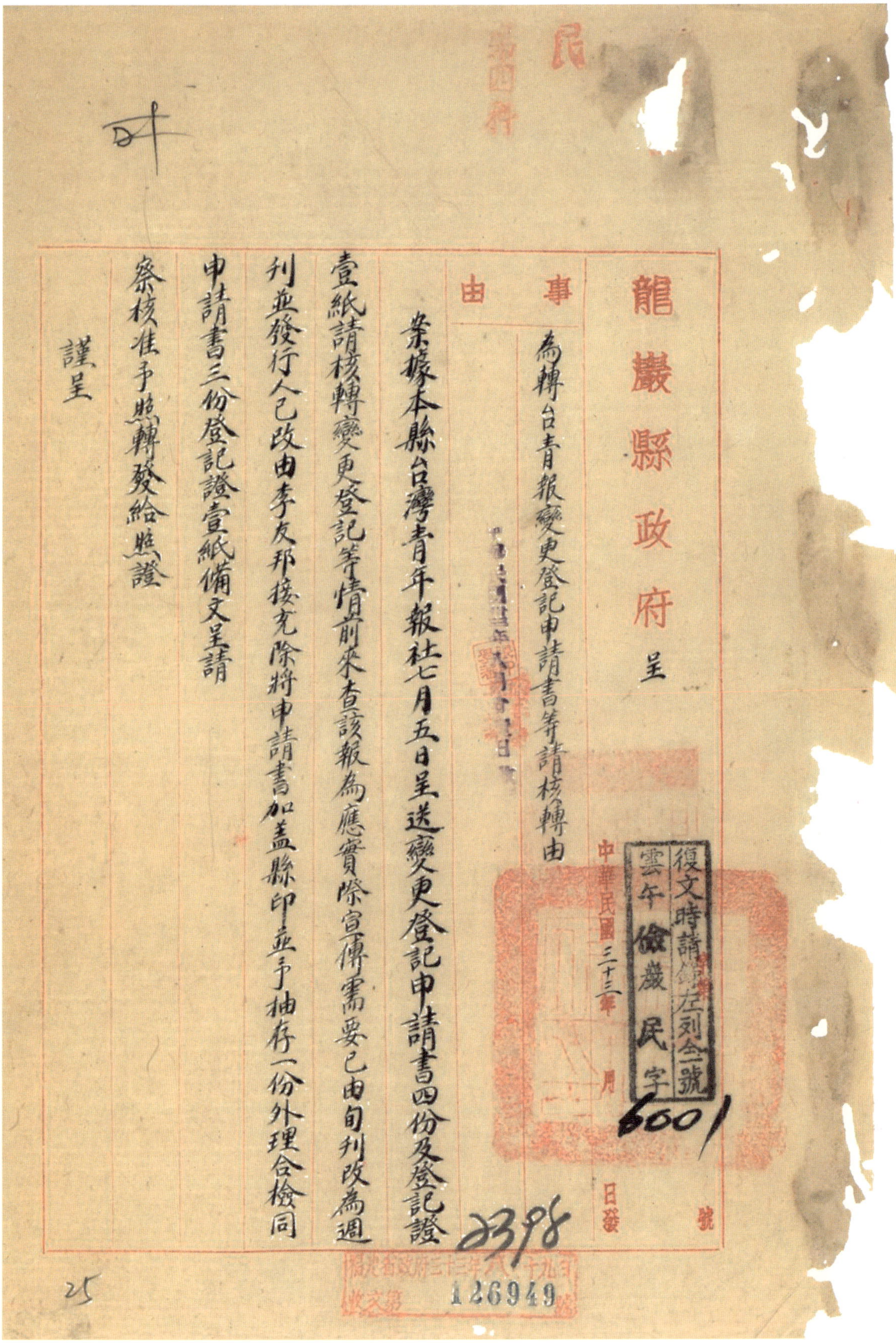

龍巖縣政府 呈

事由：為轉台青報變更登記申請書等請核轉由

中華民國三十三年 月 日發

復文時請録左列全號 雲午 岩巖 民字 6001號

案據本縣台灣青年報社七月五日呈送變更登記申請書四份及登記證壹紙請核轉變更登記等情前來查該報為應實際宣傳需要已由旬刊改為週刊並發行人已改由李友邦接充除將申請書加蓋縣印並予抽存一份外理合檢同申請書三份登記證壹紙備文呈請

察核准予照轉發給照證

謹呈

2398

126949

25

龙岩县政府关于转送《台湾青年》报社变更登记申请书给福建省政府的呈

一九四四年七月二十八日

福建省政府主席劉

附呈台青報變更申請書三份登記証壹紙

龍巖縣縣長林詩旦

26

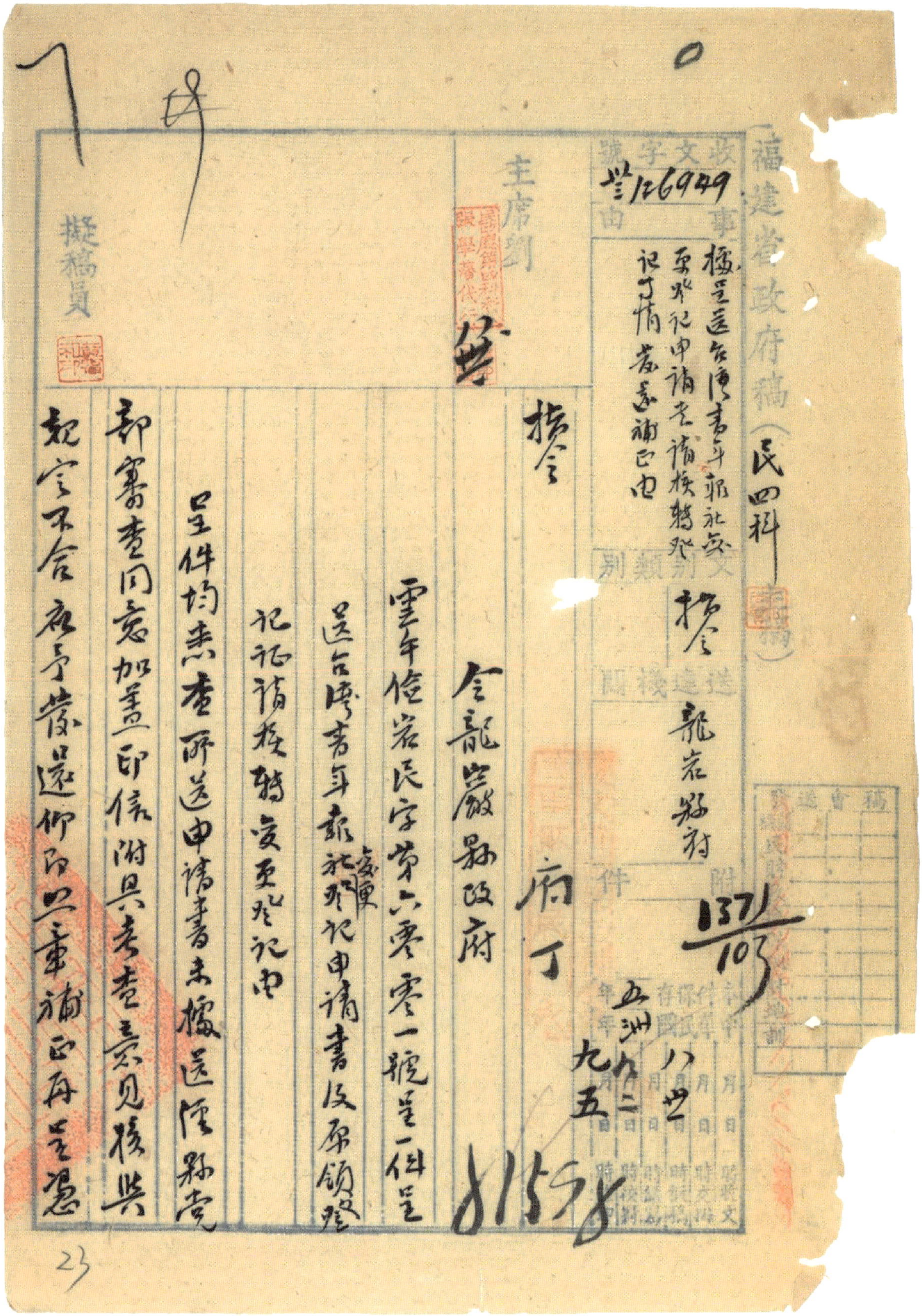
福建省政府稿（民四科）

收文字號 兰126949

事由 據呈送台湾青年報社變更登記申請書請核轉登記等情應予補正由

文別 指令

送達機關 龍岩縣政府

主席劉

擬稿員

指令

令龍巖縣政府

卅三年八月 岩民字第六零零一號呈一件呈送台湾青年報社變更登記申請書及原領登記證請核轉登記由

呈件均悉。查所送申請書未據送陳縣黨部審查同意加蓋印信附具意見核與規定不合，應予發還，仰即遵照補正再呈為要。

1371/107

81558

23

福建省政府关于补正《台湾青年》报社变更登记申请书给龙岩县政府的指令

一九四四年九月五日

核明除將登記證發給外此令

計發還申請書二紙

24

事由：為呈送台灣青年報變更登記申請書請察核由

批示

擬辦

龍巖縣政府　呈

中華民國卅　年　月　日

茲呈送台灣青年報變更登記申請書三份請

察轉示遵！！

謹呈

附件

備考

2742

1903

福建省政府三十三年十一月　日收文第167240號

中華民國卅三年十一月八日收到

龍岩县政府关于报送《台湾青年》报社变更登记申请书给福建省政府的呈　　一九四四年十月二日

福建省政府主席刘

附呈台灣青年報變更登記申請書三份

龍巖縣縣長羅樹生

29

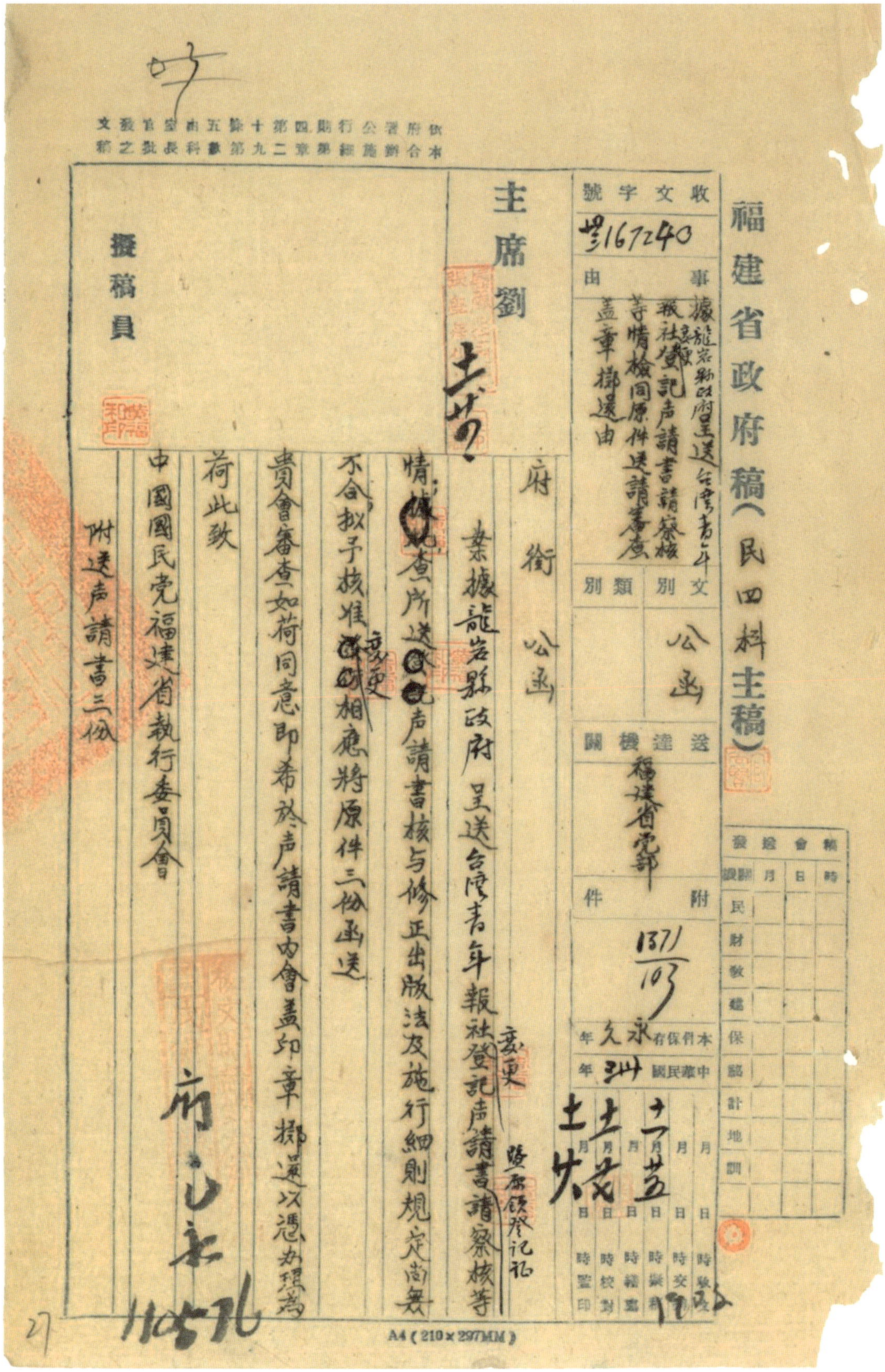

福建省政府稿（民四科主稿）

收文字號：___167240

事由：據龍岩縣政府呈送台灣青年報社變更登記声請書請察核等情檢同原件送請蓋章擲還由

送達機關：福建省党部

文別：公函

附件：1371/103

本件保存年限：永久

主席劉

府銜　公函

案據龍岩縣政府呈送台灣青年報社變更登記声請書請察核等情，經查所送声請書核与修正出版法及施行細則規定尚無不合，擬予核准變更，相應將原件三份函送貴會審查，如荷同意即希於声請書內會蓋印章擲還以憑办理為荷。此致

中國國民党福建省執行委員會

附送声請書三份

福建省政府关于报送《台湾青年》报社变更登记申请书给国民党福建省执委会的函

一九四四年十一月二十八日

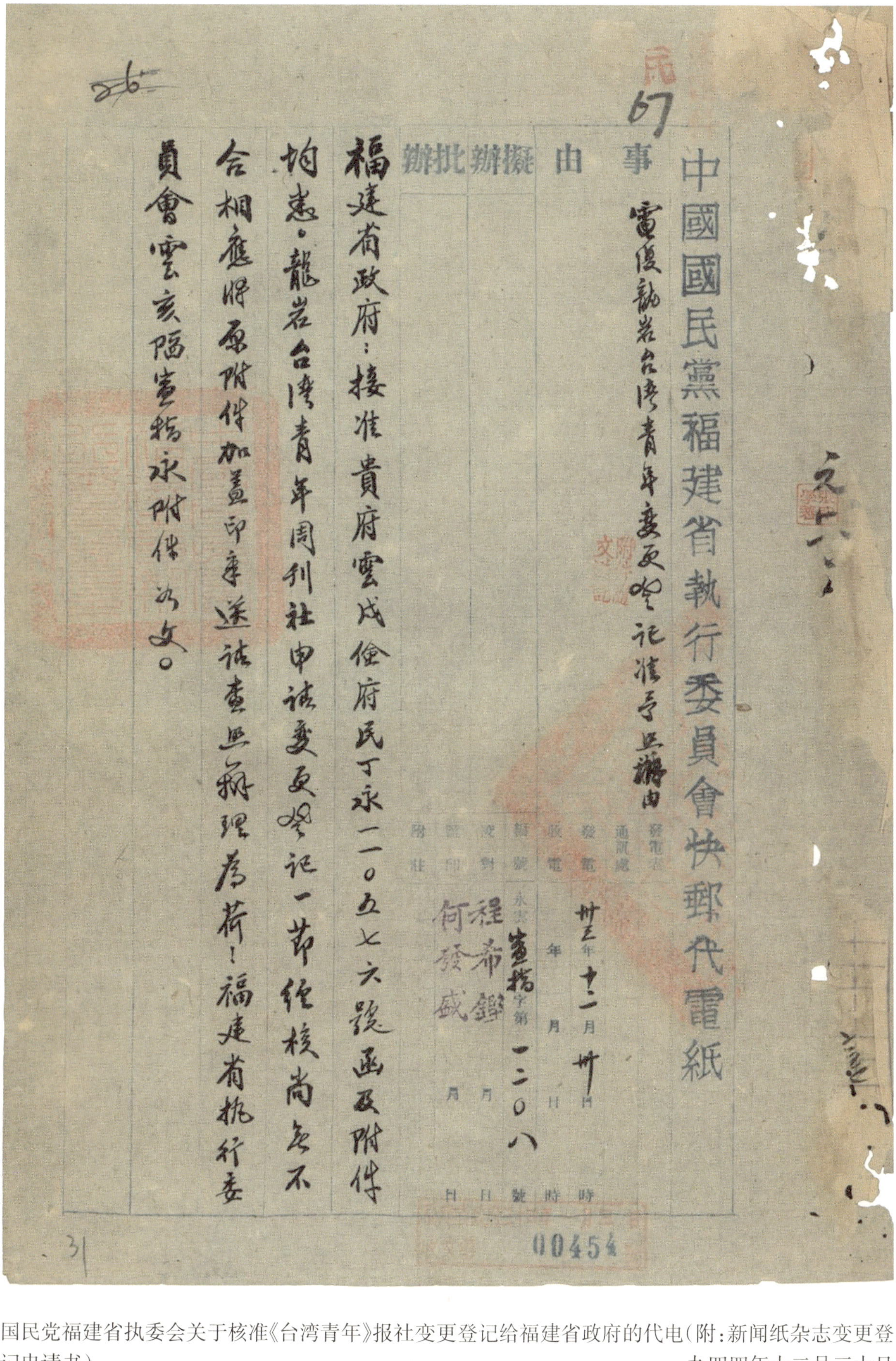

中國國民黨福建省執行委員會快郵代電紙

事由：電復龍岩台灣青年變更登記准予照辦由

擬辦 批辦

福建省政府：接准貴府雲戌儉府民丁永一一〇五七六號函及附件均悉。龍岩台灣青年周刊社申請變更登記一節，經核尚無不合，相應將原附件加蓋印章送請查照辦理為荷！福建省執行委員會雲亥陷書指永附件 以文。

發電：卅三年十二月卅日
永字第一二〇八
程希鄧 何發盛

00454

国民党福建省执委会关于核准《台湾青年》报社变更登记给福建省政府的代电（附：新闻纸杂志变更登记申请书）

一九四四年十二月三十日

37

新聞紙雜誌變更登記聲請書

名稱		台灣青年
發行人姓名		李祝三
原登記核准之年月日		三十三年十一月九日
原登記證號數及發給之年月日		警字第九三三八號 三十三年十一月九日
首次發行之年月日		三十三年一月八日
變更登記事項	聲請變更事項	1、發行人李祝三 2、刊期旬刊
	原登記者現變更者	1、發行人李友邦 2、刊期週刊
變更之原因		1、原發行人另調他職 2、宣傳上需要
變更之年月日		1、三十三年八月八日 2、三十三年八月八日
附設		隨表檢附警字九二三一號登記證壹紙
政委意見		與法尚合
複核意見		尚合

茲依出版法第十條及同法施行細則第十四條之規定，將具右列事項，聲請變更登記

謹呈

龍岩縣政府

具聲請書人台灣青年社 原發行人李祝三 現發行人李友邦

32

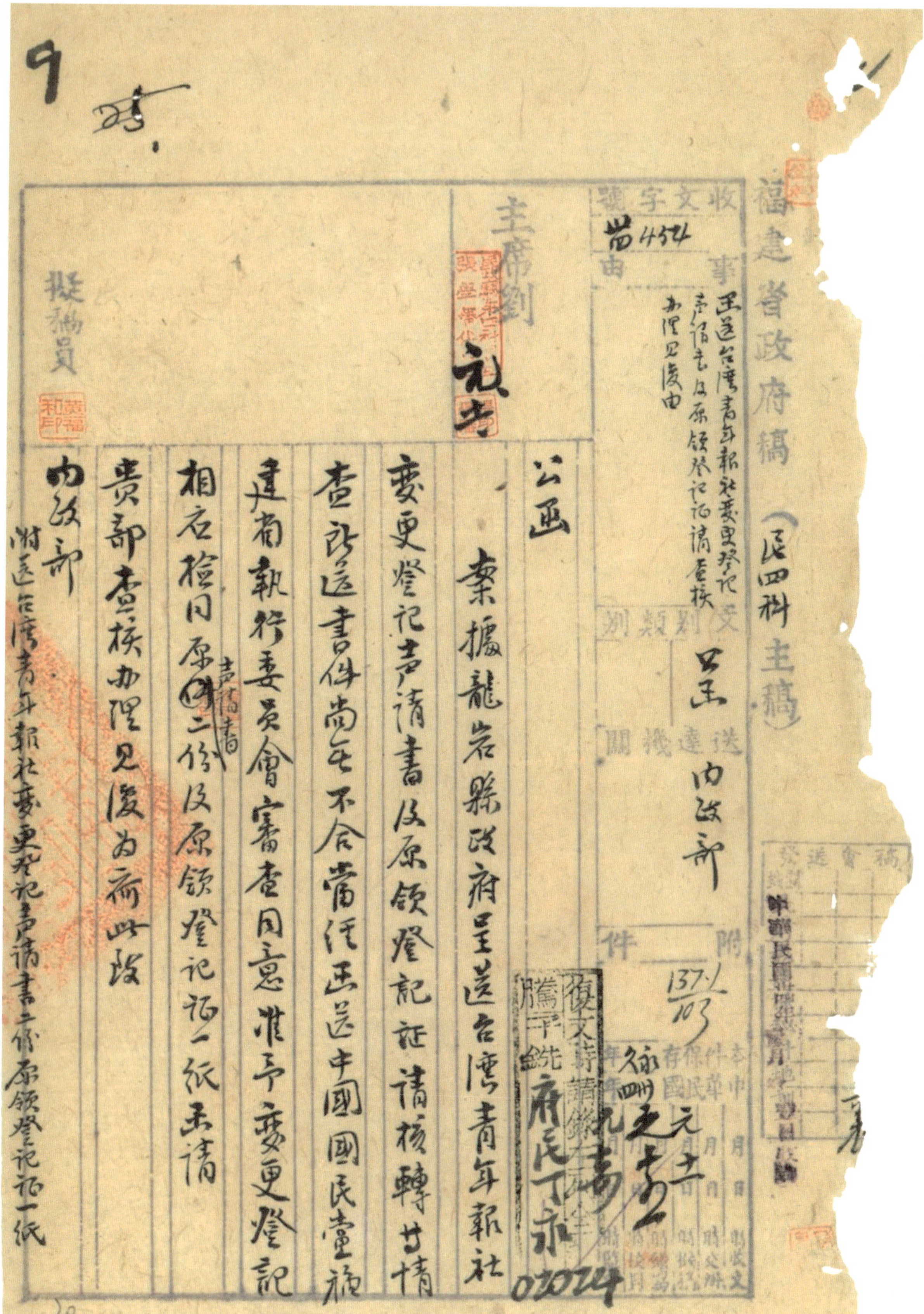
福建省政府稿（民四科主稿）

收文字号：尚4524

事由：呈送台湾青年报社变更登记声请书及原领登记证请查核办理见复由

文别：呈

送达机关：内政部

附件：137.1/103

主席刘

公函

案据龙岩县政府呈送台湾青年报社变更登记声请书及原领登记证请核转等情，查所送书件尚无不合，当经函送中国国民党福建省执行委员会审查同意准予变更登记，相应检同原声请书二份及原领登记证一纸呈请贵部查核办理见复为荷。此致

内政部

附送台湾青年报社变更登记声请书二份、原领登记证一纸

福建省政府关于报送《台湾青年》报社变更登记申请书及原领登记证给内政部的呈

一九四五年一月十六日

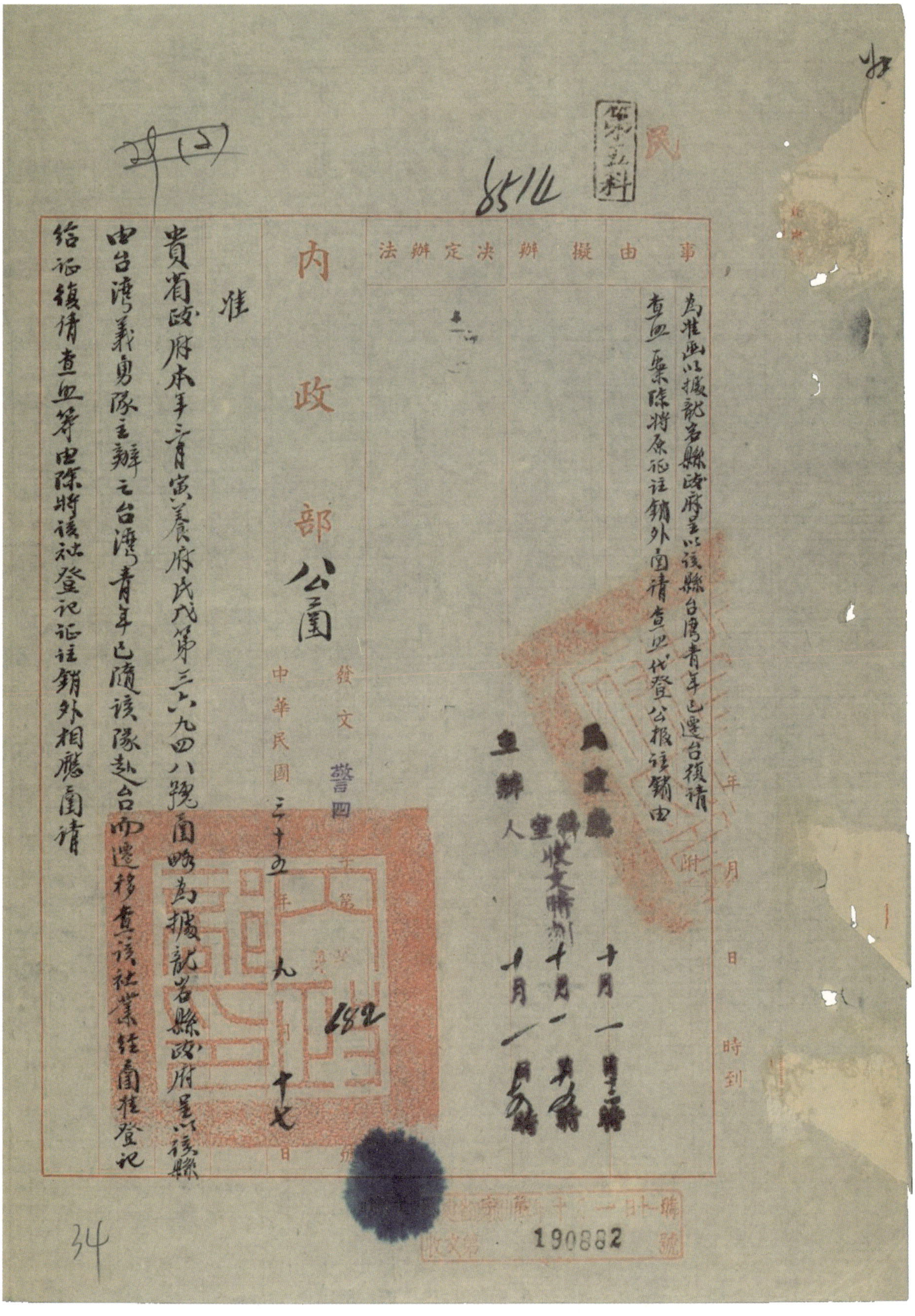

事由：為准函以據龍岩縣政府呈以該縣台灣青年已遷台復請查照予以將原證註銷外函請查照代登公報註銷由

內政部 公函

發文 警四字第182號

中華民國三十五年九月十七日

准

貴省政府本年三月寅養府民戊第三六九四八號函略為據龍岩縣政府呈以該縣由台灣義勇隊主辦之台灣青年已隨該隊赴台而遷移查該社業經函准登記給證復請查照等由除將該社登記證註銷外相應函請

收文 190882

内政部关于《台湾青年》已随队迁台请代登公报注销其登记证给福建省政府的函

一九四六年九月十七日

查照飭登公報註銷為荷

此致

福建省政府

部長 張厲生

監印 夏潤之

校對 徐耀章

35

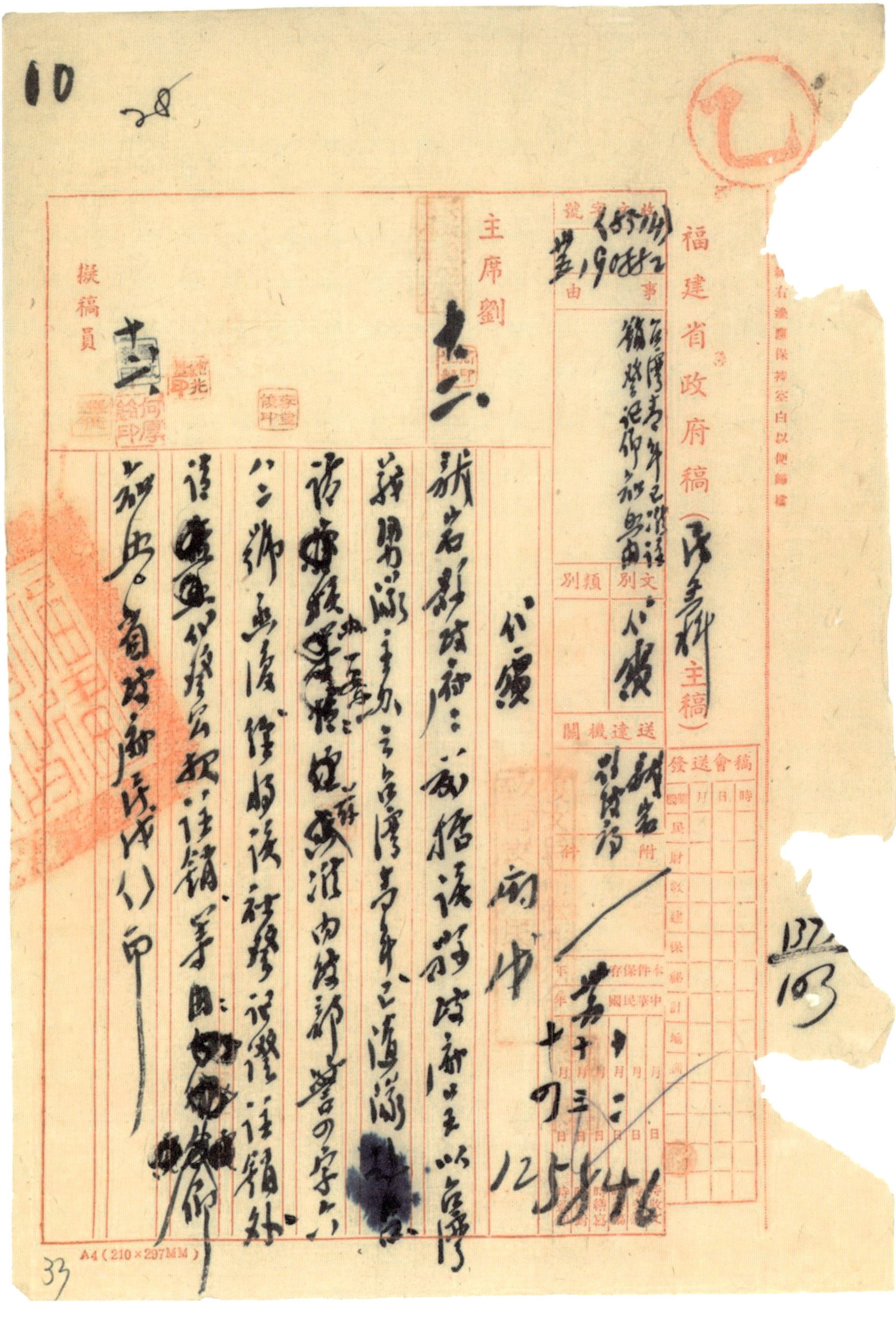

福建省政府关于注销《台湾青年》报社登记证给龙岩县政府的代电　　一九四六年十月四日

晋江县政府关于台湾义勇队预备队员魏文城请准缓役与东洛乡公所的来往呈令

一九四三年八月—九月

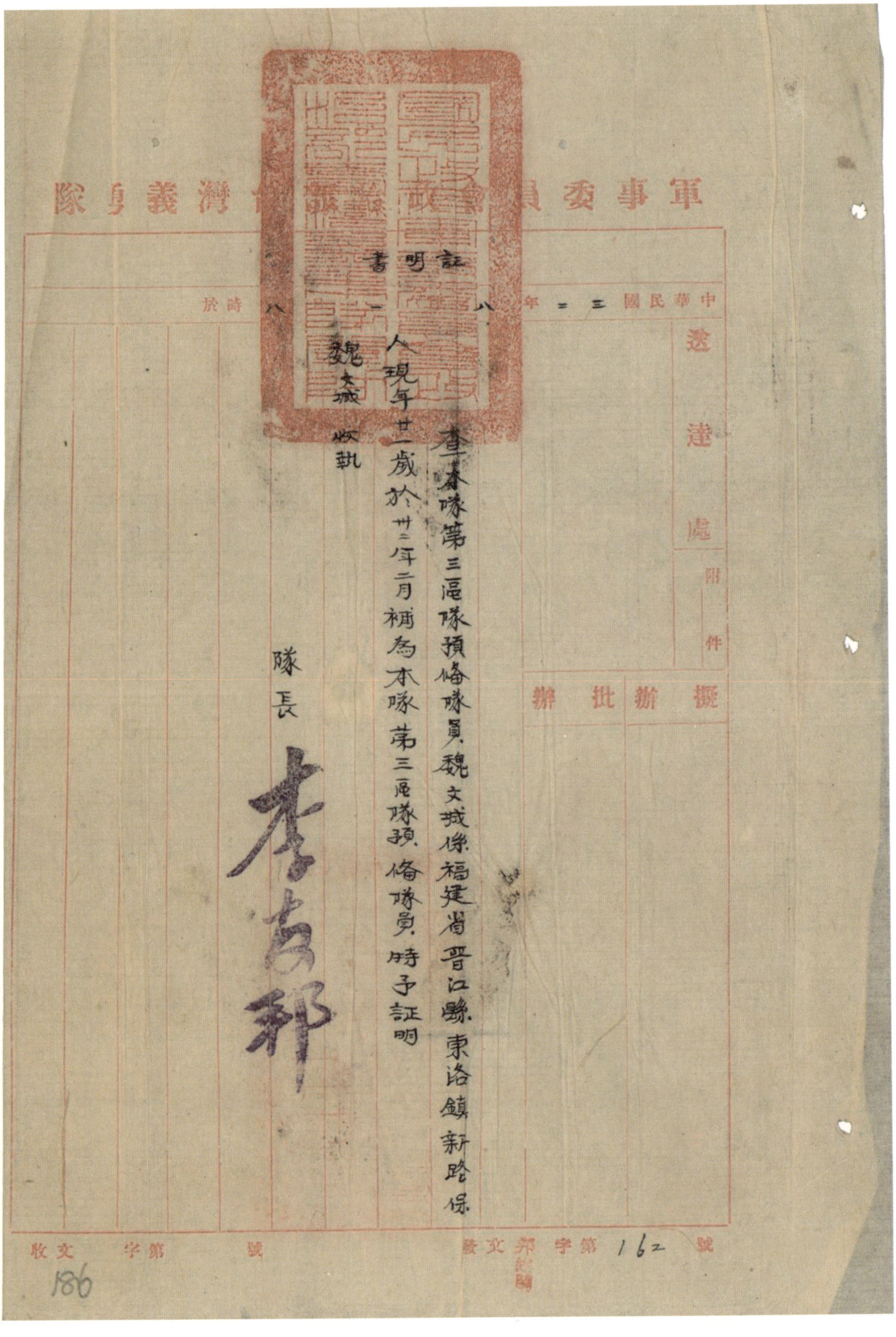

軍事委員會政治部直屬臺灣義勇隊

證明書

中華民國三十二年八月一日八時於

透達處
附件

擬辦	批辦

查本隊第三區隊預備隊員魏文城係福建省晉江縣東洛鎮新路保人，現年廿一歲，於卅二年二月補為本隊第三區隊預備隊員，特予証明

魏文城收執

隊長 李友邦

收文 字第 號　186

發文 字第162號

台湾义勇队出具魏文城补为预备队员的证明书

一九四三年八月一日

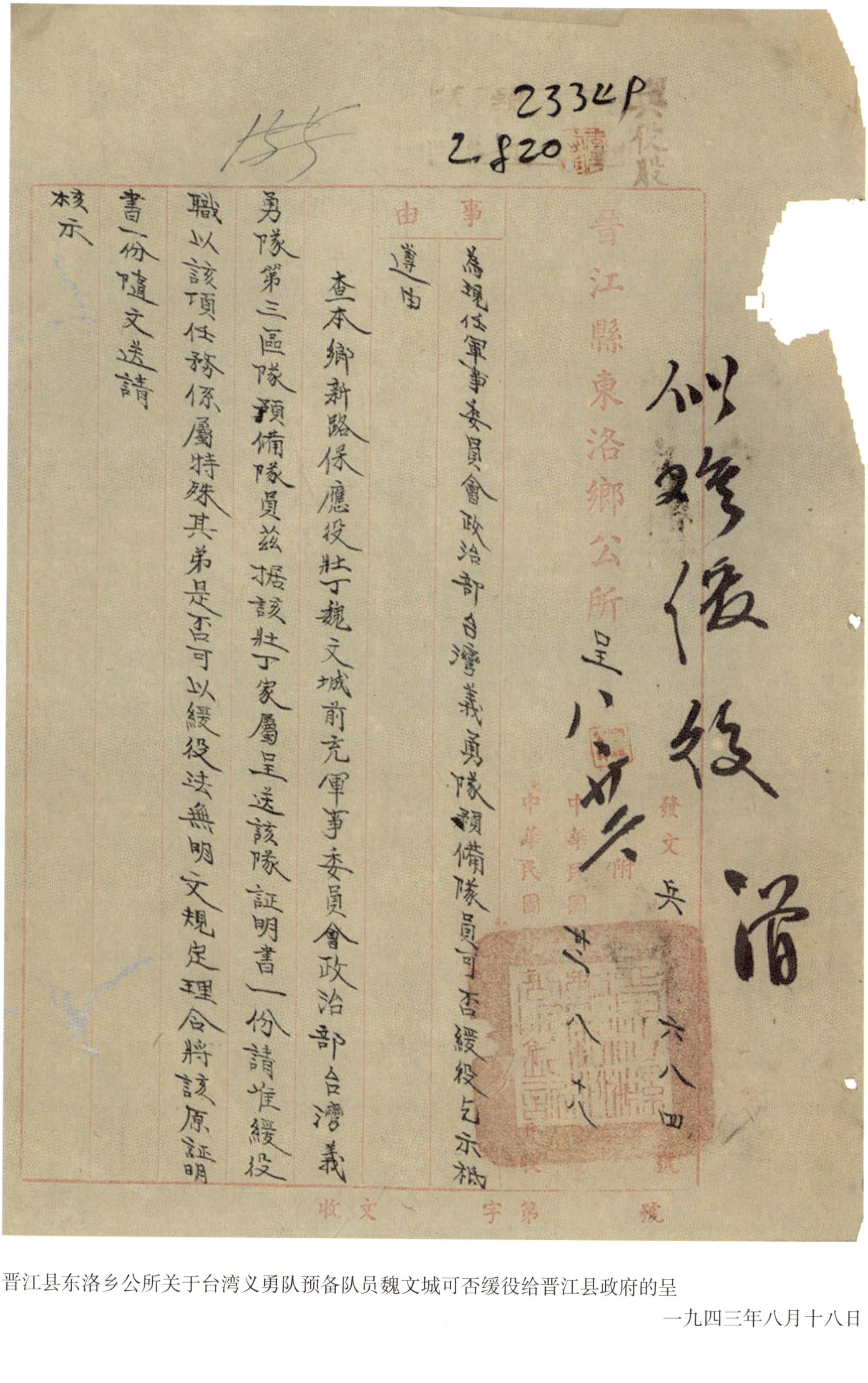
2334P
2.820
155
晉江縣東洛鄉公所呈
發文兵字第六八四號
中華民國卅二年八月十八日
事由：為現任軍事委員會政治部台灣義勇隊預備隊員可否緩役乞示祗遵由
查本鄉新路保應役壯丁魏文城前充軍事委員會政治部台灣義勇隊第三區隊預備隊員，茲據該壯丁家屬呈送該隊証明書一份請准緩役。職以該項任務係屬特殊，其弟是否可以緩役法無明文規定，理合將該原証明書一份隨文送請
核示。
似准緩役 渭
收文 字第 號

晋江县东洛乡公所关于台湾义勇队预备队员魏文城可否缓役给晋江县政府的呈

一九四三年八月十八日

謹呈

縣長陳

附軍事委員會政治部台灣義勇隊証明書一份

鄉長陳忠民

185

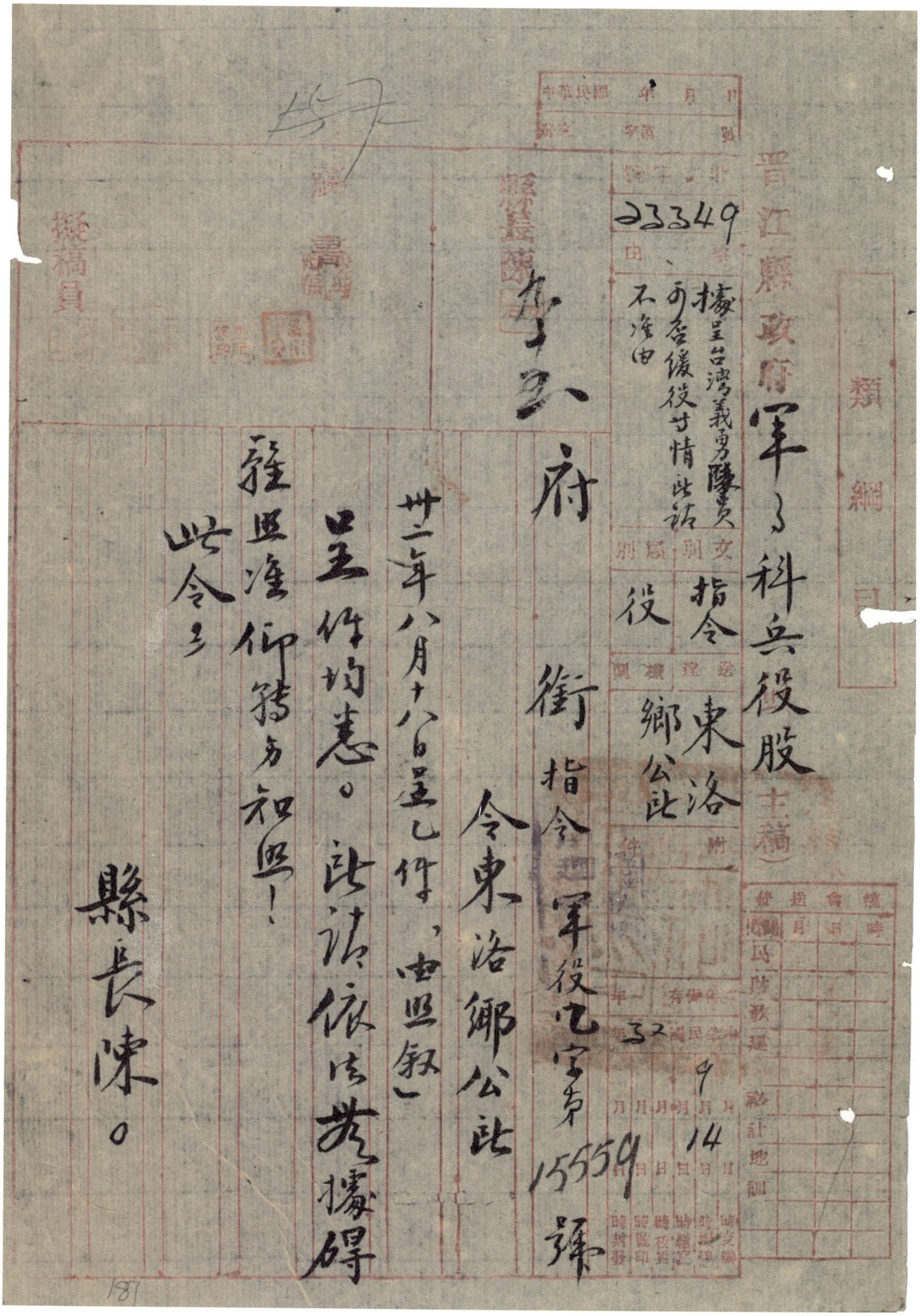
晋江县政府 军事科兵役股（主稿）

文别：指令

受文机关：东洛乡公所

事由：据呈台湾义勇队队员可否缓役等情，批饬不准由

府衔 指令 军役乙字第15559号

令东洛乡公所

卅二年八月十八日呈乙件，（由照叙）呈件均悉。所请依法无据，碍难照准，仰转饬知照！此令。

县长陈○

晋江县政府关于未准台湾义勇队队员魏文城缓役给东洛乡公所的指令

一九四三年九月二十四日

台湾义勇总队关于检送一九四四年第三季度生产自给月报表给第三战区龙岩县军民合作站指导分处的函

一九四四年八月—十月

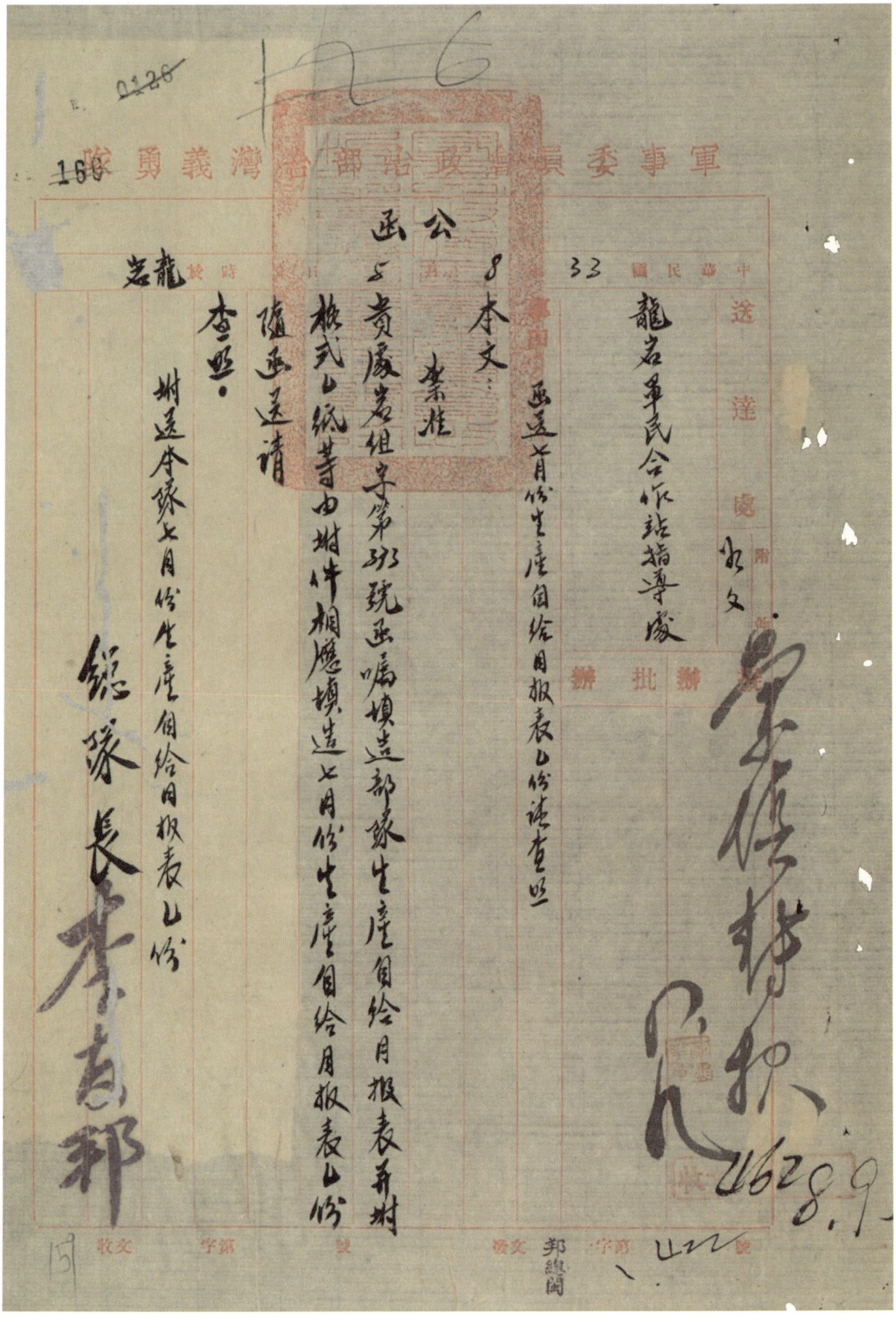
160

軍事委員會政治部直屬台灣義勇隊

公函

中華民國 33 年 8 月 5 日 發於 龍岩

送達處：龍岩軍民合作站指導處

附件：如文

函送七月份生產自給月報表乙份請查照

本文：

案准

貴處岩組字第593號函囑填造部隊生產自給月報表并附格式乙紙等由，附件相應填造七月份生產自給月報表乙份隨函送請

查照。

附送本隊七月份生產自給月報表乙份

總隊長 李友邦

台湾义勇总队关于填送一九四四年七月份生产自给月报表给第三战区福建省龙岩县军民合作站指导分处的函

一九四四年八月五日

軍事委員會政治部台灣義勇隊七月份生產自給月報表

番號	生產類別	生產量	備攷
訓練隊	空心菜	一〇二〇斤	
	冬瓜	二七七斤	
	茄子	一八〇斤	
	金瓜	一六二斤	
	菜豆	一三一斤	
少年團	菜豆	二四斤	
	紅茄子	五六斤	
	空心菜	一五六斤	

莧菜	一三斤
葫蘆	八斤
冬瓜	一四斤
金瓜	七六斤
辣椒	百斤
合計	二一一六斤

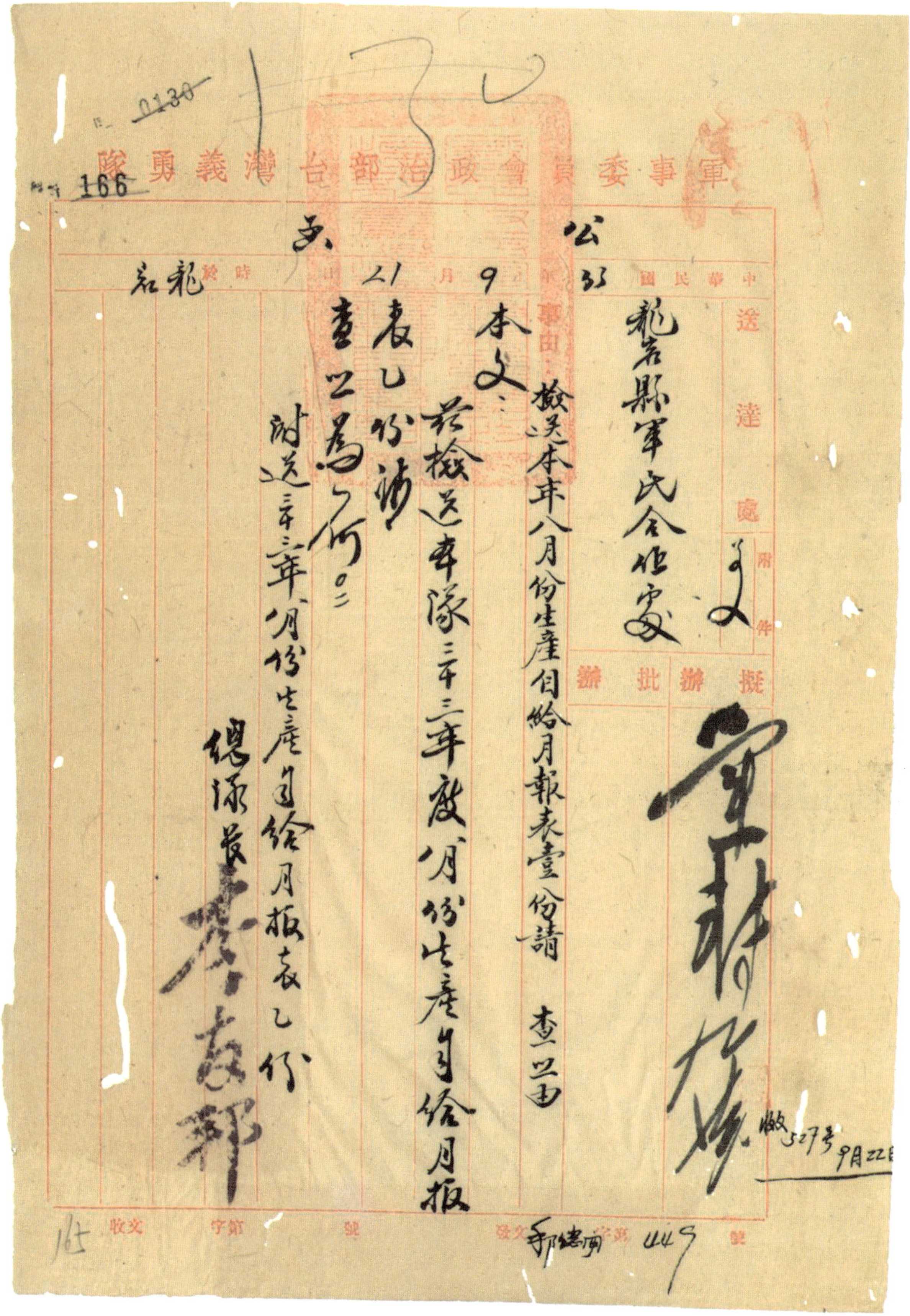
軍事委員會政治部台灣義勇隊

166

中華民國 33 年 9 月 21 日 時發 龍岩

公 函

送達處：龍岩縣軍民合作站

附件：表乙份

事由：檢送本年八月份生產自給月報表壹份請 查照由

本文：茲檢送本隊三十三年度八月份生產自給月報表乙份請 查照為荷

附送三十三年八月份生產自給月報表乙份

總隊長 李友邦

擬辦：室存檔

台湾义勇总队关于检送一九四四年八月份生产自给月报表给第三战区福建省龙岩县军民合作站指导分处的函

一九四四年九月二十一日

軍事委員會政治部台灣義勇隊三十三年度八月份生產月報表

單位名稱	生產種類	生產數量	備攷
訓練隊	空心菜	一〇三七〇〇（斤）	
	茄子	二三八〇〇	
	菜荳	一一四〇〇	
	瓠瓜	一一四〇〇	
	冬瓜	三一三〇〇	
	菜瓜	一二一〇〇	
	南瓜	四一一〇〇	
	芋頭	二五五〇〇	

少年團	南瓜	四六七	〇〇
	芋頭	三四	〇〇
	冬瓜	八二	〇〇
	空心菜	五六七	〇〇
	茄子	六〇	〇〇
	瓠瓜	四〇	〇〇
	菜瓜	四〇	〇〇
合計		三八九三	〇〇

168

167

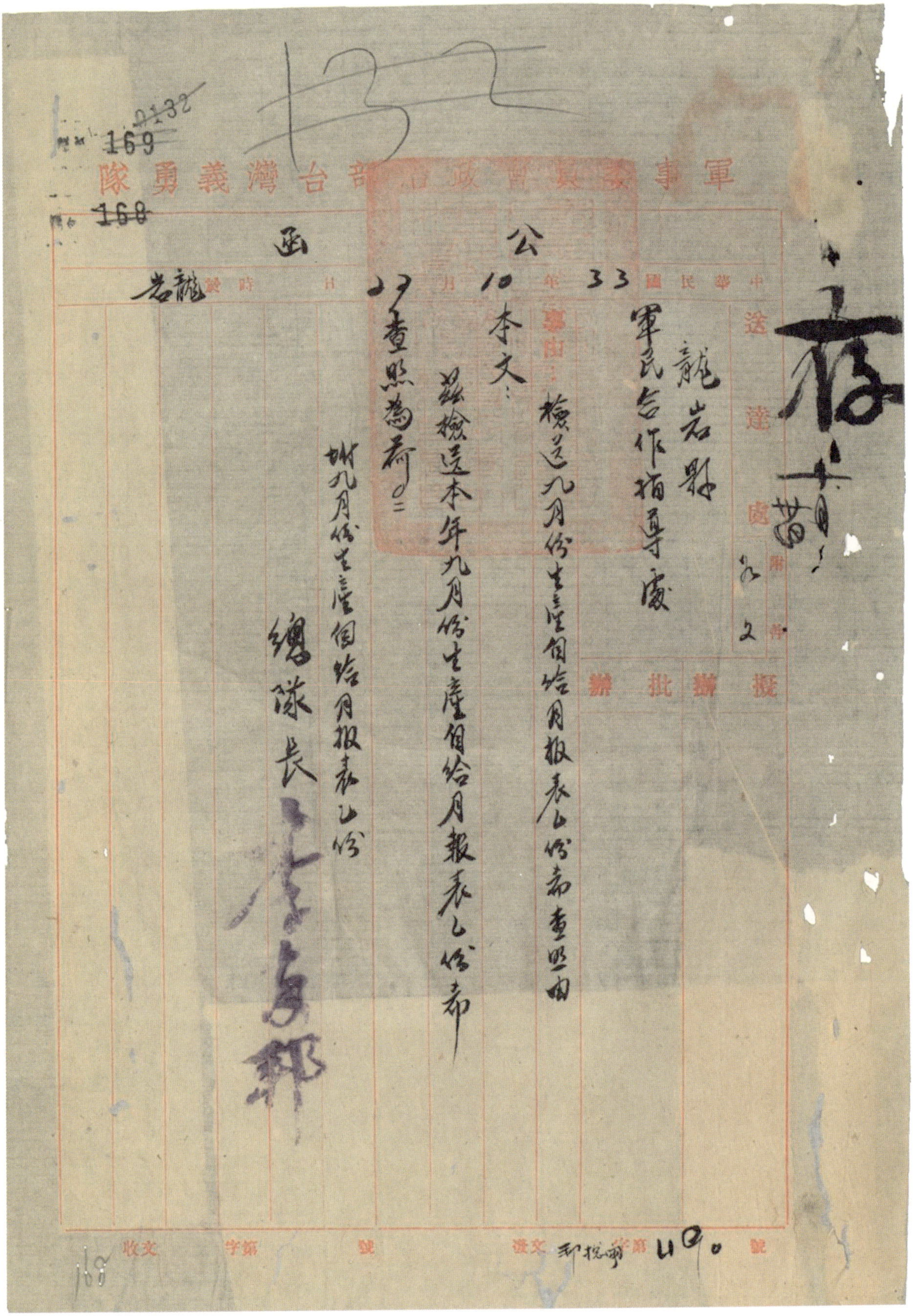

169

168

軍事委員會政治部台灣義勇隊

公函

中華民國 33 年 10 月 27 日 時 發於 龍岩

送達處：龍岩縣軍民合作指導處

附件：乙份

事由：檢送九月份生產自給月報表乙份希查照由

本文：

茲檢送本年九月份生產自給月報表乙份，希

查照為荷。

附九月份生產自給月報表乙份

總隊長 李友邦

存

擬辦 批辦

收文 字第 號 發文 印撥字第 110 號

台湾义勇总队关于检送一九四四年九月份生产自给月报表给第三战区福建省龙岩县军民合作站指导分处的函

一九四四年十月二十七日

軍事委員會政治部台灣義勇隊九月份生產自給月報表

所屬單位	生產類別	生產數量	備攷
訓練隊	空心菜	五八〇 〇〇	
	芋子	二七五 〇〇	
	菜豆	一五八 〇〇	
	茄子	五〇 〇〇	
	菜瓜	二七一 〇〇	
	冬瓜	五二〇 〇〇	
	南瓜	三四二 〇〇	
	匏瓜	一二一 〇〇	

少年團		
肉荳	参八	
辣椒	三〇	
南瓜	四七三	〇〇
冬瓜	一四	
芋頭	一〇〇七	〇〇
葱	一二	〇〇
空心菜	四二一	〇〇
合計	四三一一二	〇〇

170

三青团台湾义勇队分团第二届团员大会文件

一九四四年十一月—十二月

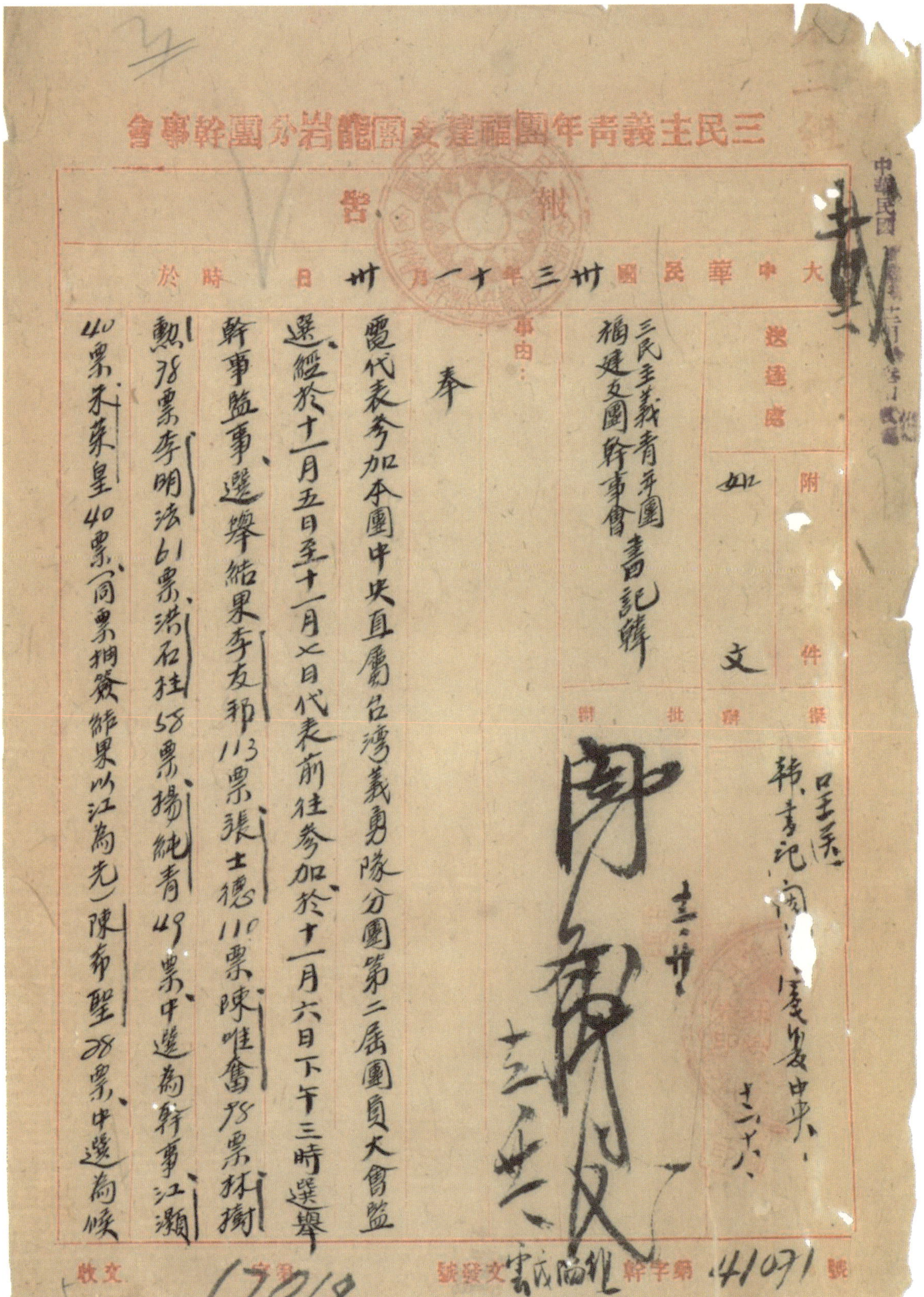
三民主義青年團福建支團龍岩分團幹事會

報告

中華民國卅三年十一月卅日　時　於

送達處：三民主義青年團福建支團幹事會書記韓

附件：如文

事由：

奉

選代表參加本團中央直屬台灣義勇隊分團第二屆團員大會監選，經於十一月五日至十一月七日代表前往參加，於十一月六日下午三時選舉幹事監事，選舉結果李友邦113票、張士德110票、陳唯奮75票、林樹勳78票、李明法61票、洪石柱58票、楊純青49票中選為幹事，江灝40票、宋斐皇40票（同票抽簽結果以江為先）、陳希聖28票，中選為候

收文　字第17818

發文　字第41071號

三青团龙岩分团干事会关于报送台湾义勇队分团第二届团员大会经过、决议案等给三青团福建支团干事会的函

一九四四年十一月三十日

补干事李伊輝58票、張康51票、鄭汝候40票中選為監察，劉敏夫15票當選為候補監察（江灝32陳希聖31洪石柱21李明法18等就干事候補干事）紀錄在卷，除選舉票密封交該分團呈報外，合檢同大會經過、大會决議案、大會宣言、大會致敬電、干事會工作報告、監事會工作報告各乙份報請

核轉

附件如文

龍巖分團干事會干事長鄭蕙風

6

三民主義青年團中央直屬台灣義勇隊分團第二屆團員大會經過

附:第二届团员大会会议经过

三民主義青年團中央直屬台灣義勇隊分團第二屆團員大會會議經過

〈一〉大會日程：

台灣義勇隊分團第二屆團員大會會議日程，計五日，自十一月五日起至七日止，茲將會議日程及時間分配，附表如下：

第二屆團員大會議事日程

日期 \ 次數 \ 時間 \ 午別	上午 七—八	八—九	九—十	十—十一	十一—十二	下午 十二—一	一—二	二—三	三—四半	修放
十一月五日		開幕典禮					預備會議			
十一月六日	第一次大會 工作報告與詢問		討論提案			第二次大會 討論提案			選舉中委 言文發表	
十一月七日		閉幕典禮								

〈二〉開幕典禮：

8

1.時間：詳會議日程

2.地點：分團部礼堂

3.出席：全体团員計〈190〉人，報到者〈117〉人，出席：〈117〉人。

4.列席：中央团部代表韓文遠（鄒薰風代）

5.來賓：龍岩駐在地各机関首長計〈24〉人

6.開幕典礼経過：

一、大會情緒緊張，出席团員精神煥發，及勗勉青年今後工作

二、首由李友仁報告兩年來工作経過，及勗勉青年今後工作意義，

三、繼中央团部代表訓誨，來賓相繼演説詞多勗勉。

〈三〉預備會議：

9

二

1、時間：詳會議日程

2、地點：分團部礼堂

3、出席：團員117人

4、列席：郭蕙風

5、會議經過：

(一)大會秘書處負責人張士德同志報告大會籌備經過情形、

(二)出席人員資格審查委員會負責人洪石柱同志報告審查經過情形、

(三)推舉李友邦同志為臨時主席、

(四)推舉大會主席團：

10

二

當場推選李友邦、張士德、洪石柱、三同志為大會主席團，

五、決議審查委員會委員，當由大會推選張士德、陳喉奮、林樹勲、王正南、朱凍英、李明法、李瑞成、江 灝、等八同志為委員，并公推林樹勲同志為該委員會召集人。

六、決議案整理委員會委員，當由大會公推王正由、李明法、郭汝侯、洪石柱、翁祖基、陳喉奮、李中輝、林樹勲、陳果銓、等九同志為委員并公推王正由為該會召集人，

七、大會宣言起草委員會委員，當由大會公推李友邦、洪石柱、張士德、張 康、林樹勲、李瑞成、陳喉奮、等七同志為委員并互推張士德同志為該會召集人，

11

八、預偹會於下午三時閉會，情緒热烈、
九、下午三時半分别開各種委員會。

〈四〉第一次大會：
1、時間：鋒日稜表
2、地點：分團部礼堂
3、出席、出席團員〈116〉人　缺席〈1〉人、
4、列席：郭薰風
5、會議開始、
一、主席李友邦同志宣讀預偹會紀錄、
二、秘書張士德報告出席團員人數、

三

12

三、提案審查委員會及宣言起草委員會各報告辦理經過情形、

四、各單位工作報告：

分團部幹事會、監察會、及所屬各區隊(暨浙、贛、閩、粵、各小組兩單位工作報告、(附件第一二號)

五、各單位工作報告后，各團員提出詢問案多起，均由幹事會書記張士德同志及監察會常務監察洪石柱同志分別解釋、

六、討論提案：

大會議案計〈40〉件，屬於總務者〈11〉件，組訓者〈27〉件，宣社者〈9〉件，均經大會討論、議決修正通過，決議案另附（附件第三號）

七、第一次大會於上午十一時完滿結束。

〈五〉第六次大會：

1. 時間：詳日程表

2. 地點：仍在分團部禮堂

3. 出席：團員〈117〉人

4. 列席：郭薰風

5. 大會經過：

一、主席李友邦報告開會意義、

二、中央團部代表訓誨、

三、選舉開始：

A. 秘書張士德報告出席團員人數、

B.公推李明法、陳唯奮兩同志為發票、
C.公推林樹勳、李瑞成二同志為收票、
D.公推朱崇炅、魏文城〃〃唱〃、
E.〃〃孫果山、江灝〃〃記〃、
F.〃〃洪石柱、郭汝儀〃〃監〃、

四、選舉情形：

1.選舉幹事票數如下：

李友邦113 張士德110 陳唯奮98 林樹勳38 李明法61

洪石柱58 楊純青49 江灝40 朱崇炅40 陳命聖28

王正西27 劉啟光19 郭汝儀17 李瑞成17 張康15

15

卅

李中輝9 曾漢水7 王正南4 劉子光3 翁祖基2
徐　光1 陳榮銓1 朱瑞先1 陳樹勲1 袁　棻1
劉闕夫1 孫果山1 李志忠1 楊榮修1 蔡振堅1
謝掙強1 馮士德1 李漢川1

二、選舉監察票數如下：
李中輝56 張　康51 鄭汝儀40 江　灝32 陳希聖30
洪石柱21 李明法18 劉闕夫15 林樹勲13 李瑞成9
李友邦6 鄭　約5 陳唯奮5 翁祖基5 朱崇皇5
張士德4 李漢川4 孫果山3 楊純青3 陳守青3
洪石笋1 謝培勛1 李民法1 謝崇勲1 王正西2

五

16

李忠樟1　翁尧賓1　李忠忠1　徐雙源2　劉閔大1

王正南1　蔡人龍1　徐　光1　張克招1　謝韓強1

李樹勲1　吳省三1

五、選舉結果：

1.中選幹事：

李友邦113　張士德110　陳帙奮98　林樹勲78　李明法61

洪石柱58　楊純青49

候補幹事：

江　瀬40　朱棠巽40　陳希與28（江瀬、朱棠巽，因票同抽籤結果江瀬為第一候補幹事）

2.中選監察：

李中輝58 張　康51 郭汝候40

候補監察：

劉敏夫15（江　灝32 陳希聖30 洪石枝21 李明清18 因當選幹事改候補幹事故棄權）

六、通過事項：

1、以大會名義致敬　團長電、

2、三民主義青年團中央直屬台灣義勇隊分團第二次團員大會宣言、（附件第五號）

七、第二次大會於六日下午四時卅分完滿閉會。

〈六〉閉幕典禮：

18

1、時間：評會議日程表

2、地點：仍在分團部禮堂

3、出席：團員〈117〉人

4、列席：郭薰風

5、開幕典禮開始：

1、李主任主席致開幕詞（畧）

2、中央團部代表訓詞（畧）

3、開幕禮於十一月七日上午十時完滿閉幕。

19

三民主義青年團
中央直屬
台湾義勇隊分團第二屆團員大會工作報告

附件第一號

20

附：台湾义勇队分团第二届团员大会工作报告

幹事會工作報告

一、本分团自三十二年一月第一届团員大會以後，团務的發展，已由台胞而祖國同胞，由机関而社會，由自由區而敵後，截至最近在台湾義勇隊內部，凡年在十六歲以上者，皆已入团，居留祖國之台胞青年及淪陷區台湾青年，凡有革命性而對本团工作上能有所帮助者，亦逐漸予以吸收，本团組織已暫趨普遍，今後目標，应注意質之提高，加緊訓練來充實組織，以資運用，務使對國家對民族及抗戰建國有所貢獻，以達保衛祖國收復台湾之目的。

二、發展淪陷區及台島內工作，以加強對敵偽內部之搖撼，敵偽力量之摧毀，特選本分团優秀若干工作同志，深入敵區致力於敵後工作，

21

年来，對於敵偽陰謀之對策，台胞青年之吸收、組訓等，亦未大能達到預期之要求，亦是吾台胞所謂抗戰中，應盡之義務之一部份。

三、本分團屬於機關分團，故編隊之依據以工作學習之單位或地域為目標，各分隊均有討論中心，除奉團部另有頒發外，並自行訂定討論要目，飭令適時就國際大問題發生，必須討論，必須執行，另以分隊會議內容充實方式運用靈活，收效倍見增加。

四、宣傳工作為組訓工作工作之先導，服務工作為宣傳工作之實行，本分團對於普通宣傳、文字宣傳及特種宣傳，兼施並重，以達宣傳未發揚組織，年来戲劇之演出，台灣青年報及台灣旬報之出版其宗旨均在闡揚 總理遺教、 團長訓詞，台灣問題之介紹及針

22

對敵偽內幕之揭發

五、本分團自籌備成立以來，幹部工作人員，俱係義勇隊職隊員兼任，關因幹部人員每因義勇隊工作關係時有更動，亦分別指派幹員接替並依法辦理人事登記，及呈報中央幹事會備案，幹事會及業務討論之召開，每各兩週舉行一次，如月之一、二兩週為幹事会召開日期，業務討論會則於三、四兩週舉行之，小組會議則每星期舉行一次，均依按照規定日期召開，惟本分團工作特殊，關因工作關係，多數幹事有派外工作者，致使會議召開派出工作幹事，過不能出席參加，深引為憾事！惟重要議決案，多能按照議程案實施見付之力行，其他各幹部工作人員會議經於去年七月間舉行一次，嗣以幹部分員每因義勇隊工作關係，時多變遷，故不能如期召集。

24

總務股報告

一、文書之處理以遵循正確簡明迅速秘密之原則為準繩，尚能保持聯系。機構分為二部門，即收發繕寫校對管檔，并分別指派幹部人員負責，使法有所守，發有所歸。籌備以來，雖負責辦人員略有更動，然辦理手續均能按照中央幹事會頒訂之文書處理規則辦理，謹將卅二年度至卅三年度十月份止收發文件列左：

(一)卅二年度(一至十二月份)共計收文四百四十八件，發文一百四十八件

(二)卅三年度(一至十月份)共計收文五百廿八件，發文四百三十件

二、人事：本分團自籌備成立以來，幹部工作人員但以台灣義勇隊隊員兼任，惟錄事一名為專任，以之辦理收發繕校檔案等工作，聞因

幹部人員每因台灣義勇隊工作關係時有更動亦分别指派幹員接替并依法辦理人事登記及呈報中央幹事會備案更於工作人員每日簽到請假升降旗禮之舉行值日人員之處理暨屬於人事管理方面等事宜均能按照中央規定管理規程及參酌本分團環境實際情形更訂管理規則并分别付諸實施為求健全人事加緊業務推行起見自本年十月份起將原有之各股改為三股（即總務、組訓、宣社）分别辦理各股業務茲將本分團人事動態略為報告如下：

各幹事及各股長更動報告表

任免及調遣項目	姓名	性别	職别	原因	到職或離職日期	呈報文號

26

辭職	李祝三	男	書記	辭職	卅三年一月十五離職	卅三年一月廿三日總字第六號
委任	牛光祖	〃	代理書記		卅三年一月十五到職	
辭職	牛光祖	〃	〃	辭職	卅三年七月廿四日離職	
委派	張士德	〃	〃	幹事兼代	卅三年七月廿四日到職	
派外	謝掙強	〃	幹事	派渝通訊處	卅三年一月十日離職	派外工作
〃 〃	王天西	〃	〃	派巡迴工作團	卅三年十月十八日離職	〃
〃 〃	李復	〃	〃	派第一次訓練班	卅三年八月十七日離職	〃
〃 〃	曾溪水	〃	〃	派渝通訊處工作	卅三年五月二十七日離職	〃
辭職	郭汝候	〃	總務股長	辭職 就[illegible]國際察	卅三年八月二十日離職	
委派	李獻中	〃	〃	委派	卅三年八月二十日到職	·

27

免职	曾汉氏	男	组织股长	调渝通讯处（公路养路队）	卅二年五月廿六日离职
委派	蔡振坚	〃	〃	委暂代	卅三年五月廿六日到职
免职	蔡振坚	〃	〃	调他职	卅三年九月廿八日离职
委派	林树勋	〃	〃	委派	卅三年九月廿八日到职
免职	李复	〃	训练股长	调他职	卅三年五月十七日离职
委派	陈唯奋	〃	〃	委派	卅三年五月十七日到职
免职	陈唯奋	〃	〃	组训并股免职	卅三年十月十九日离职
委派	林树勋	〃	组训股长	组训并股委派	卅三年十月十九日到职
〃	李明法	〃	宣传股长	委派	卅三年一月五日到职
免职	李明法	〃	〃	调他职	卅三年二月二十日离职

28

委派	張士德	男	宣傳股長	委派	卅二年三月三十日到職
免職	張士德	〃	〃	調他職	卅二年九月三十日離職
委派	牛光祖	〃	〃	委派	卅二年九月二十日到職
辭職	牛光祖	〃	〃	辭職	卅三年七月廿四日離職
委派	李瑞成	〃	〃	委派代理	卅三年七月二十四日到職
〃	洪石枝	〃	社會股長		廿六年一月十一日到職
辭職	洪石枝	〃	〃	因就[illegible]辭職	卅六年七月卅日離職
委派	李明法	〃	〃	委派	卅二年七月卅日到職
免職	李明法	〃	〃	宣社併股免職	卅三年九月三十日離職
委派	李瑞成	〃	宣社股長	委派	卅三年九月三十日到職

29

三、財務部份

一、收入之部

一、收卅二年七月本分團李友仁捐款國幣壹萬元

一、收卅二年七月建陽台灣醫院捐款國幣壹萬元

一、收卅二年七月福建支團轉發入团訓練補助費國幣壹佰壹拾肆元(尚[illegible])

一、收卅二年七月團員沈昭中捐款伍佰元

一、收卅二年福建支團轉發中幹会發給本分團一至十月經費國幣肆萬元

一、收卅二年福建支團轉發中幹会發給台灣青年振春季補助費式仟元

一、收卅二年福建支團轉發中幹会發給第一期幹部訓練補助費式仟元

一、收卅二年福建支團轉發中幹会發給本分團卅二年度(十二)至四月份經費捌仟元

一、收卅四年福建支团轉發中幹会發給台湾青年報卅三年年終獎勵金捌元

一、收卅三年福建支团轉發中幹会發給台湾青年報春季獎勵金叁仟元

一、收卅三年八月福建支团轉發中幹会發給本团卅三年一至六月份經費叁萬元

一、收卅三年福建支团轉發中幹会發給台湾青年報合訂本補助金叁仟元

一、收福建支团轉發中幹会發給第貳、叁期团訓練補助費（一百九十五元）

以上六十三條總計收入國幣壹拾柒萬陸仟捌佰零玖元正

二、支出之部

一、開除卅三年度一至十二月份經費計國幣伍萬叁仟玖佰貳拾陸元肆角（轉出二千九百卅六元四角由卅三年度結餘項下支）

一、開除卅四年度一至九月份經費計國幣伍萬柒仟肆佰壹拾玖元（截止九月份結算支出一万七千四百一十九元）

一、開除轉發台湾青年報春季補助費國幣叁仟元

31

一、開除轉發台灣青年報卅二年年終獎勵金捌仟元

一、開除轉發台灣青年報卅三年春季獎補助金叁仟元

一、開除轉發卅三年台灣青年報全年補助費叁仟元

一、開除轉發第一期幹部訓練補助費弍仟元

一、開除轉發第一至八期入團訓練補助費壹佰玖拾伍元

一、開除捐款節餘金撥給台青報為基金計國幣壹萬柒仟伍佰柒拾叁元陸角

以上九柱總計支出國幣壹拾叁萬肆仟柒佰壹拾肆元

以上收支對除外不敷數計國幣壹萬柒仟叁佰零伍元

附誌：一、因卅三年經費截止十月份止經領叁萬元下半年度經費尚

未發下不敷之款，經向義勇隊借墊。

六、卅二年度經費造報遲緩之原因：辦自卅二年十月間收入經費

歸萬允尚不明瞭其情形，本分團又屢兼職者多，雖有錄事

工友二員名義專任，本分團書記尚須俟主任返團再行辦理

造報等，乃至卅三年五月廿六日造送中幹會報告卅二年度經

費預算，迄至卅三年五月十九日奉准在案，即行造報清楚。

本年度經費

卅三年五月廿八日奉中幹會命令，以本分團本年度經費配

額於六月廿三日即造送卅三年度預算，旋於九月廿五日奉准

經已造報至九月止，以清手續。

33

組織報告

一、組織進展：

本分團於民國卅一年四月一日奉中央團部命令開始籌備，迄至同年八月一日在南平正式成立籌備處。卅一年一月召開第一次團員大會，選舉幹事九人，候補幹事三人，監察三人，候補監察一人。茲將籌備以來組織進展報告如下：

甲、卅一年一月建立二區隊

第一區隊——隊本部

第二區隊——少年團

乙、卅一年九月增建一直屬分隊及四直屬小組

第一直屬小組——漳州直氣處（組長侯少雲）

34

第二直屬小組—同安（組長鄭約）

第三直屬小組—泉州（組長李鴻棣）

第四直屬小組—建陽（組長[illegible]錫侯）

第一直屬分隊—永定（組長吳省三兼[illegible]團）

民卅三年七月增建二區隊（第四第五區隊）計三區隊一直屬分隊（[illegible]改進一分隊會議核施起見）

番號	所在地	備攷
第三區隊	龍岩縣 禾鉄鄉	義勇隊訓練隊員 原第二區隊改為三區隊
第四區隊	龍岩縣 大同鄉	義勇隊少年團團員
第五區隊	龍岩縣 大同鄉	義勇隊少年團團員
第一直屬分隊	永定	巡迴工作團團員

35

一、卅六年十月十五日為試驗三個月改選分隊會議期間屆滿由復原來編制案暫以改編如下：

番號	地區	區分隊長暨各小組長	團員數
第一區隊	訓練隊	李長江 洪鴻汀	28
第二區隊	少年團	王亞南 林長凌	23
第三區隊	〃	徐光 萬鐵鎗	23
第四區隊	〃	曾玉芬 黃月娟	22
第一直屬小組	龍溪	陳步雲	2
第二直屬小組	同安	鄭約	8
第三直屬小組	晉江	曹鴻璨	3
第四直屬小組	建陽	黃錫侯	7

第五員屬小組	張本部	陳希賢	6
第八員屬分隊	浙江	蕭集成	16

（八）團員性別比較表

性別	團員數	佔總數百分比	備考
男	166	87%	團員總數為一百九十人
女	24	13%	

（九）團員年齡比較表

年齡	
16-20	86
21-25	38
26-30	21
31以上	45
合計	190

（十）團員籍貫比較表

37

籍貫	台灣	福建	廣東	浙江	合計
人數	92	90	3	5	190

（四）團員教育程度比較表

教育程度	大學	專科	中學	職校	軍校	小學	其他	合計
人數	8	27	69	8	6	1	1	190

（五）團員成份比較表

成份	人數	總數	百分比
社會團員	21	190	13%
在隊團員	169		87%

六、團員考核獎懲：

38

甲、李友邦於本年四月出發建陽視察團務並考核團員

乙、本年四月派組織股員蔡振堅出發閩南沿海一帶視察各直屬小組團務工作及考核

團員

丙、李友邦於七月出發福州視察派駐福州直屬團員團務工作之進行

三、青年感召：

甲、卅二年一月發動在岩團員與台灣義勇隊第一期幹部訓練班學員分為三組出

發漳州東山泉州一帶工作以廣泛宣傳台胞大量感召

乙、卅二年双十節與龍岩分團舉行團員大檢閱各地在岩團員八十餘人參加總檢閱情

況極為熱烈檢閱之後並舉行遊行晚間提灯慶祝國慶大有震全縣之勢

丙、卅三年三月東南紀與蔡團張文李蕭岩視察四月六日發本團籌備處各開在岩

39

团员九十余人于本分团大礼堂听训

丁、卅二年四月中央团部派副处长孙岩来本筹备处召集团员，兹定四月十六日来到

处长张团来本筹备处召集团员七十余人于团部大礼堂听训

训练报告

一、干部训练：

甲、卅一年十一月举办第一期干部训练班，请教官多延聘驻地党政军首长及专家担任

训练科目，实施军事管理，学术科并重，训练期间为一个月，受训团员共三十一名

乙、卅一年十月四日起至九日止举行区队长以团务讲习会，受训团员除干部工作人员外，并

遴选优秀团员参加讲习，另共六十九名，合前三计受训卅一名

丙、卅二年六月十九日起至廿五日止举办卅二年度第一期区分队长以团务讲习会，受训团

40

員男性卅四名女性五名計卅九名

丙、卅二年度七月間舉行幹部工作會議一次以檢討年餘以來工作之得失及今後改進開展之方針會議之情緒緊張

戊、區分隊長聯席會議自籌備至今卅二年八月止分團部召開二次第一區隊召開一次第二區隊召開九次

己、團務工作人員小組會議皆能按期舉行

六、入團訓練：

甲、卅一年度舉辦入團訓練一期受訓團員男性四十七名女性十名計五十七名

乙、卅二年度舉辦入團訓練計七期受訓團員男性五十四名女性十一名計六十五名

丙、卅三年度至拾月止舉辦入團訓練計六期受訓團員男性五十八名女性三名共六十一名

(41)

团籍备案，卅六年拾月止，举办入团训练者计十五期，受训团员统计男性八百五十九名，女性廿
三名，总共八百八十二名

三、团员锻炼训练：

甲、分队会议：

卅六年度所属分队大部皆能按周举行分队会议，总共举行八百零三次

卅七年八月止所属分队全部皆能依照规定举行分队会议，总共举行三百零六次

乙、读书会等：

1、辅导团员切实研读，按其进度每周召开各读书会，检讨读书报告表、读书笔记及读
书后感等，分别报会检讨，结果各团员读书兴趣颇具心得

2、精读《中国之命运》研读纲要，指导团员切实研读，团长亲自讲述《中国之命运》（第

并分期举行研读心得测验，结果成绩优良。又将书中要点提供分队会议讨论，并作讲稿资料及作文题目、专题研究等，以资发扬。

3. 为加强团员对台湾革命运动之认识起见，特指导团员研读「台湾革命运动」一书（李友邦先生著），并分三期举行研读心得测验，实施结果各团员对台湾革命运动均具有正确认识与信念。

4. 指导团员研读「台湾复员对策纲要」「台湾现状摘要」二书（本队团编写），并于本年六月四日举行研读心得测验，参加测验者六三名，成绩最好者平均七八.四分，九十分以上者二十名。

5. 卅三年度六月四日奉令依照 国父遗教大纲，当时特为讲解「团员须知」，指导团员研读方法，并依第一、二两章举行研读心得测验，结果各团员均具深切认识。

6. 所属各区队按期出版台青壁报，以引发团员读书写作兴趣，成绩优良，而造成写作风气

43

丙、生活指导：

1.利用团员在台湾义勇队训练队台湾少年团受训之机会（因团员俱系义勇队队员及少年团团员）指授新生活实践之方法，并在严格军事管教下训练团员养成勤俭、简单、朴素、整齐、清洁及集团生活之习惯。

2.遵照中执会颁发之新生活运动实施办法，拟定本分团实施进度，指导团员切实奉行，并以个人、集体等举行方式新生活竞赛，藉资提高训练效能。

3.印发生活检查报告表，由所属分队于分队会议将生活检讨结果填报，藉以检查团员生活是否合乎新生活。

4.经常指导团员讨论生活改进之办法，颇得效果。

丁、体育及康乐活动：

44

1. 器械运动——本分团前在鼓浪地平铁路南侧体育场，及设置木马单杠跳高跳远等器械，指导团员经常利用课余时间实施机械运动。

2. 球类运动——本分团组织之「台青球队」经常利用机会与龙岩各球队举行友谊球赛，各区队前后成立篮排球队各一队，经常利用课余时间实施球类竞赛及练习。

3. 营火大会——卅三年第三次革命青年大结合暨国防科学技术运动及十月十六日晚举行营火大会。

4. 同乐会——所属各区队举行同乐会共九次。

5. 远足——所属各区队如「青年日」活动时，赴前线龙门、白土、雁石、龙岩洞、五分亭等处远足。

6. 本分团实施团员体格检查三次，结果团员健康颇佳。

415

丙、举行纪念运动八次

2. 卅三年六月廿六日举行端午节龙舟竞赛八次

戊、艺术讲演：

举行团员艺术讲演者共十八次

己、体育竞赛：

1. 遵照中央训练委员会命令举办全团员写作竞赛八次

2. 倡导倡起自卅三年拾月以来举行写作竞赛者计二十八次

3. 倡导倡起自卅三年十月以来举行体育竞赛者计二十次

4. 读书竞赛（新读小组报告）计实施二十四次

5. 举行劳动服务竞赛者计五次

46

6.举行第八次全团代表大会发言听读测验八次

四、团员特种训练：

甲、青年自治运动——所属各分队均能按月举行青年自治竞赛及体育竞赛或同乐会等项目。

乙、团员总检阅——卅八年及卅九年双十节及本年十月廿八日团长五八寿辰龙岩分团在龙岩中山公园举行团员总集合大检阅。

丙、卅八年九月五日假台湾义勇队训练队举行集合参加集合参加单位有团本部人员第六区队团员共六十三名并发动非团员青年廿八名参加，计参加者九十八名，同时举行夜间行走等项目，各团员动作俱能达到迅速静肃等目的。

丁、卅九年三月廿八日起第八区队团员参加福建省对敌宣传队第三联合分区战场附设

47

交际队「攻防」演剧四五人

戊、本分团配合台湾义勇队训练队台湾少年团之续书训练及现团员训练

己、训练之书刊及宣教书之编印转发

一、编印团章一百本

二、编印史治训练第一集一百五十本

三、转发「中国之命运」一百五十本

四、转发团员须知一百五十本

48

宣傳活動

一、普通宣傳

本分團宣傳工作大部均與台灣義勇隊配合活動，宣傳方式以個別或集體相兼並用以視實際環境需要而進行宣傳項目，除遵照中幹會每月指示辦法要點要實施外並經常重編須發各種宣傳要点或綱要資料等分飭遵照施行兩年以来由於同志們的努力經常與地方各机関配合，如各種紀念日的活動、發動從軍運動、擴大節約献金運動、以及節募献送征人與征屬慰勞金等々勸募工作，都能順利的展開。這可由本年六月間的呂地各報聯合舉行義賣献金，獲款達十萬元，各項成績尚能差強人意，至於沿海各地巡迴工作亦因同志的奮勉與熱心加以閩台人士的協援亦逐步在進展中，

49

這些工作效果，對於年來台灣革命力量的發展，頗為顯著，本分團團員數額的逐漸增加，就充分說明了這點。本分團於去年春夏間曾配合台灣義勇隊工作團赴閩南沿海工作二次，第一次團員僅四十八名，分為三組分別出發漳泉所屬各地工作，計達三閱月；第二次由李主任友邦親自率領本團第二巡迴隊全體團員出發閩西南，為中華文化基金及賑災救濟金進行募捐公演，作巡迴宣傳工作約四個多月，工作方面頗得漳泉人士好評，並蒙中幹會以獎狀嘉勉。

其次是本分團駐在地所發動的各種普遍宣傳工作，如按月由分團舉辦論文講演競賽、時事報告等各一次，以加強各團員的政治認識與學習能力，及經常實施社會公開活動與農村宣導工作，或配合當地作戰劇公演，

50

或藝術宣傳等々活動年來諸如此類的工作不下數十次再次更為了加強各種宣傳工作的宏效於每月旦十六日二次經常聯合当地党政机関舉行宣傳工作會報以研討關於一切宣傳工作事宜而便聯繫與統一宣傳步驟所以在一般社會人士及民众心目中已獲得深刻的印象與美滿的效果

二文字宣傳

至於文字宣傳除經常配合當地党政軍团於各種紀念節日時繪製標語漫畫及紀念特刊外並出版定期刊物一種—台灣青年報該報目的要在配合整個工作以加強宣傳效能於三十二年九旦創刊後因各種條件的限制故在刊期方面祗能暫出旬刊其後為了配合台灣收復運動與祖國抗戰的進展乃於今年九旦該報週年紀念時改為週刊而作台灣革命祖國抗戰以及教育台胞啟

迪青年的真但篇幅仍以四開張分四版以老五號字排印取材以發揚　總理遺教　團長訓示激發革命情緒揭露敵偽内幕以及報導盟軍之威力與弱小民族反抗運動等為主出版以来銷數達千餘份風行於閩浙贛粵及全國各省尤以閩粵沿海一帶銷數最多查然我們的人力財力均感不夠但該報出版迄今卻未曾脫期或延期這是值得一提的除這以外又在本團駐在地經常舉辦「台灣壁報」旬刊一種以一般社會商人農民及工人為主要對象以上兩種為本股定期文字宣傳至於所屬區隊亦分別舉辦着各種文字宣傳工作如第一區隊有「台青壁報」半月刊一種第二三四區隊有「聯合壁報」及「新少年報」各一種均經常在出版着其目的偏重於寫作訓練及交換知識

最後為加強所屬各团員的認識使深刻明瞭台灣及日本問題，和团部業務

12

起見本分團特印發台灣現狀摘要台灣黨員對策綱要及各級団部業務檢討实施辦法等三種並出版台灣革命運動日本軍政界人物評論等二書以廣宣傳

三、特種宣傳

関於特種宣傳方面雖不能獲得預期的成果但在困難中亦比以前進展良多本年四月間奉中幹會命令曾發動所屬団員書寫致美國青年書信此外都由本分團第一直属分隊與台灣義勇分隊對敵巡迴工作团經常配合實施如進行對敵日台語廣播以及組織喊語隊印發中日文傳單口號等〃十五年三月至七月間先往閩粵沿海作對敵及沿海我軍民的政治工作後以工作告一段落經調団整訓繼即派往皖浙贛戰地一帶開展對敵偽的政治宣傳施用工具除口頭文字外並經常派在戰地駐軍部隊作教育士兵簡易日語

會話叫話以及鼓勵士兵等工作，本年六月間浙東戰事一度緊張之際，由於各該同志在宣傳工作的努力下，影响所及，戰鬥士氣為之雄壯，振奮民眾同仇敵愾的情緒亦極高昂，故獲得該戰區政治部之嘉獎。本分团有鑒及此項宣傳工作的重要性，爰於本年九月初再行遣派第二直屬分隊同志十三人前往浙東、贛西、皖南一帶前線開展特種宣傳工作，預料將有更良好的收穫。

54

社會服務

一、戰時服務

（甲）三十三年十一月發動本分團全區隊團員勸導市民實行人口物資疏散

（乙）三十二年雙十節、民族復興節、三十三年元旦、端午節、雙十節等發動大規模慰問出征軍人及征屬運動（精神物質）

（丙）三十二年八月發動團員下鄉勸募救濟勞軍運動計募捐達二萬元

（丁）指派本團團員六名參加當地防疫團從事防疫救護等一切戰時工作

（戊）傳遞情報

①工作撥發工具

A、備裝走私船（隨執有敵偽許可証之商人通航或情報船）

B、密派交通員潛入敵後刺取村民打探消息

C、密以金錢賄賂敵偽中下級人員及良民証以便往來無阻

D、潛入敵偽軍事政治機構內伏藏暗中打探消息

E、潛入敵偽陷區內其他職業團体內部工作

②工作成效

A、本年間：由廈參報告敵偽動態〈72〉件

由舟山島報告敵偽動態〈6〉件

由浙江陷區報告敵偽動態〈3〉件

由上海報告敵偽動態〈4〉件

56

由沿海各地報告敵偽動態〈32〉件

乙、三十三年至目前

由廈金報告敵偽動態〈18〉

由舟山報告敵偽動態〈6〉

由浙江報告敵偽動態〈5〉

由上海報告敵偽動態〈6〉

由沿海各地報告敵偽動態〈26〉

以上各項均分別轉報上級核辦在案

六、生產勞動服務

（甲）三十三年五月間發動隊員組救旱服務隊下鄉協助農民救旱防旱

的灌溉工作，頗得農民的讚許

(乙)三十二年七月間及十月間發動團員組割稻服務隊下鄉幫助農民秋收割稻的耕收工作

(丙)三十二年秋假期間發動團員下鄉宣傳協助冬耕工作

(丁)年來舉辦開荒地工作續繼推動，計已墾殖達十六畝多，現有團辦青年農場計二衙達七八畝之廣，作物以蔬菜及雜糧等，收成物品除供各團員補充營養外，尚可送給團員家屬等

三、一般服務

(甲)推行新生活運動

本年六月間既奉省新生活促進會遵以組織條例擬訂每月工作中心

58

〈1〉六月份—整齊清潔

A.整飭市容修繕標語

B.联合當地机関舉行全市夏季清潔大掃除

C.本分團及家屬環境衛生及團員清潔總檢查

〈2〉七月份—禁烟賭運動

A.協助當地禁烟禁賭之偵查及執行

B.宣傳禁烟法令

〈3〉八月至九月二個月守時守序運動

A.規定任何集會及辦公購物會等絕對遵守時間

B.中午放標準午炮晚上八時閉電燈一次以為共同遵守

三

59

C、各机关领导新生活劳动服务团从事新生活工作的推行并共同负责检举他人违反新生活信条之纠正

（乙）提倡青年康乐运动

①除经常联合组训严格举行各种青年康乐活动外并组成康乐组两组从事推行一切青年各种康乐活动以健全团员心身

（丙）提倡公共卫生办理施医施药

1.由各区分队经常注意及提倡团部环境与附近住民的日常生活卫生并指定团员固定为向民开施医施药之工作且配合时季疫疠、举行普遍义务种痘防疫注射等工作

（丁）推行节约运动

60

(1)本年七七抗建紀念日定為獻金日，發動同胞配合當地各界大規模發行節約獻金運動，所得成果獻金款計收六十萬元由當地獻金委員會彙解

(戊)加强抗戰兵役運動宣傳

(1)本年七月間動員各分隊派員組織暑假宣傳隊，分別巡迴各鄉鎮作抗戰兵役運動宣傳工作半個多月，所得效果甚為良好。

三民主義青年團
中央直屬台灣義勇隊分團監察會工作報告

於第二屆團員大會

附件第二號

62

附：台湾义勇队分团第二届团员大会监察工作报告

三民主義青年團中央直屬台灣義勇隊分團監察會工作報告

一、工作概述

1、本會之成立

本會是由卅二年一月八日舉行的本分團第一屆團員大會選出了監察三名洪石柱蔡人龍郭汝候及候補監察黄志猷呈奉 中央團部卅二年六月三日日命令中字第九號

「一、本團中央直屬台灣義勇隊分團部團員大會選出本監察蔡人龍洪石柱郭汝候准予備案

一、茲派本團中央直屬台灣義勇隊分團部監察會監察蔡人龍兼任該會常務監察 此令」

并奉令中央監察會六月四日「三八青監秘字第3849號」命令

同樣對「當選監察准予備案派蔡人龍同志為當務監察」并命

令對「漏報之候補監察一名應就票數類是否補報備案」及命

即召開第一次監察會分配工作後立將成立日期及各股人選呈

報備案」

本分團在七月底接到這命令以后由籌備處委員迭次通知在延陽工作之蔡

人龍同志回來在八月十八日召開第一次監察會議分配工作正式成立監察

會當日開始辦公隨即將成立日期各股人選及漏報的候補監察呈

報中央監察會

「當時議決呈報的人選是：第一股股長由監察洪石柱兼任辦事員

宋志忠、第二股股長史監察鄭汝儀、兎伏辦事員鄧宗介、錄事吳雇
用桥、錦文、候補監察是果、戴十八票、黃志義，这樣就於八月十八日
正式成立，就由上面人員開始辦公
當時上面核派的常務監察蔡人龍同志因為不能离開建陽工
作，即提出第一次監察會議報告，同時向中央監察會報告不能兼任
常務監察理由，請辭職，并改派常務監察，在未奉改派以前，常務監
察職務由黃股長代折代行
然後於十月十八日奉到中央團部九月廿六日中監字第八二號日日命令
下：本團中央直屬台灣義勇隊分團部監察會常務監察蔡人
龍辭職照准

六、該派本團中央直屬台灣義勇隊分團部監察會監察洪石柱兼任該會常務監察此令

「同時奉到中監會命令「三二」青監指字第〈4579〉號「第二號吳志城務辭去該會常務監察兼職一節應予照准遺缺派監察洪石柱兼任除日命令發表並分令外希即遵照辦理務交具報」

同時奉到中央監察會命令〈32〉青監指字第〈4590〉號命令

六、補數候補監察黃志義准予備案、

三、該會於本年八月十八日正式成立准予備查

四、洪石柱業經本會改派兼任該會常務監察該會第一股長人選應另擬吳根郭汝侯兼第二股長准予照派

66

五、辦事員李忠、鄭東介、錄事林紹文均准備案

這樣本會之正式成立及大部份之工作人員皆分別奉到准予核派及備案。常務監察亦於十一月一日辦理移交接收完畢，與第一股長擬改派侯補監察黃忠義、惠陸榮同時呈報，在一月七日同時奉到十二、十四日(32)青監指字第<514>號命令及(32)青監指<516>號命令准予備案了。

2.本會監察之改選問題

對于本會第一屆監察之任期及改選問題本會在本年二月十日總字第44號函 中央監察會報告

「據中央規定幹事監察之任期為一年本會自去年八月十八日成立當選各監察當即就任而本分團幹事會至今仍未正式成立本

會下屆監察之選舉，應延長於與下屆幹事同時舉行抑或先期改選，請核示」。文去以后奉　四月十七日中監會〈33〉青監指字第0269號命令「該會下屆監察選舉應與同級幹事選舉同時舉行，希即知照」

3、工作情形及檢討

本會自去年八月中正式成立以來已經快要一年三个月，在這中間依照本團的各項規定，執行1、監察本分團及各區分隊的工作

2、檢舉并審議團員違反紀律之事件

3、稽核本分團各区分隊之經費收支

各項工作，如在後段有詳細的報告，現在要在這裏報告的是本會對于這些工作的大概情形及檢討

68

但本會成立不久的九月底，兄弟就奉派負本隊閩南通訊處之任，這樣以
來到今年的八月中間每月都到漳州去一次，回來一次，除了來往路上要費六
七八天至十天以外，在這邊及漳州的時間各有十幾天而已，對于會務不能經常
工作，不在這裡的時候，都要靠第二股長功宣負責，我回來的時候檢查工
作及舉行幹部會議，使幹部的工作同志都對于團務有經驗，確實處處須
有問題，但是本分團之開始籌備是在前年到這樣來才定開始工作，
在卅一年內又因分部的人員都參加為本隊及本團的第一期幹部訓練班的
職教業員，到年底結訓後，即舉行第八屆團員大會，隨後又即分部參
加到閩南各地去的行軍訓練及慰問台胞訪問閩南父老與各機關與八一
般的宣傳組工作，分部回來后不上一週又奉戰區政治部的命令，由籌備主

伕率領不少的重要工作同志、及二十餘團員再到淨水各募集中文化事業基金、并救濟豫災之捐款、在這樣忽忙在外工作的時期中，本分團籌備處幹事會的工作同志又這樣無時間去精研團務、致使團務不能達於理想的程度，本會之監察工作亦致發生很多的困難

關於經費收支之稽核方面，因為卅二年度之經費十月才收到，交團轉發一部份，始明白每月經常費為四千元，而卅二年度之經常費預算案到本年二月廿二日才呈報，並于本年五月十九日奉准備案，所以去年七月份起應送本會稽核之報銷清冊、至今年六月廿二日才送本會稽核等，亦是本會對于工作上困難的地方。

70

二、總務部份

(一)監察會議

決定日期　重要決議案

第一次　八月十八日　(1)請中央監察會改派常務監察及常務監察幹

由洪監察代理案

(2)補報候補監察案

(3)工作分配案

(4)呈報成立日期案

第二次　十月一日　(1)請審議核發幹事會七八月份工作報告意見案

(2)建議中央監察會通報中央幹事會從審查未

71

分团部工作，確因限於桃關，分佈不便，發展團務

為準備收復台灣后建設三民主義新台灣之基礎

應准予擴大組織，改為地方區團案。

第三次 十一月六日 (1)擬提請委派候補監察黄志義同志兼任本會

第一股股長案。

第四次 十一月廿三日 (1)令全所屬各單位按月將工作報告送會一份以資

監察團務之進行案

第五次 二月七日 (1)李書記振斌辭職一案應如何議處案

決議函請幹事會(2次)通報(詳述於三(一)上)

(2)請示本會改選時期案

72

决议：呈报核示

第六次　二月廿八日　请审查卅三年度工作计划以便呈核案

议决：通过

第七次　三月卅日　团员周文钦（系三十三年）违犯纪律案

决议：再呈请开除团籍

第八次　上月廿八日　拟请干事会协定活用各级会议研究法令及

中央命令案

决议：依照总工作报告時提请之

第九次　五月廿九日　小组请干事会修规则办团务讨论会案

决议：拟于总工作报告时提请之

73

74

（二）擬請幹事會速將去年度經費支出計算書類送審案

決議由常務孫蔡何書記督促之

第十次　六月廿四日　（一）請追送三十六年度七月份幹事會經常費支出計算書審核意見以便函復案

決議照擬追送

（二）擬請幹事會將月報以外之工作報告送審案

決議於核復五月份工作報告時提請之

第十一次　六月卅日　錄事吳文東辭職改委管偉傳為本會錄事案

第十二次　七月卅日　（一）本會卅六年十月至十二月及三十七年一月至七月戰補

呈報銷請審查通過以便報銷案

(2)本會卅三年度一至七月食米報銷名冊請審查通过以便呈報案

(3)本會卅三年度生活補助費計算表收支對照表請審查以便呈報案

第十三次 八月十六日

(1)本會卅三年度七月份經常費報銷經核符請審查通过以便核發案

(2)本會卅三年度上半年工作報告編造完畢請審查通过以便繕呈案

第十四次 九月十五日

代商委徵聘周志遠鄭國機為分隊長請審查通

75

查明代送請辦事處執行案

第十五次 十月廿八日 辦事處卅二年八九十月份經常費報銷已據簽請

通報以便核銷案

工作會報 本會第一股長是黃俟補監察 第二股長是鄭監

察為維衛以鄰在監察會議時先作工作報告以代

工作會報不另舉行

(二)、文書處理

三十二年度收文共五六件—命令一九件、代電三件、通報六件、日令一件、箋函

發文共三五件—報告一七件、公函〇件、通報一四件、箋函二件、日令一件、命令一件

卅三年一—六月收文共四二件—命令二六件、代電七件、通報七件、報告二件

發文共三十件——報告十六件、公函二件、通報十件、代電一件、箋函一件

76

卅三年度六～十月　收文共三八件——命令六件、代電一件、通報五件、報告一五件、公函一一件，

發文共四六件——報告九件、公函六件、代電一件、命令三件

總計　收文共一一〇件——命令五件、公函一一件、代電一件、通報八件、簽函一件、白令一件、報告一六件、

發文共八五件——報告四二件、公函九件、代電二件、通報二四件、簽呈三件、白令一件、命令四件

三、人事

人事異動簡報表

任免或調遷

項目	姓名	職別	原報文號	自到差日期	報文號	備考
當選就職	蔡人龍	醫務	中央團部中華九號日命准予備案	八月十八日	仝年月發總字第八一號	
〃	洪石枝	〃	〃	〃	〃	
當選	郭添僕	〃	〃	〃	〃	

任命	蔡人龍	常務監察	中央團部中字第九號令派任	八月十八日	台青監總字第六號
〃	洪石枝	監察	代中八第一次監常會議決議	〃	〃
〃	郭汝候	代第一股股長	中監會32年青監指字第四九〇准派	〃	〃
委任	李志忠	第四股辦事員	本會32青監字第八號日令委任	〃	〃
〃	鄧東介	第二股辦事員	〃	〃	〃
〃	林緒文	錄事	〃	〃	〃
當選就職	黃志義	候補監察	32青監總字四五九〇號准予備案	〃	〃
辭職	蔡人龍	常務監察	中央團部中監字第32號日令照准	十一月一日	台青總監字第20號
派任	洪石枝	〃	〃派任	〃	〃
〃	黃志義	第一股股長	三次監察會決議三二青監指字四四〇號備案	十一月八日	台青監總21號

78

免職	洪石枝	〃	因兼常務監察奉三二、八青監指四三九號指示免兼	〃	〃
辭職	林紹文	錄事	本會台青監字第二號日命	十一月廿二日	台青監總字第三號
委任	王正東	〃	〃	〃	〃
辭職	王文東	〃	卅三、六、卅本會台青監字第三號日令	七月一日	三二、七、二六台青月總監字第[illegible]號
委任	曾偉傳	〃	〃	〃	〃

（四）財務狀況

財務概況表

收入之部			支出之部		
年度月份	款別	金額	年度月份	款別	金額
卅二年八月	開辦費	六〇〇.〇〇	卅二年八月	開辦費	六〇〇.〇〇

79

卅二年八月	經常費	二〇〇、〇〇	卅二年八月	經常費	一八六、四〇
卅二年九月	經常費	二〇〇、〇〇	卅二年九月	〃	二八〇、〇〇
卅二年十月	〃	二〇〇、〇〇	卅二年十月	〃	二〇一、五〇
卅二年十一月					三三八、三〇
卅二年八月	特別辦公費	二〇〇、〇〇	卅二年八月	特別辦公費	九〇、三〇
卅二年九月	〃	二〇〇、〇〇	九月	〃	二〇〇、〇〇
十月	〃	二〇〇、〇〇	十月	〃	二〇〇、〇〇
十二月					四〇〇、〇〇
卅二年八月	生活補助費	一四四、〇〇	卅二年八月份生活補助費		一二〇、七二
九月	〃	二八八、〇〇	九月	〃	二八八、〇〇

88

十月	〃	一〇四〇.〇〇
十一月	〃	一〇四〇.〇〇
十二月	〃	一〇四〇.〇〇
卅三年度一月份	經常費	
	特別辦公費	
	生活補助費	一四〇.〇〇
	米代金	九七〇.〇〇
卅三年二月	經常費	
	生活補助費	
	生活補助費	一四〇.〇〇

十月	〃	一〇四〇.〇〇
十一月	〃	一〇四〇.〇〇
十二月	〃	一〇四〇.〇〇
卅三年度一月份	經常費	四八〇.〇〇
	特別辦公費	二〇〇.〇〇
	生活補助費	一四〇.〇〇
	米代金	九七〇.〇〇
卅三年二月	經常費	四七〇.〇〇
	特別辦公費	二〇〇.〇〇
	生活補助費	一四〇.〇〇

18

	米代金	九七〇.〇〇		米代金	九七〇.〇〇
卅三年三月	經常費		卅三年三月	經常費	四八〇.〇〇
	特別辦公費			特別辦公費	二〇〇.〇〇
	生活補助費	一四〇.〇〇		生活補助費	一四〇.〇〇
	米代金	九七〇.〇〇		米代金	九七〇.〇〇
卅三年四月	經常費		卅三年四月	經常費	四七二.〇〇
	特別辦公費			特別辦公費	二〇〇.〇〇
	生活補助費	一四〇.〇〇		生活補助費	一四〇.〇〇
	米代金	九七〇.〇〇		米代金	九七〇.〇〇
卅三年五月	經常費		卅三年五月	經常費	四七九.〇〇

82

	特别办公费	
	生活补助费	一〇四〇.〇〇
	米代金	九七〇.〇〇
卅三年六月	经常费	
	特别办公费	
	生活补助费	一〇四〇.〇〇
	米代金	九七〇.〇〇
卅三年七月	经常费	
	特别办公费	
	生活补助费	一〇四〇.〇〇

	特别办公费	二〇〇.〇〇
	生活补助费	一〇四〇.〇〇
	米代金	九七〇.〇〇
卅三年六月	经常费	四八三.〇〇
	特别办公费	二〇〇.〇〇
	生活补助费	一〇四〇.〇〇
	米代金	九七〇.〇〇
卅三年七月	经常费	四八〇.〇〇
	特别办公费	二〇〇.〇〇
	生活补助费	一〇四〇.〇〇

83

	米代金	九七〇.〇〇		米代金	九七〇.〇〇
卅三年八月份	經常費		卅三年八月	經常費	四八〇.〇〇
	特別办公費			特別办公費	二〇〇.〇〇
	生活補助費			生活補助費	一〇四〇.〇〇
	米代金			米代金	九七〇.〇〇
卅三年九月	經常費		九月	經常費	四八〇.〇〇
	特別办公費			特別办公費	二〇〇.〇〇
	生活補助費			生活補助費	一〇四〇.〇〇
	米代金			米代金	九七〇.〇〇
卅三年十月份	經常費		十月	經常費	四八〇.〇〇

84

	特别办公费		特别办公费	二〇〇.〇〇
	生活补助费		生活补助费	一四〇〇.〇〇
	米代金		米代金	九七〇.〇〇
合計	開办費	六〇〇.〇〇	開办費	六〇〇.〇〇
	經常費	六〇〇.〇〇	經常費	五七九一.〇〇
	特别办公費	六〇〇.〇〇	特别办公費	二八九〇.三〇
	生活補助費	一、八三五.〇〇	生活補助費	一三、九二八.七二
	米代金	六七九〇.〇〇	米代金	九、七〇〇.〇〇
總計		一〇、四二五.〇〇		三二、九一〇.〇二

共計透支國幣肆萬叁仟叁佰叁拾伍元零貳分

85

三、審核部份

（一）辦理檢舉並審議團員及團隊違犯紀律事情々形

1、審議團員周文欽、陳一鳴私擅離隊案

案據幹事會轉函稱「據第三分隊分隊長張健民九月二十四日報告稱「團員周文欽、陳一鳴二員於六月九日上午八時私擅離隊迄今逾時已久未見回隊請核辦」等情查該二員等潛逃已久確係實情相應報請查照辦理為荷」前來並查得該二員為台灣義勇隊隊員在該隊巡迴工作團巡迴工作中潛逃經該隊以「違抗命令私自潛逃」按規處分開除隊籍在案本分團為該隊之機關分團該二員已由該隊開除隊籍永無回隊之可能案情特別重大似不必拘於「幹員轉移規則」第十條之規定經本會各監察

9

98

同意，報請予以開除團籍之處分，並函報本分團幹事會知照。

2.審議李書記祝三擅離職守一案之經過情形

本會於去年十二月二十日接准本分團幹事會「台壽總字第20號通報略稱：「查本分團書記李祝三於本年二月下旬推選赴渝出席第一次全國代表大會，迄未返團，究應如何辦理，仰飭函請查照」等由，前來。查其被選赴渝後久未回團，系係事實，但係因公滯渝或私留不回，完全無所根據。等倫主任崇時亦在渝，無從查詢，故即函復應提李檢舉，同時以常務監察之私函囑托義勇隊駐渝通訊處主任本分團幹事謝挣强同志就近查明李書記在大會後行為，並其不回團原因。去后，旋於二月初接獲其詳細報告：「雖非因公滯渝，實為擅離職守」，即擬檢舉書正欲報請

87

處議時發見本分團幹事會以奉籌備處支任由渝來示經於八月二十三日以總字第二號報告中央幹事會稱：「本分團書記李祝三請假經照准」等查該書記之久不蒞團，倘無可置議，經本會第五次監察會決議並請幹事會撤銷前送總字第20號通報以完此案。

3.再變報請開除周文欽、陳鳴團籍案之辦理經過

查本案經於卅二年十月一日以「台青監審字第十八號」呈報在案，因久未奉准中央監察會議處，經本會第六次監察會議決議於三月三十一日以「台青監審字第48號」再呈請開除團籍

4.審議團員蔡堅振違犯團規案

團員蔡振堅與團員朱榮星本有誤會，於九月十二日酒醉之餘，竊得朱榮

88

皇外出突加以打傷頭部，其酗酒違背信義及打傷同志實為違反「不得違背新生活信條」及「不得違反党員守則」之団規，本該重為議處，緣因該員事后伺有醉后糊塗行動大錯，請求義勇隊處分，經由該隊從輕處分禁閉五天，經第十四次監察會議々決處分「反省五天」作成決定書送請幹事會轉交並請執行，經本分団幹事會組字第74號函報經付執行

5、審議団員許靜飛久假不歸案

團員許靜飛久假不歸，經本分団幹事会據第五區隊報告請示辦法，於九月二十六日以組字82號轉詢本會，即於九月二十六日函復

1、倘其假期滿後認為私自離隊依據団員轉移規則第十條辦理

2、請查報該団員請假離隊日期及請假期間以便議處等去後至今

（二）

尚未见其照辦，将再催報辦理。

(二)審查同級幹事会工作報告情形

組織部份

1.本分团之組織工作因限於机関分团以義勇隊為組織對象，兼奉中央幹事会准予吸收各地之重要台胞参加，但因對象之範圍有限，組織工作較為簡單。

審查結果認為尽可能範圍開展組織工作。

2.對於組織股之事務方面，以前覺得對於指示如何辦理及應辦何事之認識稍差，如以籌備主任赴渝受訓期間尚未得其照辦之決定，擱延總考核之報告及應為通知本會之編制、人事異動等常延不通知，以及工作報告之記述常未盡妥等，故常須予糾正，現在已完全改善了。

(三)

90

（三）

訓練部份

1、查本分团最主要之工作在於訓練，蓋因本分团大多數团員為義勇隊隊員，隊員皆在嚴格軍事管理下生活，按時實施各種學科講授，軍事訓練，其訓練工作比之一般团部更形積極。

2、擔任訓練工作之人員為訓練股々長及股員，由於工作的繁忙，致使团所規定之事項間有未能盡善辦理者，茲以核復工作報告之核語再為報告如次：

3、對於三十二年十二月份工作報告核復意見（五）由「附件」第一表「批評」項下觀之，足見幹部訓練之不足，致其領導力量甚差，且該區隊舉行首次區分隊長聯席會議時竟無上級派員指導，足證領導之

91

不刀

五、對於三十三年六月份工作報告核復意見（五）「區分隊長附聯席會議報告表」未見「上級參加人員指示」之記載，查此會議為訓練部份之一，幹事會必須派人指導之

寅、區分隊長附聯席會議之主旨在檢討並策進區分隊之工作，故應著重工作、生活、進修上之重要問題，加以檢討議定，尤其在工作上以及領導方法上加以商討策進。訓練部份附件（一）所報殊未臻完善，請訓練股切實予以指導（核復三月份工作報告（一））

卯、區分隊附經於月中改選，應即召集正、副隊長附開辦團務講習会，以訓練新選幹部，藉資策進團務之發展（核復四月份工作報告（一））

92

長本會常務監察臨場監資，時常發現各區隊對大會之職權理解
不足，惹在团務講習時使對团章有確實之理解，並使訓練各团員
熟識团規（核準四月份工作報告意見）(2)

巳、數月來之工作報告但未見付諸實施「學術會議」「業務檢討會議」
請依規舉行，以策团務之進展。（核準三月份工作意見(3)）

十、自三月份起各種會議已能按規舉行，對於团務之研究頗有進步
請更發揮此種精神，對於法規及中央命令切實為之研究推行之

宣傳部份

八、查本团之宣傳工作以出版台灣青年週刊（小型報紙）及台灣通報
（旬刊）為主要工作，極受一般社会之好評，對此工作之審核，實無可置議

2、其他宣傳工作因係機關分團又因駐地有地方分團對於參加一般集會均配合舉行且負責担任出席合作鎮及平鉄鄉團民月會（由党政團宣傳工作會報分配）作宣傳工作外經常將奉到宣傳要點轉令知照對此工作並無其他審查意見

服務部份

本分團未設「青年服務社」亦無經常之服務工作除參校濟豫災捐款及秋[illegible]工作等外無經常之服務工作故無審查意見，但在此間對於由敵區歸來之台胞未設法予以輔助，是為最大的遺憾。

文青年工作

除參加各種遊藝會外並無特別之工作無可報道

（三）審查所屬團隊工作報告情形

94

本分團為機關分團，組織對象有限，工作環境特殊，案查各區分隊之工作對於組織組能將其周圍之優秀青年組織起來訓練，又能與隊之訓練配合積極進行，對於宣傳工作在分團以及社會而活動之各種活動，俱能與地方團隊及機關學校配合積極的工作，在青年團活動起就近地方處足，亦能善用機會對於民眾從事積極的宣傳，對於社會服務更兼社會服務機構之組織，組俱抱持各方面能的為民眾服務，如去年積極幫募救日救濟，均著有成績，且獲得社會之稱讚。另者，因本分團團員大部份為台灣義勇隊之職隊員，生活與軍事化，且義勇隊之工作以民眾之組訓及部隊政工為中心，所有團員似不得不為民眾之表率，以生活為實際之宣傳，為民眾之教育，故能收到社會之好評。

95

（四）派員考核团務情形

本會與幹事會合署辦公，經常考察其团務情形，並隨時檢閱其文書處理，緣因本团各同志在收復台灣，每發覺其工作有意見時，更不惜情面，隨時提供意見予以矯正，故對於幹事會已趁遴派員考核工作之程度，在可能範圍内經常協助其工作，茲將考核結果歸納如下數點：

1、對於团務方面尚可稱無誤；

2、對於法令研究尚未十分諳熟；

3、組織範圍有限，未能作全之發展；

4、团務工作人員因未專處，任在我勇隊比較少負工作之同志担任，對於工作以及团規团務之研究尤無暇兼顧，進步有限。

96

5、領導幹部組織尚欠健全有待於改進及改進（対此經與籌備主任商定改進下屆幹事須以人選法定之至少名額以利召集開會）

6、籌備主任書記為隊之主管及重要幹部殊未能完全負起团務之徹底計劃及領導工作（經與主任商定下屆書記要報請委派能得徹底負責領導工作以資專責而在隊方面亦應遴任能代理一切之副主管以便减幹事長本身在隊之工作以利積極為領導团務工作）

（五）参加同級幹事會主持之各項會議與各種团務活動情形

對於本分团幹事會議及工作會報經常由常務監察列席参加對其所討論事項當經貢獻適当之意見対於日常团务工作亦在會上促其注意以資糾正故推進团務改善良多。

97

對於幹事會主持之團務講習會以及團隊合辦之團隊員經常訓練（集訓）常務監察外經常担任團長訓示團魂台灣革命史台灣問題研究等課目之講解及研究指導

四、稽核部份

（一）稽核同級幹事會財務收支情形

本會对於幹事會財務收支之稽核因三十二年度之支出預算書呈本年四月十九日始奉 中央幹事會核准備案之命令延至六月二十日始将應送本會審核之支出計算書（自三十二年七月份起）之第一月份即卅二年七月份支出計算書補送會審核當於六月廿六日将審核結果應改正補報等事項以審核通知書函復幹事会請其即為改

补正报等事项后再为送审去后，於八月十日准本分团干事会函复均已照办，核尚符合，即於八月十六日送致核符通知书。其三十二年八九十月份报销清册於本年八月十三日送会稽核，核尚符合，经於十月二十三日送致核符通知书。

其三十二年度十一、十二月份报销清册以及本年度一至九月之报销清册均於五月间送会稽核，现在稽查中。这样去年之报销清册至本年六月才为送审，然后一时补一年余之报销清册送会稽核，实亦为本会工作困难之所在。

至其开支情形，本分团今年度经费为每月五十元，但事实本分团除干事专任外，仅以上之工作人员均无任，故经常费除干事及工

99

級之生活費外，六部倫之生活費皆挼充為辦公費及事業費。今年度經費未奉分配表，但參照奉中央幹事會核准之去年經費分配辦法，已造具預算書呈請中央幹事會核准。雖然如此，所領經費事實不足以開支。因所辦「台灣青年」週刊每期之印刷費約一千二百元，每月四期，單印刷費需約五千四百元，稿費每月約六百元，文具紙張等約五百元，寄報郵費每月約仟元，計每月開支約七千五百元，而中央團部所發週刊補助金每月祗一千元，獎以金每月為一仟五百元，合計每月收入只有二千五百元（因未能收進報費），每月對除以週刊一項，就要由分團部支出五千元。故週刊之經費一部份由事業費支出外，一部份費用不得不仰捐款以為補充。此為本分團收支情形。

（二）稽核所屬團隊財務收支情形。

100

因本分团所属区队俱集中在本地而其所需办公之具纸张等俱由分团部发给（不支经费）无单独会计故亦无可稽核。

（三）监察各单位主管人员交代事项情形／

本分团在此期间中主管人员只有区分队长附之队长交代但因区队并无独立会计致其交代只有公文印信而已经派员监督并无发现不清情事。

（四）其他有关经费事项之稽核与监督情形／（略）

五、指导部份

（一）指导所属团队监察活之进行情形：

本会以下无监察机构故只能于区队团员大会及团务办理会时由常

101

務監察到場講解本团之監察組織監察會之職掌與任務監察工作之重要以及本团之紀律团員及团隊處分規程使其明瞭团員應負之監察活動使其能運用檢舉之手續

102

常務監察 洪石柱

中華民國三十三年十一月六日

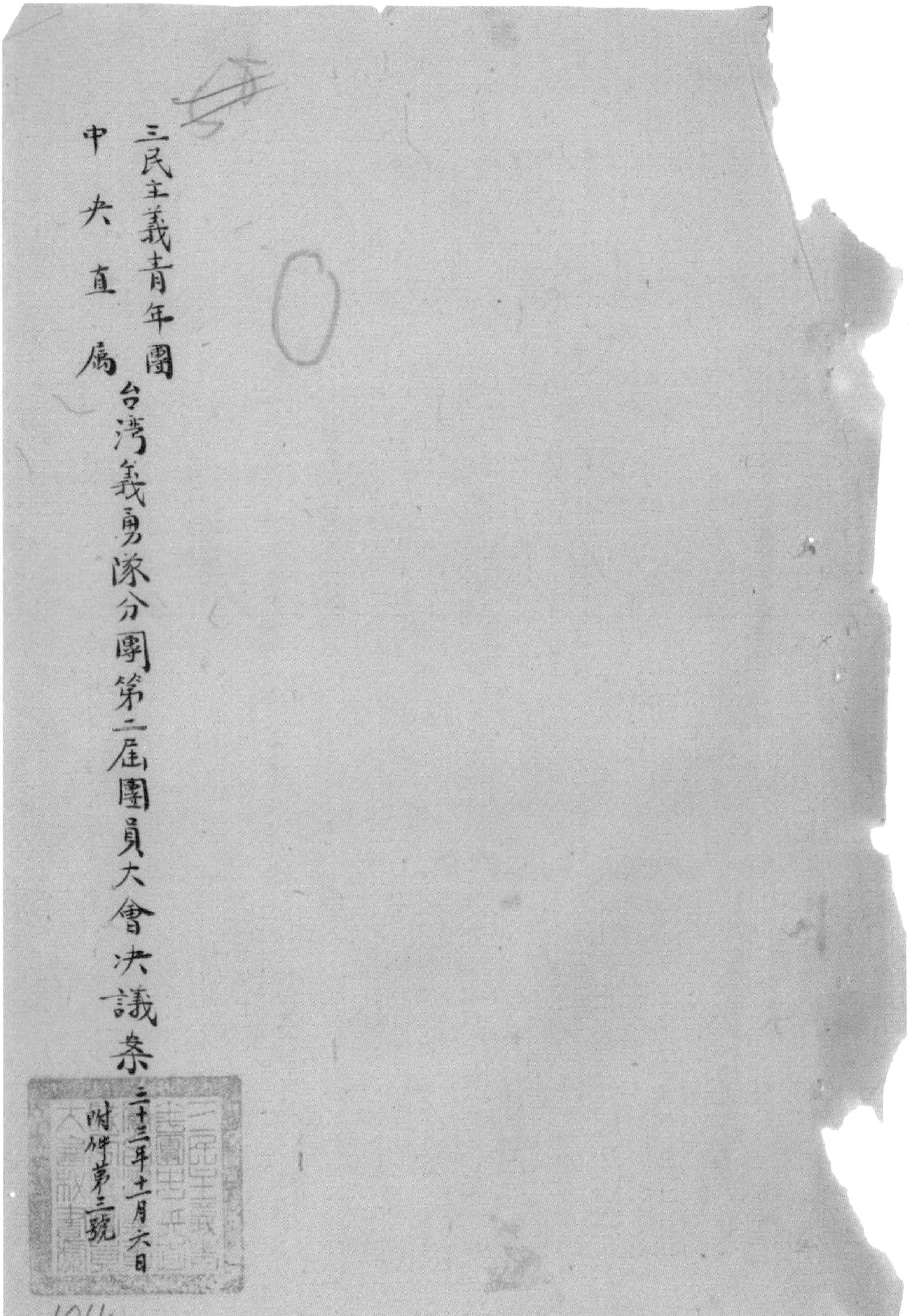
三民主義青年團
中央直屬台湾義勇隊分團第二屆團員大會決議案
三十三年十一月六日
附件第三號
104

附：台湾义勇队分团第二届团员大会决议案

(1)干事会交议

案文：拟请政府划定台湾之国民大会出席代表及候补人员名额，以示台胞为中华民国之国民而利收复国土，藉慰台胞希望案

理由：我英明政府鉴于抗战必胜，决心收复台湾，列入行宪在案。惟台湾同胞沦陷五十年，爱国份子咸抱良抗日意志，已得最后胜利，收复台湾在即。现我宪法草案早已颁布，各省市县参议会及其他机关代表名额均有规定，惟台湾一隅尚未见规定，若以台胞确系同中华民国国民，应请政府将上述各名额之分配，以昭公允，俾得选举参加国民大会，藉慰台胞希望。

办法：以大会名义建议中央，是否请公决。议决：（修正通过）

(2)干事会交议

案文：查宪法草案第四条中华民国领域台湾未曾列入，拟请中央应予补列，以示台胞

理由：查台湾原属我国领土之一，溯自一八九五年被满清政府出卖，已有五十年，自七七抗战后，本会议决议以台湾应归还祖国，而沦陷已十有余年，本会等行有均有列入领域，惟台湾独无，为求完整国土之主权计，请中央予以列入领域之一，藉表收复国土之决心，则不负国民之希望。

办法：以大会名义呈请中央干事会转请中央建议，是否请公决。议决：（修正通过）

(3)提案人：李中辉

案文：呈请转咨清理台胞在闽被没收财产者，拟请政府发还，以安众望案

理由：查台胞在抗战前被日寇压迫归回祖国谋生，置有业产，散居闽省各地。自抗战发生后，所有不良份子及敌伪奸伪均被佛除无遗，惟有一部份良民当在闽时之际不分皂白，凡属台胞之田产屋产均被没收归公有者，为数不少。今我贤明政府抱定收复台湾之决心，建议行省在案，故在未归台胞前，置产业及好党之遗产应加以分别清理，并请政府发还，以安众望，藉示政府视台胞为一体同仁之美德。

办法：1.由当地社团调查台胞产业及好党资产之数量，造具清册函请有关当局核办。
2.凡属好党遗产产业数，彩充本分团公务基金，并拨出一部份为充难家属子女教养费。
3.由本分团组织调查委员会，以当地社团之长为主委。
4.被敌冠强迫之善良台胞未归国前，其财产由本分团代管。
5.在未发还前，所有以收财产，移交本分团代管。
6.以大会名义报中央干事会，拟请行政院转饬有关照办，是否请公决。

议决：（补充办法通过）

(4)提案人：李中辉

案文：请分团部调查抗战期间为国效忠殉难之台胞，呈请抚恤，并举行追悼以慰忠魂案

理由：溯自抗战以来，我台胞为忠党爱国，杀身于疆场者颇多，其成仁取义之精神，永垂不朽。今台湾收复在迩，本分团更须从新调查，俾将来转请抚恤，为国牺牲者属应举行追悼以慰忠魂。

办法：1.呈社股先行负责调查牺牲台胞并搜集史者相片史事等，以为将来转请抚恤之准备。
2.调查后由本分团定期发起追悼大会。

议决：（与前案并案办理）

(5)干事会交议

案文：请增发三十四年度敌后工作费

理由：1.际此百物昂贵，分团部每月经费不敷颇多，致影响团务之开展，未能收预期之效果。
2.本分团为建设台湾之团部，目前对于台湾之各项工作亟应事先筹备。

办法：呈请中央团部酌加经费，俾使开展敌后之团务。议决：（通过交干事会办理）

(6)干事会交议

案文：成立秘密区队潜入沦陷区活动案

理由：1.对敌伪第作使敌伪军心动摇，增加我方[illegible]技[illegible]。
2.搜集敌各项伪[illegible]，揭发敌伪阴谋。
3.组训台胞及沦陷区青年，联系台湾并使沦陷区民众不致惯民武装，挑拨敌。

办法：1.将本团所属小组扩大组织，成立秘密区队，下分设若干分队，从事敌后工作。
2.吸收沦陷区青年及台胞团员施予短期特别技能训练。
3.所需经费编造预算，呈请中央补助之。议决：（通过交干事会办理）

(7)提案人：郑约

案文：加紧培养青年政治干部案

理由：台胞受日寇五十年之奴隶政策，无政治自由可言，复土后应多植台籍中下级

105

政治干部实施党化教育藉以改变五十年来之奴化政治而使台民辨别
敌我政治意味
办法：1.由台湾义勇总队本分团台湾党部等机关尽量吸收自由区及沦陷区之台
湾青年施以受训
2.由大会敬请 中央饬教育部通令实施 议决：（通过）

(8)提案人：郑约
案文：如何对台岛宣扬祖国与台湾之关系及复土决心案
理由：台岛受日寇之统制残酷尤甚岛民对战争形势未有心得为吸收民心削弱敌力
计应加紧使台胞早日对我"归心"对我"向"
办法：1.宣传品与炸弹并重每次"轰"炸时多散发宣传品
2.加强敌后组训工作返台活动
3.由本分团印发传品并请 中央转送航空机关代为散发
4.敦请 中央补助活动工作费 议决：（通过）

(9)干事会交议
案文：请设立"台湾建政研究委员会"案
理由：1.中央刻正广集台湾建政之意见及资料作台湾施政之参考
2.本分团须有建政研究机构专负提供研究结果呈请中央参考
办法：1.设立建政研究委员会委员由分团聘请热心台湾问题之人士兼任
2.会中设常委三人（专任）
3.经费呈请中央团部补助之 议决：（通过交干事会办理）

(10)提案人：张绍文 朱扬光
案文：敦请分团函请台湾义勇队加紧培育干部案
理由：本分团之员素质尚差目前应努力充实自身学识以为收复台湾后创台
工作
办法：1.函请台湾义勇队积极政治训练以培养赴台干部
2.每周课程支配须增加小时为康乐活动尤须增聘优秀指导人才
3.其他课程之充实 议决：（通过函请台湾义勇队办理）

(11)提案人：张士德 蔡光 林其铢 王正北 蔡振贤 曹天芳 朱伟 谢清汾
王正南 林昭然 曾海涛
案文：敦请电请盟军武装民队以便配合盟军登陆台岛案
理由：台湾为我国东南屏障在国防上及其他各方面关系我国至深且钜本分团
各团员系属台胞不忍台胞受敌人之压迫而坐视家乡于水火中而不救
办法：以大会名义电请 中央檄发武器援台胞配合盟军登陆台岛共歼倭寇
以酬收复台湾之宿愿 议决：（通过交干事会办理）

(12)干事会交议
案文：拟请由大会电请 中央团部提早筹设其为区团案
理由：1.台湾收复后即战争后需有努力量之配合战后亦需大批干部之供应
2.为扩大台湾青年组训发展敌后工作加紧团务开展本分团只局限于本
区团务不能全面推进
办法：1.由本分团扩充组织之
2.请中央团部指派区团筹备主任 议决：（通过）

(13)干事会交议
案文：拟请准本分团开办团务训练班案
理由：1.交通受阻派往外地受训不便
2.团务之展开必需跟上太平洋战局而团务人员之培养乃为当务之急
办法：1.受训团员由本分团依照平时考绩挑选优秀团员五十名编训之
2.教官由本分团高级职员或聘请党政军团长官充之
3.科目及实施办法除依 中央团部规定外另加台湾问题研究
4.训练期限为六个月
5.经费呈请中央补助之 议决：（通过）

(14)提案人：李志忠
案文：今后本分团吸收团员应注重质量及技术特长案
理由：本分团原系以收复台湾为目标团员应负收台任务而此任务至非常

106

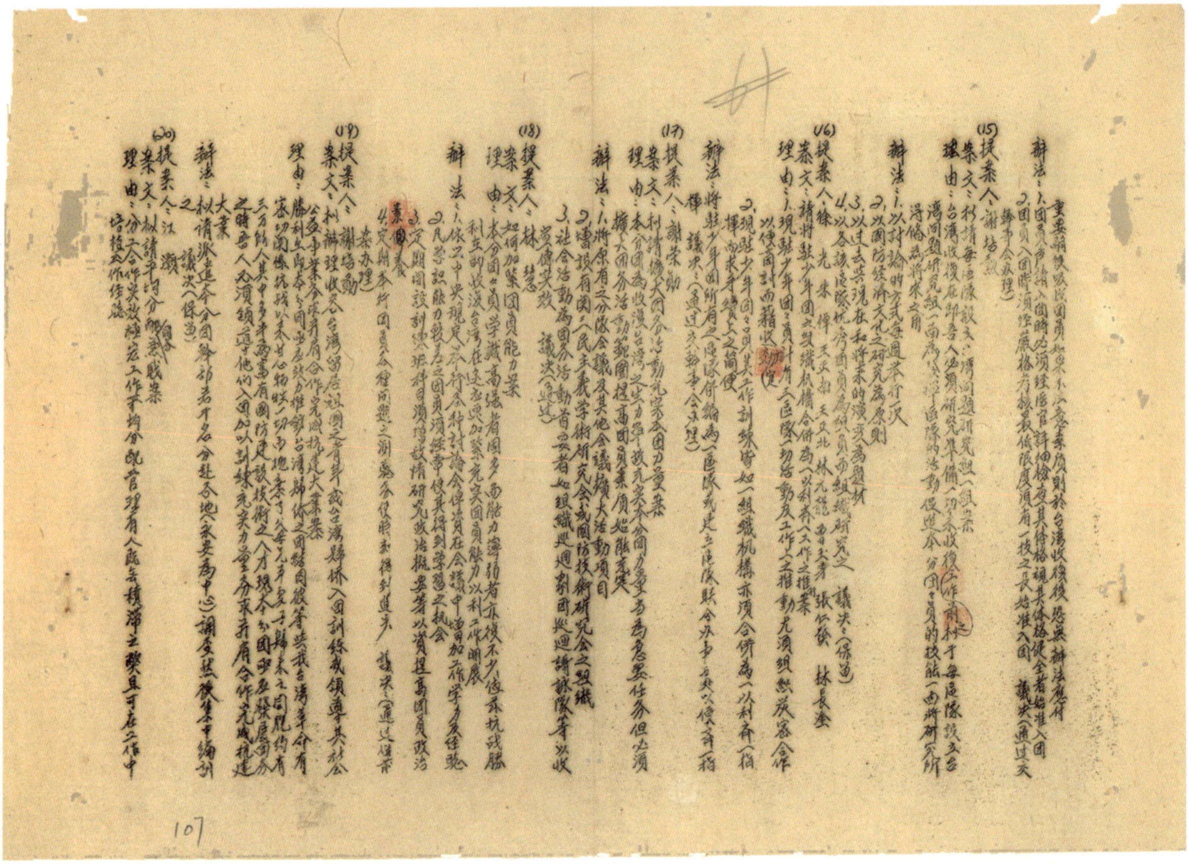

辦法：1.重要職務必須團員如果不合意素質則於台灣收復後恐無辦法應付
1.團員入團時必須經區隊官詳細檢查其條件視其條件健全者始准入團
2.團員入團時須經嚴格考核最低限度須有一技之長始准入團　議決：（通過交幹事會辦理）

(15)提案人：謝培熾
案文：擬請每區隊設立台灣問題研究組（組織系
理由：台灣收復在即吾人必須研究準備一切之收復工作前之材才每區隊設立台灣問題研究組一面為增進區隊的活動促進本分團團員的技能一面將研究所得備為將來之用
辦法：1.以討論的方式每週舉行一次
2.以國防經濟文化之研究為原則
3.以過去與現在和將來的演變為題材
4.以各該區隊職務團員為組長而組織研究之　議決：（保留）

(16)提案人：徐光　朱倬　王又知　王又北　林允能　曹史才　張作發　林良奎
案文：請將駐少年團之組織機構合併為一（以利齊一工作之推行）案
理由：1.現駐少年團之負責於區隊之一切活動及工作之推動尤須組織其密合作以便商討而藉收效
2.現駐少年團之團員其工作訓練皆如一組織機構亦須合併為一以利齊一指揮而求手續上之簡便
辦法：將駐少年團所有之區隊併編為一區隊或建立區隊聯合辦事處以便統一指揮　議決：（通過交幹事會辦理）

(17)提案人：謝榮勳
案文：請擴大團各活動充實本團力量案
理由：本分團為收復台灣之生力軍欲充實本分團力量為急要任務但必須擴大團各活動觀摩提高團員素質始能充實
辦法：1.將原有之分隊會議及其他會議擴大活動項目
2.增設有關三民主義學術研究會或國防技術研究會之組織
3.社會活動為團各活動首要者如組織巡迴劇團巡迴講演隊等以收宣傳實效　議決：（通過）

(18)提案人：林慧
案文：如何加緊團員能力案
理由：本分團團員學識高深者固多而能力薄弱者亦復不少值茲抗戰勝利在即收復台灣在望更應加緊充實團員能力以利工作開展
辦法：1.依照中央規定舉行各種討論會俾資在會議中增加工作學力及經驗
2.凡學識能力較差之團員須經常使其得到學習之機會
3.定期開設訓練班講授台灣政情研究政治概要等以資提高團員政治素養
4.定期舉行團員分組討論之測驗分使團員得到進步　議決：（通過送幹事會辦理）

(19)提案人：謝培勳
案文：利用收容台灣留居祖國之青年義勇隊台灣歸僑入團訓練或領導其對公益事業參與並肩合作完成抗建大業案
理由：勝利在即本分團亟應努力推動台灣歸僑之團結因彼等與我台灣革命有密切關係以來甘心物故一切而[illegible]三万餘人其中多有為富有國防建設技術之人才現本分團亟應發展團務之時吾人亟須領導他們入團加以訓練充實力量分求並肩合作完成抗建大業
辦法：擬請派遣本分團幹部若干名分赴各地（以某為中心）調查其狀況集中編訓之　議決：（保留）

(20)提案人：江濤
案文：擬請平均分配各職務案
理由：分工合作發揮宏工作平均分配管理有人既無積滯之弊且可在工作中培植工作經驗

107

办法：1.书记厂长专职以专责而收实效
2.视其本职之繁简而分兼适当工作　议决（通过，交干事会办理）

(21)提案人：李伯平　陈戚泰　黄铭元　张克如　李友恩　李贵纯　郑水阁　陈唯奢

案文：拟请中央团部转请教育部准由本分团保送优秀团员前往海疆学校受短期训练或肄业案

理由：1.本分团负责任务在收复台湾，建设台湾，安定收复台湾之青年，培养一批各种基层干部工作人员，预备收复后分任各机构任职。
2.台湾民众文化水准比之国内为高，欲建立三民主义之新台湾，必须培育优良基层干部。

办法：查海疆学校系专为培育台湾收复后之干部而设，本分团各团员亦属台胞，对于人才之培育极为需要，拟以大会名义呈请中央团部转请教育部准由本分团保送该校受短期训练或肄业。　议决：（通过）

(22)提案人：刘子光

案文：拟请设立专修敌后工作训练班以利工作案

理由：查依附敌伪固属图利诱而投入者有之，或为威迫而盲从者亦有之，被敌伪思想麻醉受欺骗，诱以争取伪军投诚，我方殊为可能，惟工作须经相当训练。本部对此工作人员尚感缺乏，拟专设专修敌后工作训练班培育此项人才，深入敌后发动民众组织游击战，指毁敌伪组织，使其反正投诚，削弱敌势，增强我方。

办法：1.本分团之团员中有富是项兴趣而有勇志投训者，或招致富有经验者，年而加以短训之。
2.训练取秘密方式，课目除授以抗战意识外，尤以日文、谍报、游击战术等科为主。
3.教授即在本分团选拔长该科者分别担任之。　议决：（通过，併第六案办理）

(23)提案人：陈唯奢　李明远

案文：拟请与有关当局取得密切联系，藉以加强收复台湾力量案

理由：本分团自前正积极准备收复台湾或收复后建设台湾之力量，以上项工作甚感繁重，现国内各种机构均分别筹划进行恢复台湾之举，本分团[illegible]有关机关取得密切之联系，藉以分工合作，提高工作效能。

办法：分别派员或经常与负责收复台湾之军事机构（如设计委员会等）及各种与建设台湾有关之训练机构洽商联络办法，或配合工作，及交换人才、种类资料等。　议决：（通过）

(24)提案人：王积江　洪鸿汀　陈扬文　陈唯奢　蔡振坚　谢清海　黄金龙
李贵纯　沈士雄　陈有道　陈国栋　郑水阁　张克如
李長江　李明远　陈成泰　陈汝泰　李友恩　黄铭元　江瀚

案文：拟请中央转请各训练机构准由本分团保送团员训练，藉资培育各部门专门人才案

理由：胜利在即，台湾收复指日可待，而吾人之任务更感有加，惟己因人等以为台湾收复后无论军事、政治、建设以及党团等部门，莫不需要大量专门人才以资发展。以吾人浅陋学识对上列各部门是否所学能胜所任，确为眼前亟须注意者。是故培育各种干部实为急不容缓之图。

办法：1.提请中央团部转请军事、政治、建设、教育、党团等各训练机构准由本分团选拔优秀团员保送受训，藉以培育各种专门人才。
2.所有受训人员提请中央团部酌予津贴。　议决：（通过，併入第廿六条办理）

(25)提案人：陈唯奢　曾焕铭　陈锡岱　张克扬　沈士雄　陈汝泰　李伯平　郑水阁
潘鸿藏　陈炳元

案文：拟请中央团部转请各专门技术学校准由本分团保送优秀团员入校肄业案

理由：台湾在敌人统治下无论农业、工业、交通建设等比之国内进步，台湾收复前对于各种专门技术人才亟需培植，预备收复后接收管理之用。

办法：1.请中央团部转饬各专门技术学校准由本分团保送优秀团员前往肄业。
2.所有保送肄业人员拟请中央予以津贴，以乏谋各专门学校优予免收各费。
议决：（通过，併入第廿八、廿四条办理）

(26)提案人：袁参

108

案文、拟请上级干部切实指导下级干部案

理由：彼选为基层干部，在学识上、能力上应当切实负起领导之任务，否则失却其领导作用，不但不能发生效果，同时使团本身失却其意义，因此对基层干部之督导事宜为本团重要工作之一。

辦法：1.在工作上派员经常的切实指示。

2.在学习上合理化的开导和纠正。

3.在生活上以身作则的实行新生活信条。

议决：（通过交干事会办理）

(27)提案人：李友邦

案文：请拨专款一百万元作印刷台湾复土宣传品之用案

理由：1.台湾被日寇奴化教育已有半世纪之久，对台湾之文字宣传，在收复后短期内须即特种书刊（为日文台湾语文字以及当地文字等问阅或对照者）方能收效。

2.须在收复以前即行印就。

辦法：1.本分团分别聘请专门人员编写。

2.材料根据中央颁发书刊以及其他宣传品及台湾革命史料或故事等。

3.由分团部负责出版事宜。

议决：（通过）

(28)提案人：朱瑞成　陈学铨　陈希圣

案文：为加强宣传效率以配合台湾收复运动案

理由：今年为同盟国解决德寇之一年，明年则为同盟国解决日寇之一年，台湾收复运动之推进，自须加紧宣传工作，乃收复运动中重要之一环，宣传工作之得力与否影响整个收复运动之进展，故为加强宣传效率以配合台湾收复运动起见，同人等特提议将本分团原有之台湾青年扩充为日报，俾在台湾收复前能发挥其鼓吹宣传之作用，而在收复后则更可推进全岛作为教育民众、启迪民众之有力工具。

办法：1.组织筹备委员会计划并推进一切筹备事项

2.名称：仍用"台湾青年报"原名

3.经费：（一）基金：暂预定八十万元（一百万除请求中干会补助一部份外，其不足之数以征股或募捐行之）（二）经常费：预定每月八万元（生活费除外），其不足之数在营业收入项下拨付

4.组织：设社长、副社长各一人，下设编辑、经理二部，编辑部设总编辑一人，编辑三人，助理编辑一人，校对二人，资料二人（协助各二），报务员三人，译电员二人，事务员一人（公役二人）；经理部设经理一人，会计一人（兼出纳），庶务一人，广告发行二人（正助各一），文书员一人，收发一人，工场管理一人，公役四人，工场内排字工九人，机器工三人，刻字工一人，学徒二人

5.创刊日期：预定在明年（卅四年）"四一七"创刊

议决：（通过）交干事会办理

（49）提案人：李瑞成

案文：为广泛发挥本团队消息以加强宣传作用案

理由：本分团筹备二年以来，对团务发展贡献良多，惟祖国各地尤其闽粤沿海人士对本分团工作之认识甚少，了解者为属不多，且本分团已正式成立，以后对各种工作动态之广泛报导与各方取得工作联系，实为必要。是否有当，敬请公决

办法：1.本团队之新兴事业与工作消息除系秘密性质不容公开者外，其余作视其性质编制成新闻发布与报社

2.新闻稿件之征集与撰稿，均由本分团宣传股统筹办理

3.本分团各股暨所属团队如有新兴事业或工作消息需要发表者，应录案文由宣传股编制发表

4.本分团所属各级团队社暨各团员个别如有参加任何社会服务或其他公共活动者，得将始末经过系统记载，送宣传股编制新闻发表

5.新闻稿件之性质分演词、谈话、特写、普通新闻、宣传文件、统计及杂志等五类，并视新闻之重要性及其地域性分本市、省内、省外三部份，且视新闻时间性分重急

6.业经发表之新闻由宣传股剪集一份分类贴存备查

7.宣传股於每月终汇编本分团（月状态）一篇，本分团动态于本团出版之台湾青年周刊登载

议决：（通过）

（50）提案人：蔡振坚

案文：发动本分团团员推销台湾青年报案

109

理由：1.收复台湾在即，亟着手适宜之宣传使社会人士对台湾之认识。本分团所办之台湾青年一般推销可达到此目的。
2.弥补台青报社之经费不敷。
办法：由本分团发动各团员至少介绍亲朋戚友定阅台湾青年报一份以上介绍多者由本分团另定办法分别予以奖赏。
议决：通过（交群事会办理）

(31)提案人：李瑞成 郭必传

案文：为设立青年服务社并附设诊疗所以发扬社会服务精神案

理由：为发挥团员固有的道德和革命服务的精神来发展组织的效用并策动散居祖国各地台湾青年从事于社会各种服务以悲天悯人的怀抱为民仆役的决心服务社会感动民众举办青年福利事业倡导新生活加强祖国抗战力量培植三民主义新台湾的基础。拟在岩选择商业适当地点设立青年服务社并附设诊疗所以为社会服务运动的中心机构是否有当敬请公决

办法：甲、青年服务社
1.服务社组设理事会计划并推进一切社会服务事业
2.基金为各社员募股行之（办法另定）
3.举办各种固定事业如食堂、浴室、宿舍、合作社、书报供应社、升学辅导所及其他有益社会事业酌情予以分别设立，而达“人生以服务为目的”

乙、青年诊疗所
1.组织筹委会以计划推行一切筹备事项
2.医药来源除请求红十字总会以予补给外，不敷额由募款或捐献药品以作补充之
3.诊疗所分内外齿产四科，各科设医师一人，计四人，另为看护士三人，工役一人，（以进行一切事宜）
4.服务病家以来收挂号费，只收药品成本为原则
议决：（通过交群事会酌情办理）

(32)提案人：曾溪水 林河岸 洪友和 张作范 王正南 陈佩英 西田主芽
林元龙 廖月英 王正北 林长贵 张秀卿

案　文：请充实本分团之团员精神粮食案
理　由：1.团员对各种学识应不断进修，作为将来服务社会之基础
2.团员对于“三民主义”“国父遗教”“总裁训词”等书应有正确之认识，故须常研究此种书籍
办　法：1.充实台湾青年报社资料室增置各类书籍
2.请加强经常指导团员进修
3.请编印及颁发训练书刊
议决：通过（交干事会酌情办理）

(33)提案人：李腾　陈伯清　庄直标　颜其山　陈金泽　林其铨　林泽德　颜元龙
林其昌　李庆林　林长枝　黄金江　张仁发　林瑞生　李金钰　庄清河
吴乾益　张汝玉　谢天立　张贵中　张文星　曹海宝　陈塘坡　林水滚
郭嘉珍　陈睦　林宝玉　洪友和　宋根旺　王义芳
案　文：请组织“战地服务团”使团员参加实际工作案
理　由：1.因团员具有热烈爱国之情绪，希望能实际参加战地工作共人救国负
2.本分团之团员多为台胞，负收复台湾及建设台湾之责任，与祖国抗战有关，使团员参加实际工作
办　法：5.在工作中锻炼充实团员将来从事建设台湾工作之能力
1.本团定名为“三民主义青年团中央直属台湾义勇队分团战地服务团”
2.组织“战地服务团”派往前线作对敌宣传、民众工作、部队工作等
3.请发给武器武装团员俾能参加作战
4.战地服务团之团员以募集志愿团员经分团部选定团员编成之
5.本分团之工作与台湾义勇队切实合作，经费请台湾义勇队协助或请中央团部增发战地工作费
议决：（通过，函请台湾义勇队办理）

(34)提案人：黄福氏
案文：组织歌咏队促进团中文化辅助宣传案
理由：现教育音乐为必修学科，盖音乐既可陶冶德性，又可激励士气，抗战以来歌咏宣传为后方重要工作之一，故组织歌咏队促进文化辅导宣传为目前不可缺少者

110

辦法：1.本分團團員得自由參加
2.選熱心黨理之團員若干人為幹事
3.學員暇間由參加團務員不防礙工作範圍內設定之
4.每月開團務檢討會一次
5.油印紙張請分團撥助　議決：（通過，併入第十七、十八案辦理）

(35)提案人：黃秋霖　許文清　林水濠　林元龍　張文星　陳俊傑　張福如　郭春鈞
林又熙　林少山　陳啟康　李金銳　陳耀煥　陳伯清　陳睦　林長極
張嘉英

案　文：擬請本分團組織巡迴劇社案

理　由：1.因我國教育尚未普及，民智識落後，文盲居多，僅以文字口頭之宣傳未能普遍喚醒民眾，提高民眾之抗戰情緒，戲劇易於吸引民眾感情之理解亦易收效
2.使團員有服務之機會
3.提高國民及士兵文化之水準

辦法：1.選擇有戲劇興趣之團員參加組織之
2.每半個月往各鄉鎮作巡迴公演一次
3.經常費請由分團之宣傳事業費項下撥助，演出費由請公演地點之人士籌助
議決：（通過，並由該團另行擬具分四年工作計劃）

(36)臨參會交議
案　文：擬請選本分團彭龍岩之同志為幹事出席參加分團會及領導事業
辦　法：如案文　議決：（通過）

(37)臨參會交議
案　文：請公決呈請中央團部准分團吸收志願參加收復台灣及建設台灣之閩南青年加以訓練以資任用案
辦　法：如案文　議決：（通過）

(38)臨參會交議
案　文：請公決本分團設置收復台灣之[illegible]設計委員會擬具計劃報請中央及有關機關參攷以利收復案
辦法：1.由本分團呈准根據送聘請台灣有志研究有素之同志組織之
2.其詳細辦法由幹事會擬定之　議決：（通過）

(39)臨參會交議
案　文：請公決呈請中央防空訓練本分團團員之防空常識技術以便配合盟軍登陸台灣驅逐敵人案
辦法：1.擬請[illegible]之實施訓練計劃由幹事會擬定之　議決：（通過）

(40)臨時動議：提議人：[illegible]　李廣　謝清海　柳輔弼　許文清　謝常勳
案　文：補充第十一條「擬請建立武裝部隊以配合盟軍登陸台灣案」
理　由：所決設者乃擬請建立武裝部隊以配合盟軍登陸台灣，因台灣島內有大批之人員參加軍以本分團同志組織但係實係不夠且有補充必要，故台胞不忍坐視家鄉，不水火之苦，較參加此者勤不少，故請准予將該案由提出討論，以能求得完善之
辦　法：擬以大會名義呈請中央團部轉中央當局准武裝台灣義勇隊，實施軍事技術之訓練，俾建立連軍事基礎，而配合盟軍登陸台灣　議決：（通過，併入第十一案合案辦理）

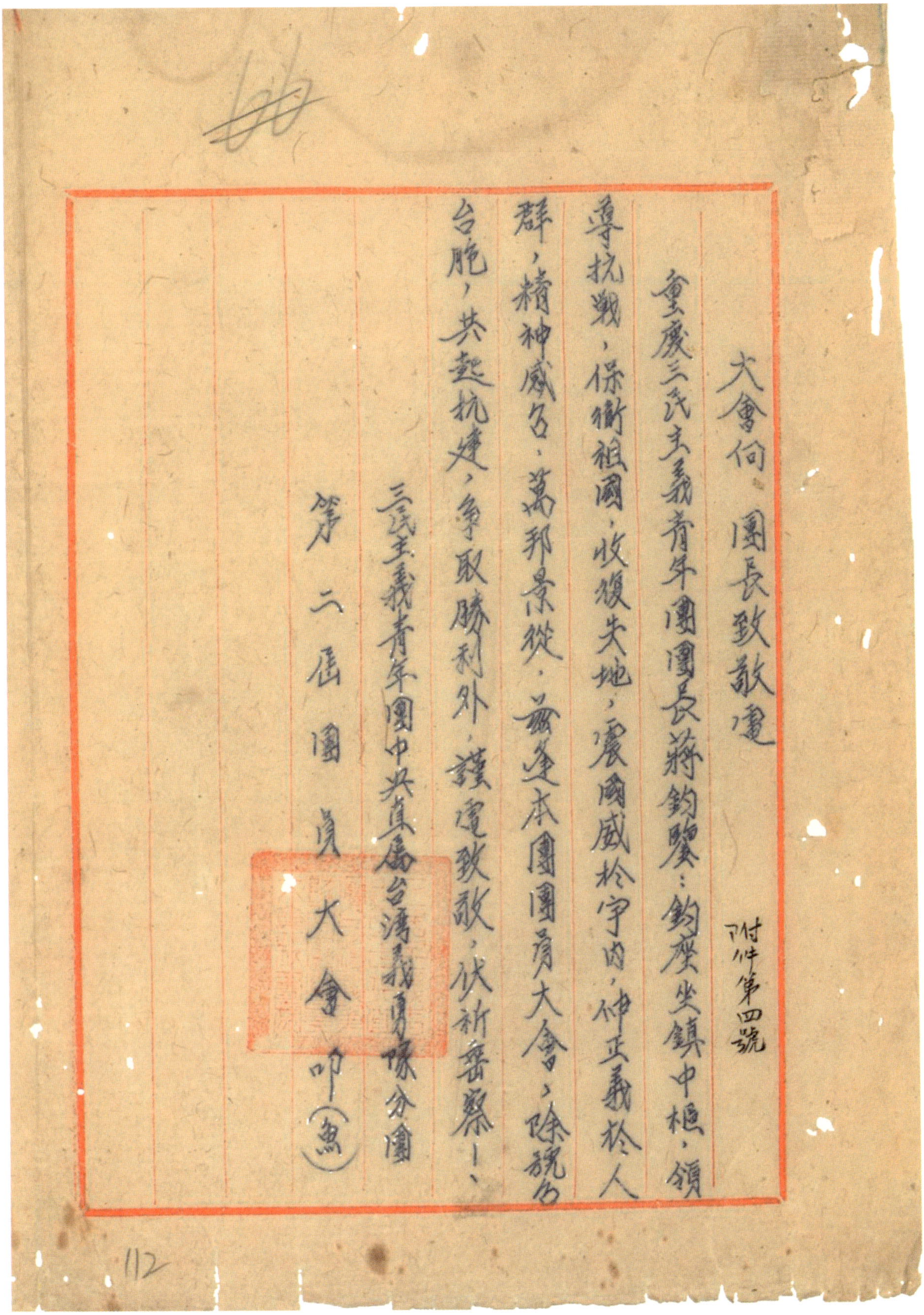
附件第四號

大會向 團長致敬電

重慶三民主義青年團團長蔣鈞鑒：鈞座坐鎮中樞，領導抗戰，保衛祖國，收復失地，震國威於宇內，伸正義於人群，精神感召，萬邦景從。茲逢本團團員大會，除號召台胞，共赴抗建，爭取勝利外，謹電致敬，伏祈垂察！

三民主義青年團中央直屬台灣義勇隊分團

第二屆團員大會叩（魚）

附：台湾义勇队分团第二届团员大会向团长致敬电

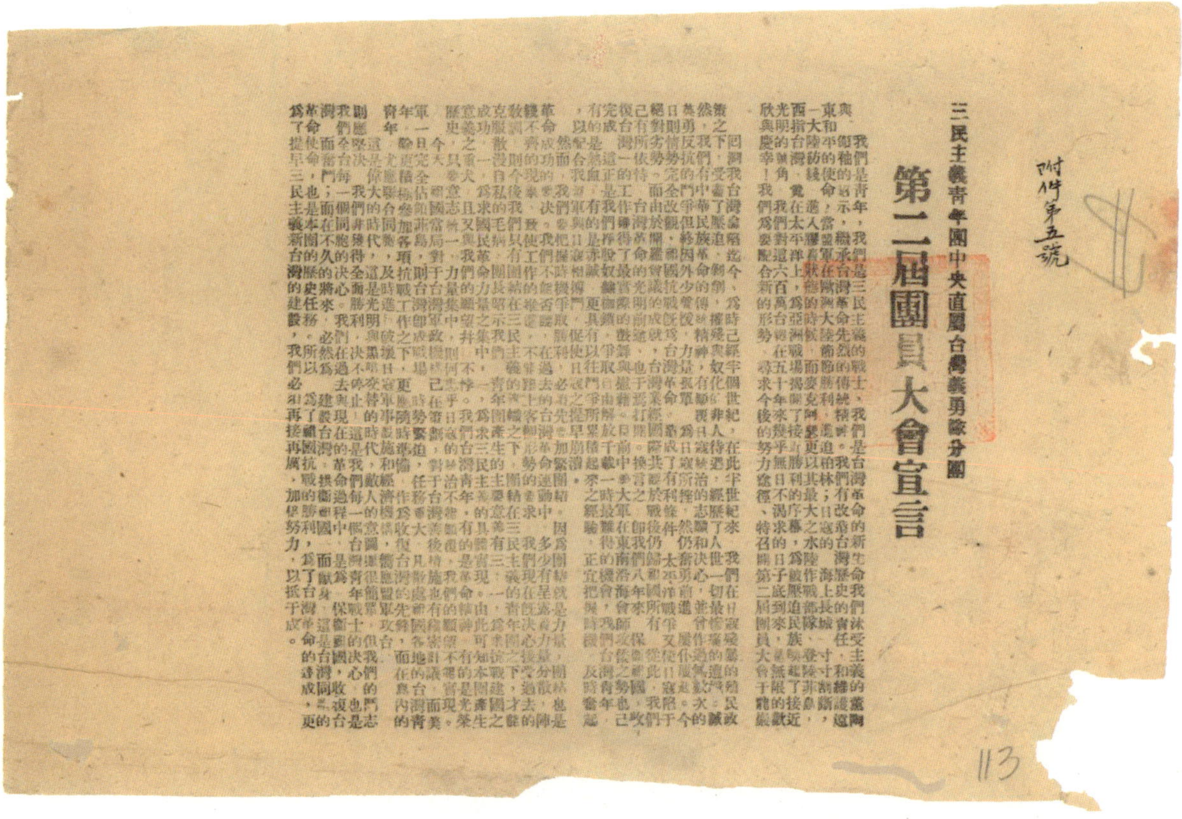

附：台湾义勇队分团第二届团员大会宣言

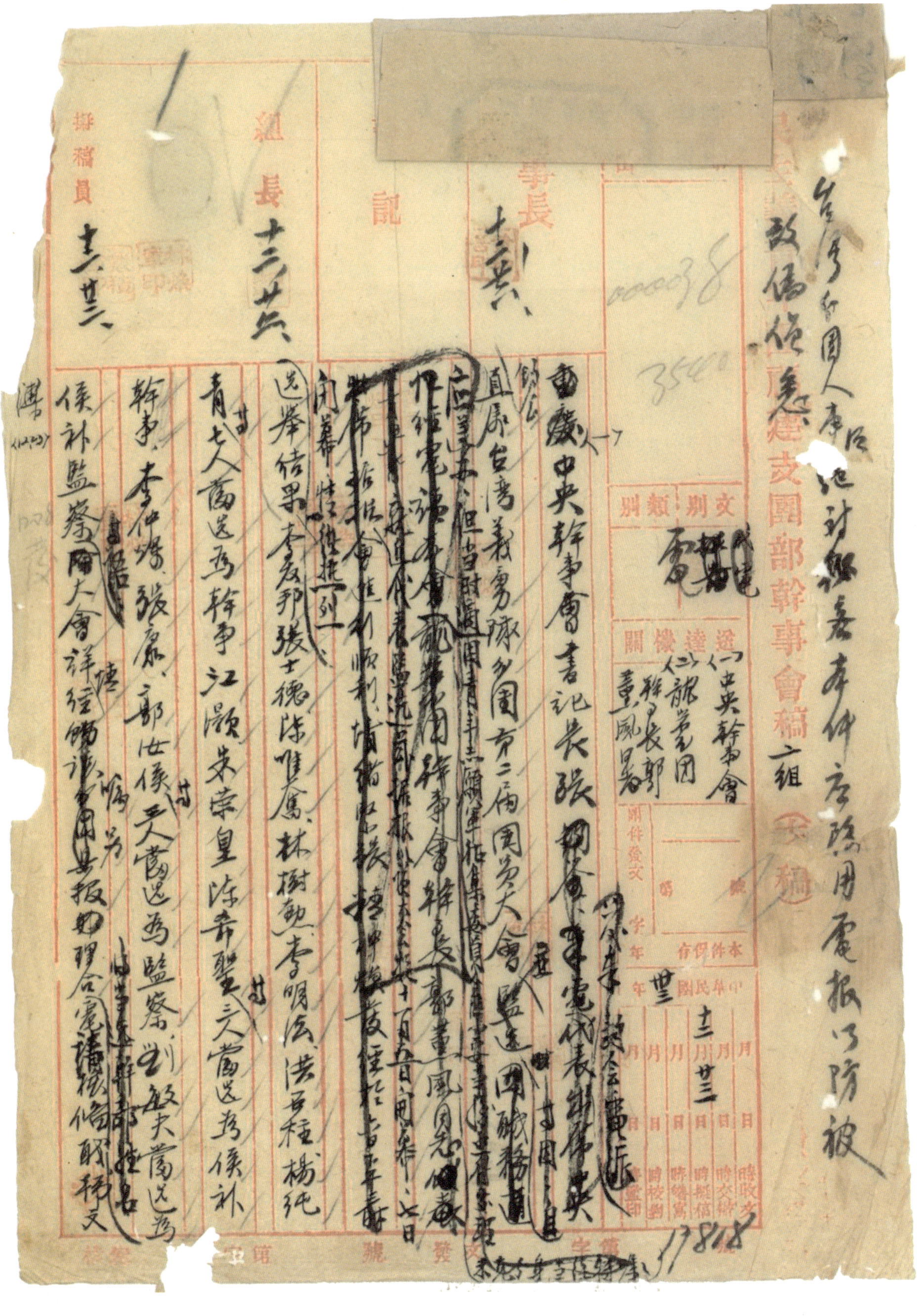

三青团福建支团干事会关于报送台湾义勇队分团第二届团员大会选举结果给中央干事会及龙岩分团干事会的电

一九四四年十二月二十八日

4

〈二〉龍巖分團幹事長郭章風呈報案、六戰區組4/3報告及附件均悉，經轉
張□ 中央偵查處韓三陽幹組〈12/3〉、

12/28 發

三青团中央直属台湾区团筹备处关于派李友邦为主任并告知启印视事日期给龙岩县政府的函

一九四五年四月十二日

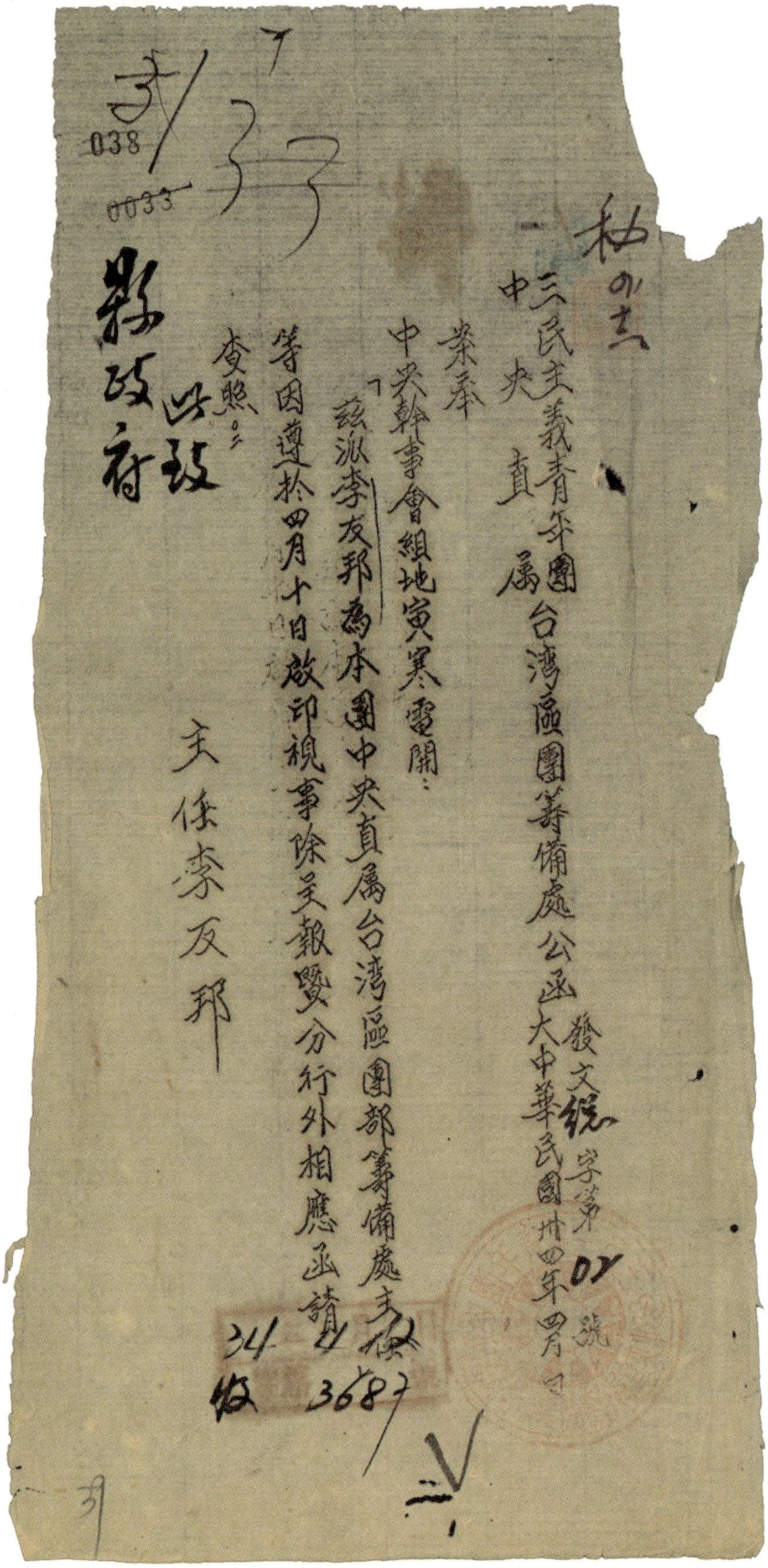
三民主義青年團中央直屬台灣區團籌備處公函 發文總字第07號 中華民國卅四年四月 日

案奉
中央幹事會組地寅寒電開：
「茲派李友邦為本團中央直屬台灣區團部籌備處主任」
等因遵於四月十日啟印視事除呈報暨分行外相應函請
查照。
此致
縣政府

主任李友邦

34 收 3687

三青团中央直属台湾区团筹备处关于派李友邦为主任并告知启印视事日期给龙岩县政府的函

一九四五年四月十二日

三青团中央监察会、福建支团监察会关于台湾义勇队分团经费收支情形的来往电

一九四五年四月—十二月

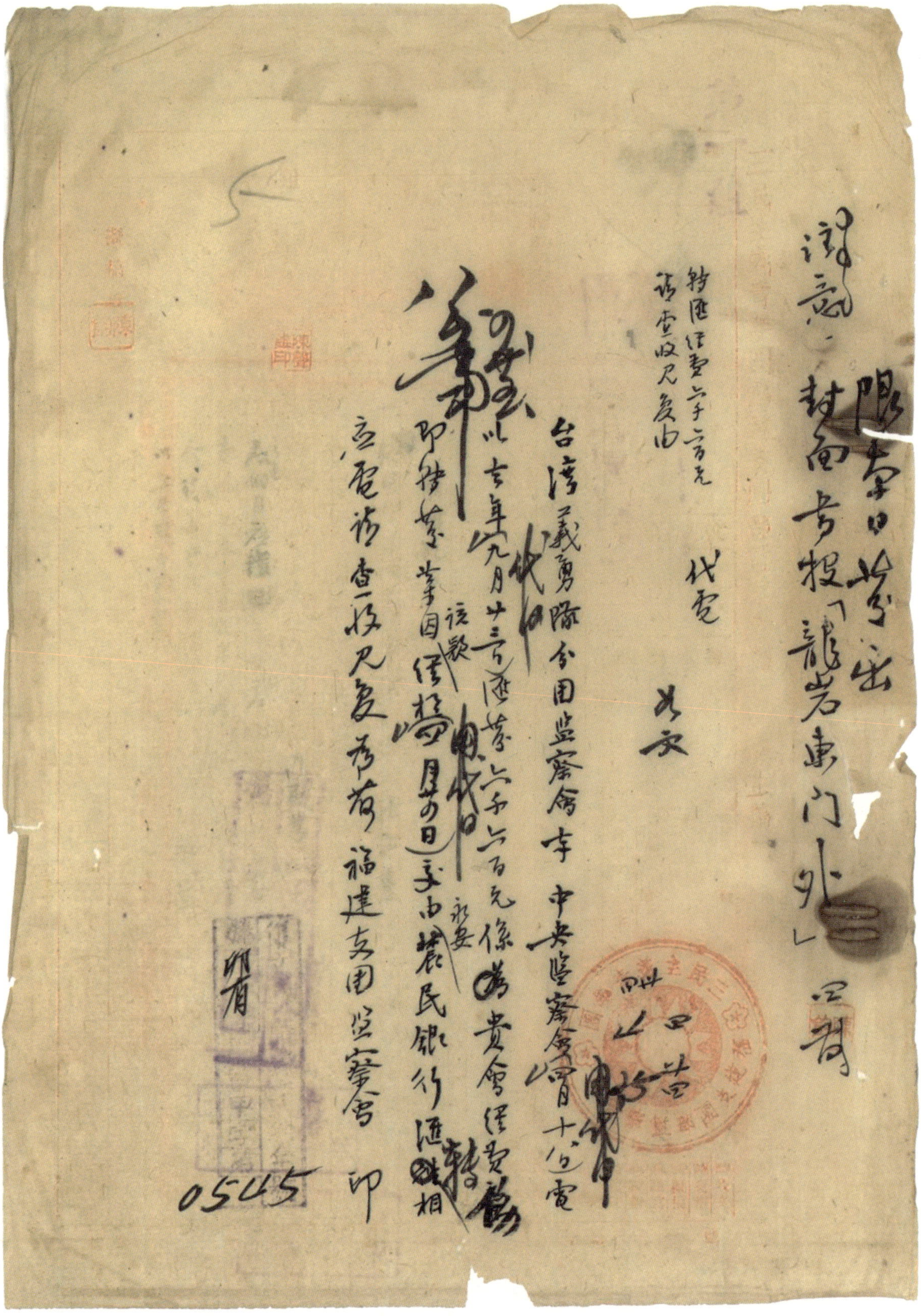
限本日寄出
封面寄投「龍岩東門外」□啟
代電 文
抄匯經費六千六百元 請查收見復由
台灣義勇隊分團監察會 李 中央監察會卅四年四月十六日電
以去年九月廿三日匯款六千六百元係為貴會經費 [illegible]
卯銑 [illegible] 永安由農民銀行匯 [illegible] 相
應電請查收見復為荷 福建支團監察會 印

三青团福建支团监察会关于转汇款经费给台湾义勇队分团监察会的代电

一九四五年四月二十五日

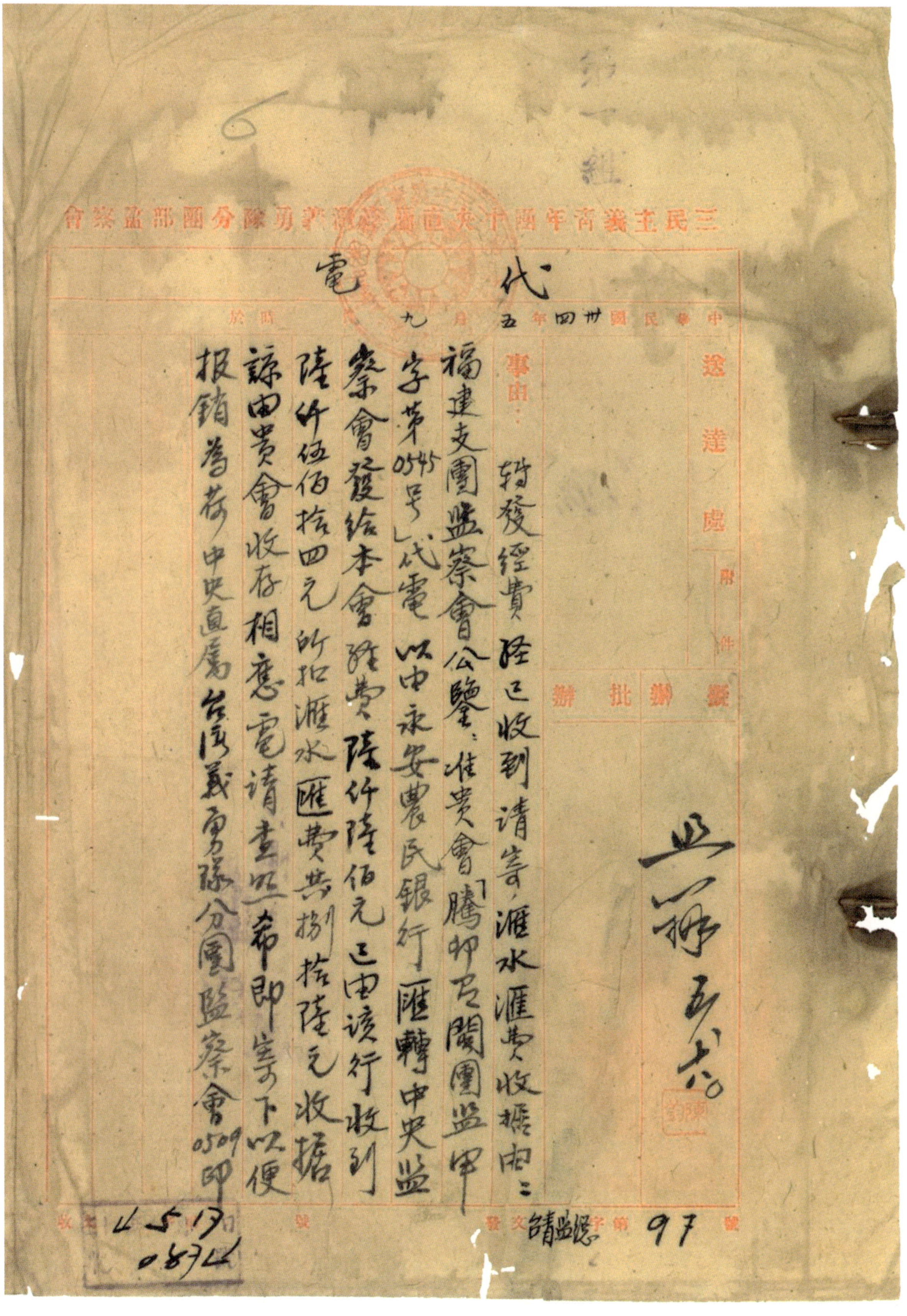

三民主義青年團中央直屬台灣義勇隊分團部監察會

代電

中華民國卅四年五月九日 時 於

送達處

附件

擬辦

批辦

事由：特發經費經已收到，請寄滙水滙費收據由。

福建支團監察會公鑒：准貴會「騰卯灰閩團監甲字第0545號」代電，以中永安農民銀行滙轉中央監察會發給本會經費陸仟陸佰元，已由該行收到陸仟伍佰拾四元，所扣滙水滙費共捌拾陸元收據，諒由貴會收存，相應電請查照，希即寄下，以便報銷為荷。中央直屬台灣義勇隊分團監察會0509印

照發 五、六

收文 6.5.17 0834

發文 字第97號

三青团台湾义勇队分团关于收到汇款并请寄收据给福建支团监察会的代电

一九四五年五月九日

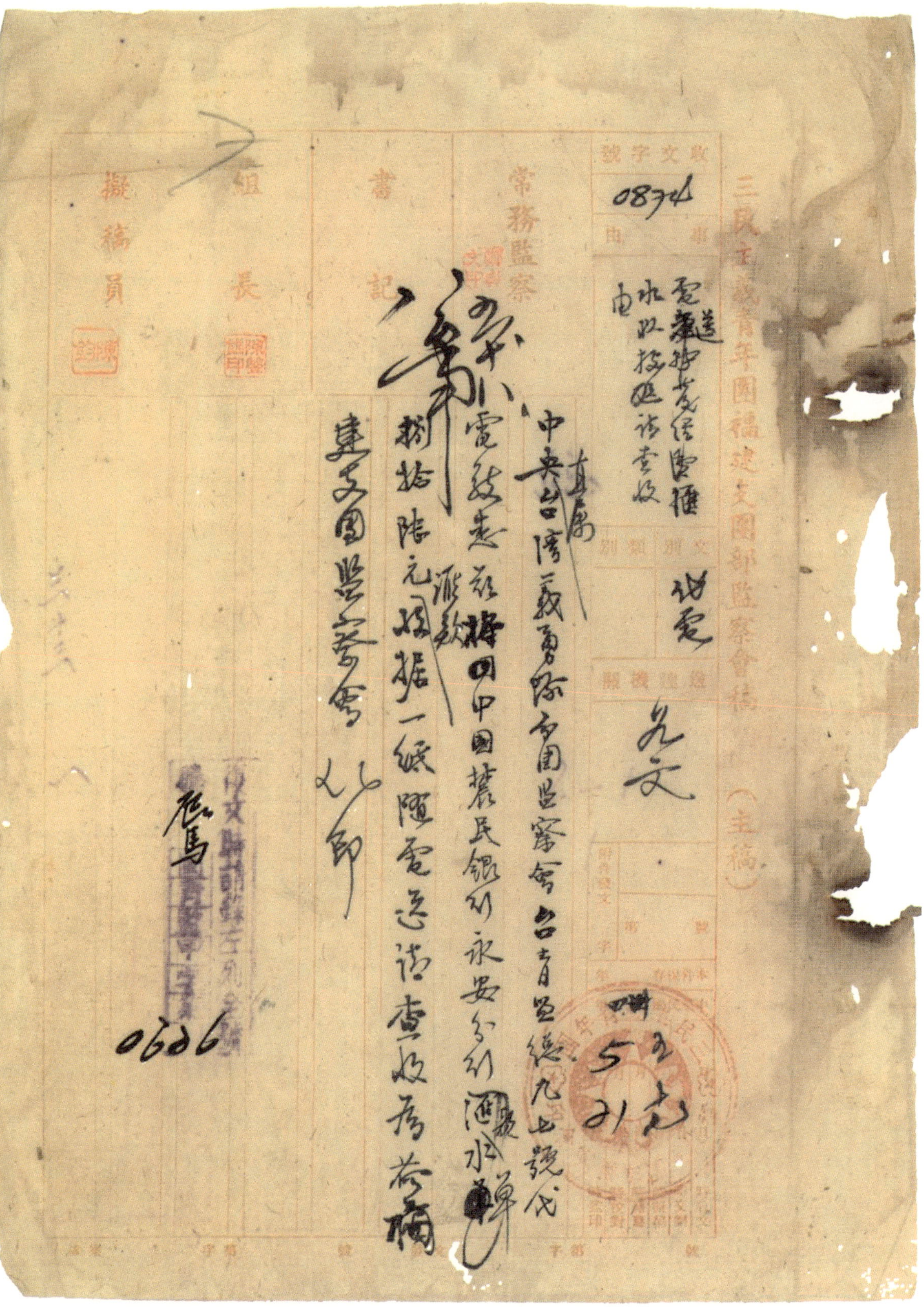
三民主義青年團福建支團部監察會稿（主稿）

中央台湾義勇隊分團監察會 台青監總九七號代電 悉。茲將回中國農民銀行永安分行匯水收據一紙隨電送請查收為荷。福建支團監察會 印

三青团福建支团监察会关于寄送汇款收据给台湾义勇队分团监察会的代电

一九四五年五月十七日

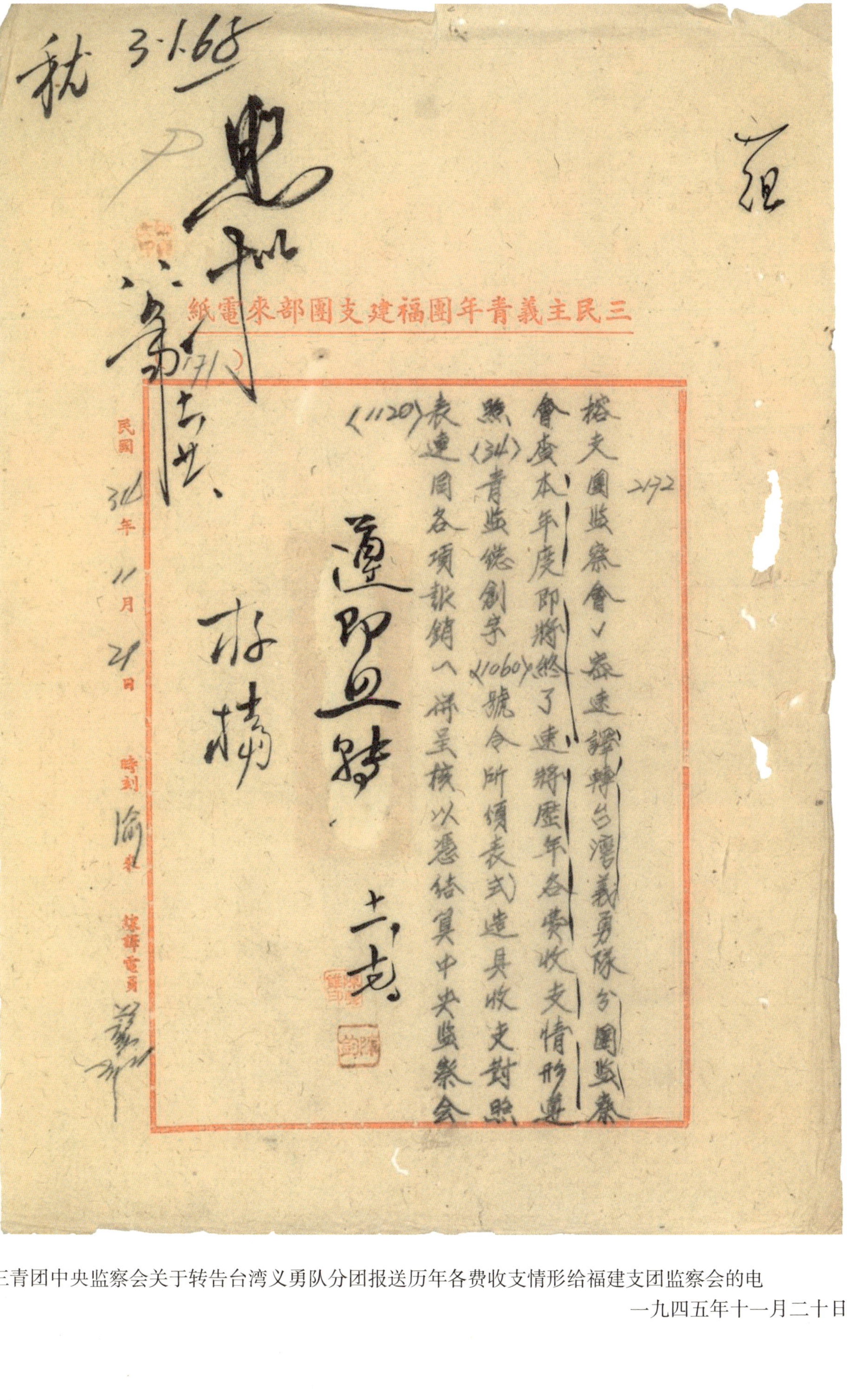

三青团中央监察会关于转告台湾义勇队分团报送历年各费收支情形给福建支团监察会的电

一九四五年十一月二十日

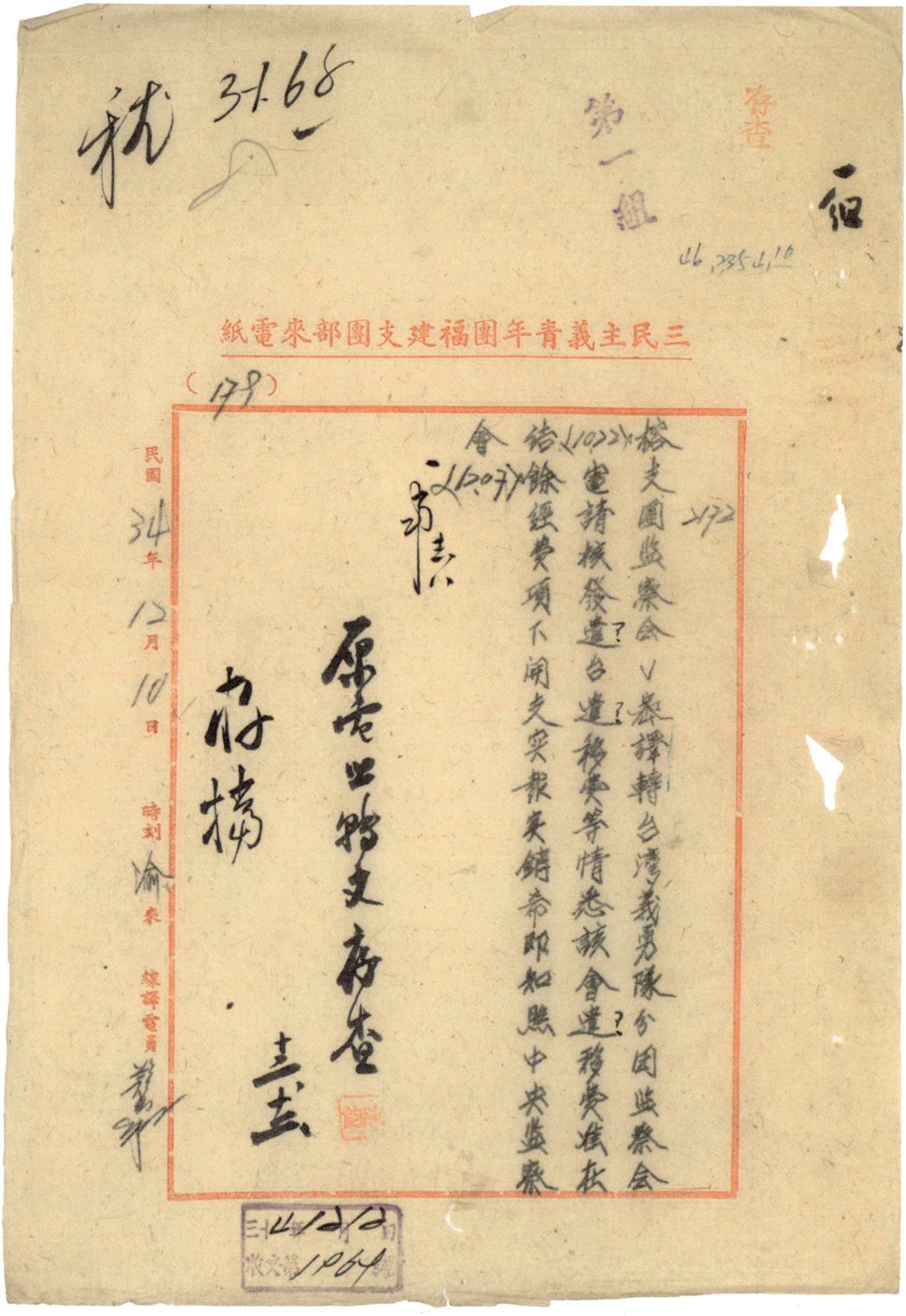
三民主義青年團福建支團部來電紙

（178）

民國 34 年 12 月 10 日

時刻 渝來

福支團監察会∨叅譯轉台灣義勇隊分团监察会電請核發遣台遣移费等情悉該會遣移费准在結餘經費项下開支实報实銷希即知照中央监察會

原電已轉支存查

存稿

三青团中央监察会关于台湾义勇队分团迁台遣移费可在结余经费项下开支给福建支团监察会的电

一九四五年十二月七日

台湾义勇队关于检送现有官兵人数统计表给龙岩县军民合作指导处的代电

一九四五年五月三十日

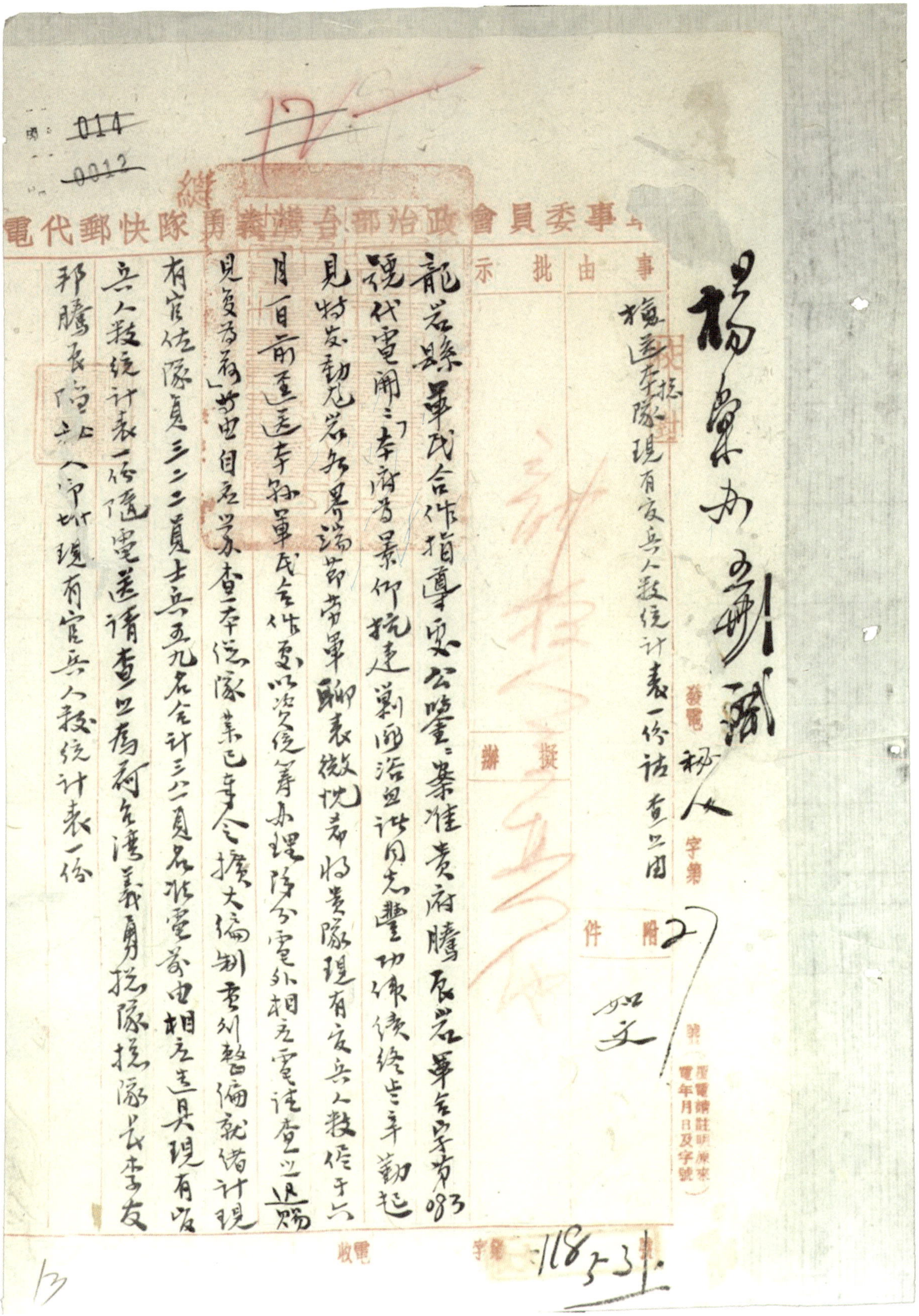
軍事委員會政治部臺灣義勇隊快郵代電

事由：檢送本總隊現有官兵人數統計表一份請查照由

龍岩縣軍民合作指導處公鑒：案准貴府縣長岩軍合字第083號代電開：「本府為景仰抗建劉故治中同志豐功偉績，終生辛勤起見，特發動龍岩各界端節勞軍聯表，徽饬貴隊現有官兵人數，併於六月日前查送本縣軍民合作處，以資統籌辦理，除分電外，相應電請查照迅賜見復為荷」等由。自應照辦。查本總隊業已奉令擴大編制，重行整編就緒，計現有官佐隊員三二三員，士兵五九名，合計三八二員名，茲查前由，相應造具現有官兵人數統計表一份，隨電送請查照為荷。臺灣義勇總隊總隊長李友邦騰辰陷印

附現有官兵人數統計表一份

台湾义勇总队关于检送现有官兵人数统计表给龙岩县军民合作指导处的代电(附:现有官兵人数统计表)

一九四五年五月三十日

015

13

軍事委員會政治部台灣義勇隊現有官兵人數統計表 三四、五、三十、

官佐人數	隊員人數	士兵人數	合計
六二	二六〇	五九	三八一

備攷

14

福州市政筹备处关于请取具台湾义勇总队证明书交办给林长淦、林长梅的批

一九四五年七月三十一日

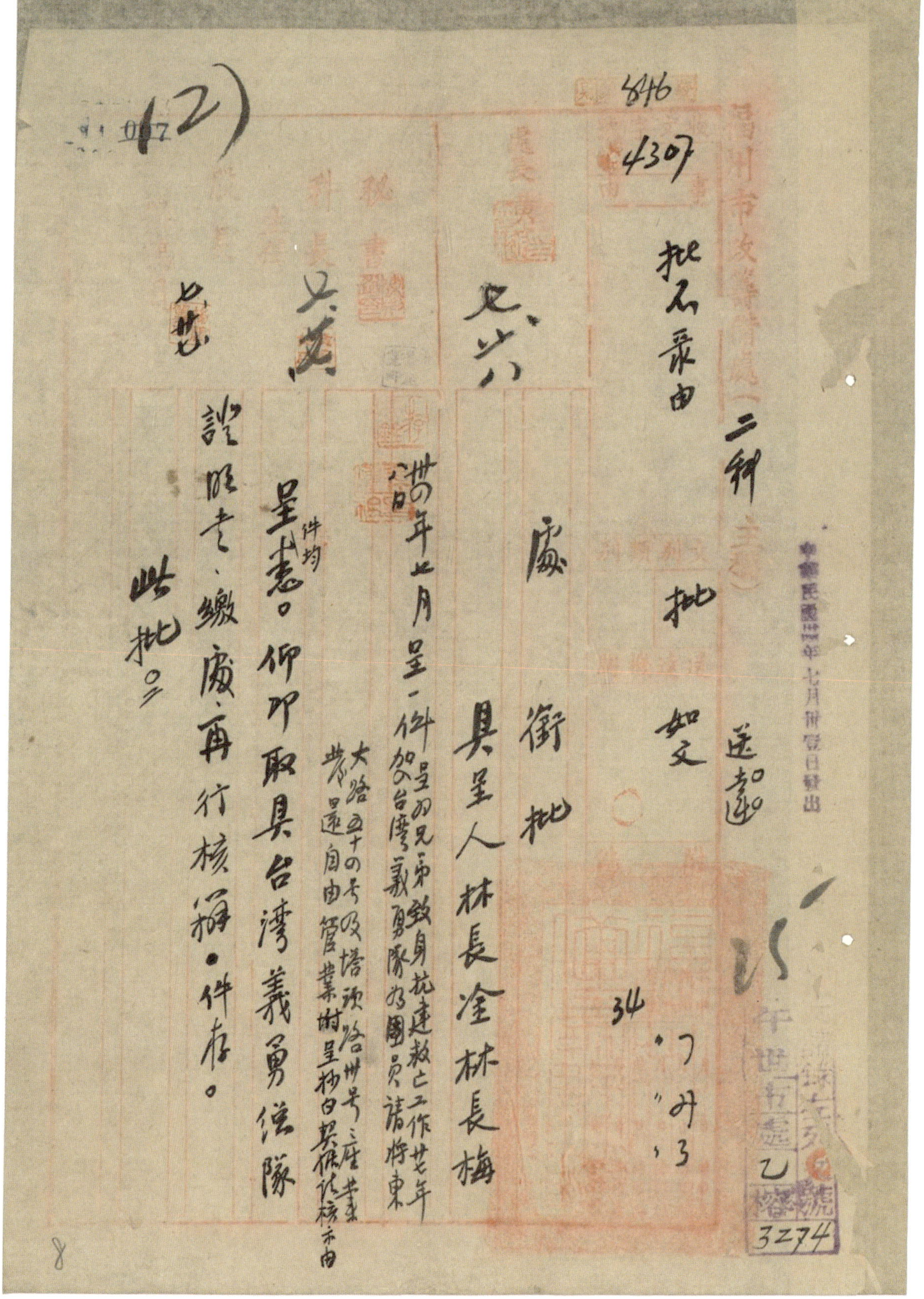

福州市政筹备处 批
二科 字第 号
批不录由
廣衛 批
具呈人林長淦 林長梅
卅四年七月卅日呈一件 呈为兄弟致身抗建救亡工作廿年，加入台湾義勇隊為團員，請將東大路五十四號及塔頭路卅號二座共業還自由管業，附呈物件契據，請核示由
呈悉。仰即取具台湾義勇總隊證明書，繳廢再行核辦。件均存。
此批。

福州市政筹备处关于请取具台湾义勇总队证明书交办给林长淦、林长梅的批

一九四五年七月三十一日

台湾义勇总队关于迁移地址及日期给龙岩县政府、龙岩县商会的函

一九四五年九月七日

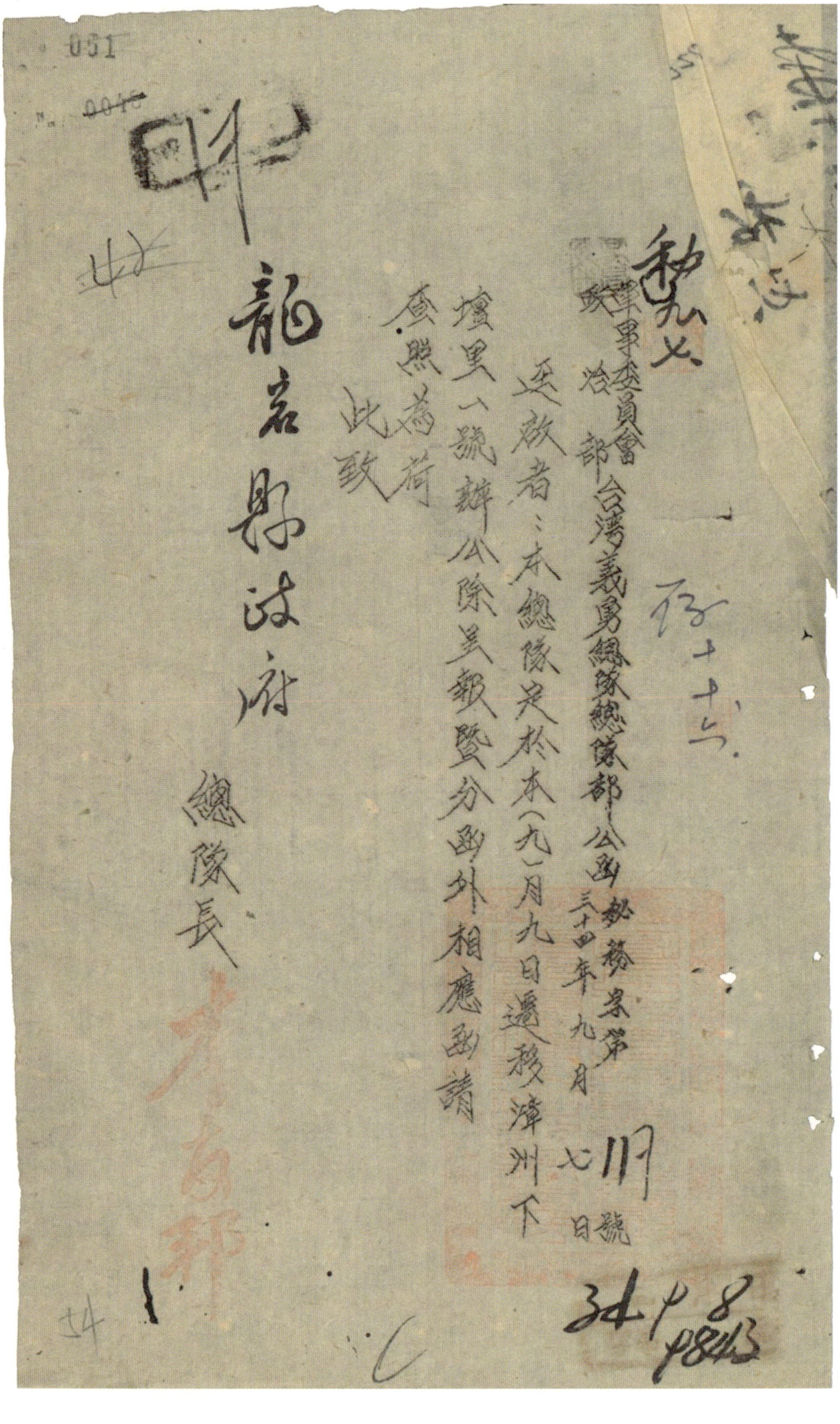
軍事委員會政治部台灣義勇總隊總隊部公函 總務字第 川 號
三十四年九月七日

逕啟者：本總隊定於本（九）月九日遷移漳州下壇里一號辦公，除呈報暨分函外，相應函請
查照為荷
此致
龍岩縣政府
總隊長

台湾义勇总队关于迁移漳州办公给龙岩县政府的函　　一九四五年九月七日

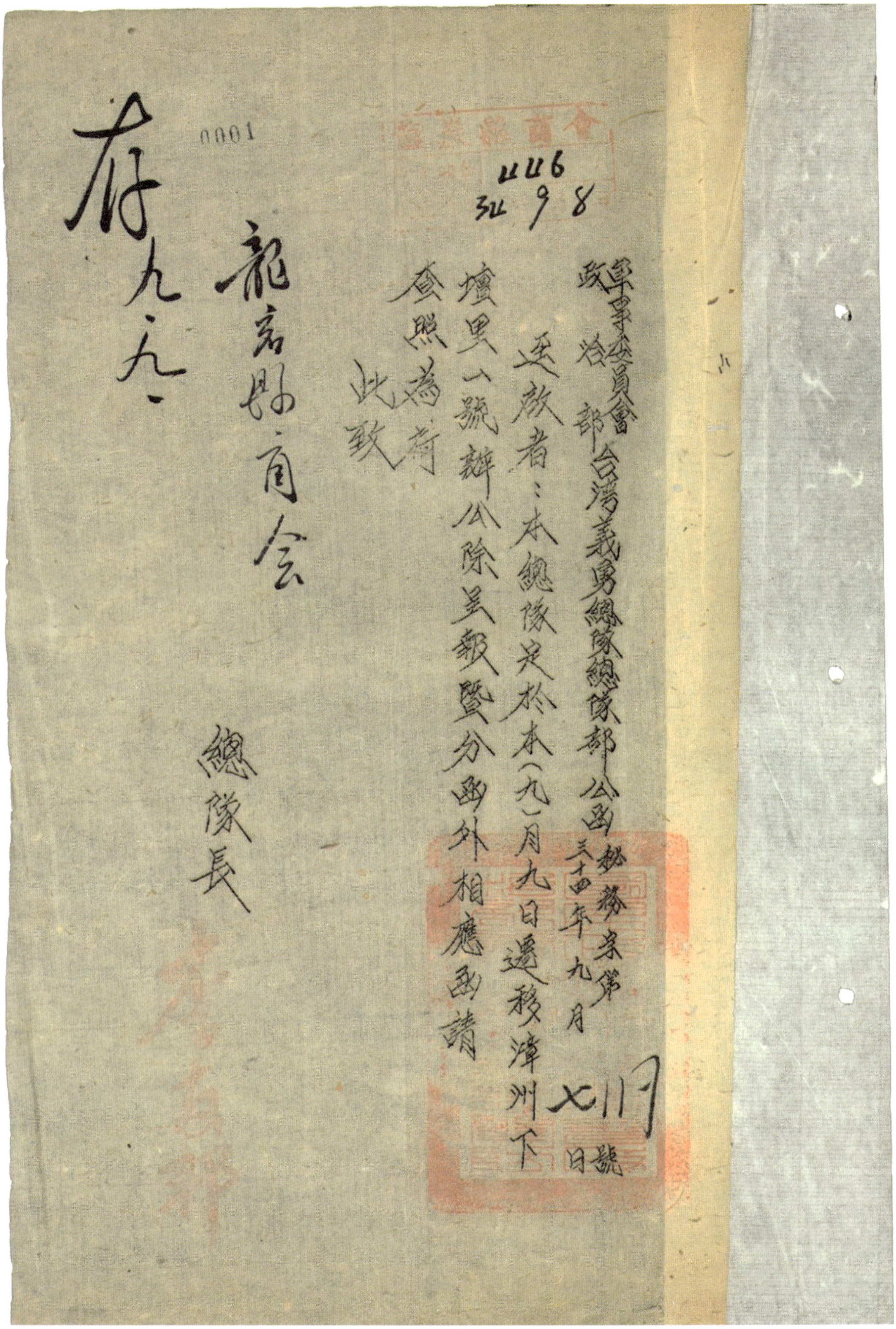

存九九、

0001

1146
34 9 8

軍事委員會政治部台灣義勇總隊總隊部公函 秘務字第 號
三十四年九月七日

逕啟者：本總隊定於本（九）月九日遷移漳州下壇里八號辦公，除呈報暨分函外，相應函請
查照為荷。
此致
龍岩縣商会

總隊長

台湾义勇总队关于迁移漳州办公给龙岩县商会的函　　一九四五年九月七日